U0152586

新工科建设之路·机器人技术与应用系列

低速无人驾驶技术实战

刘元盛　主编

张　军　杨建锁　郭笑笑　娄海涛　编著

电子工业出版社

Publishing House of Electronics Industry

北京·BEIJING

内 容 简 介

本书是基于北京联合大学"旋风智能车"团队多年来在无人驾驶技术领域的积累而编写的面向本科层次的无人驾驶技术实践类教材。

全书共 5 章,第 1 章介绍无人驾驶技术及本书所用的无人驾驶教学系统与实验平台的基本情况和使用规范。第 2 章主要介绍无人驾驶技术感知层中各种传感器的基本应用实验,包括单目相机、双目相机、毫米波雷达、多维激光雷达、超声波雷达、差分导航基准站等常用设备的安装、标定和常用算法的实现。第 3 章介绍通过 CAN 总线控制线控车辆底盘完成自动转向、自动速度控制和自动辅助信号控制的基本方法。第 4 章为无人车综合应用实验,包含轨迹跟踪、多传感器融合、定速巡航、自适应巡航和激光雷达 SLAM 建图等核心实验。第 5 章是基于深度学习的图像检测方法综合实验,以 YOLOv3 算法为例,完成了基于计算机视觉的交通信号灯检测与识别。

本书中的实验基于 Ubuntu 系统和 ROS 框架完成,配有示例代码和部分教学视频。本书适合从事无人驾驶技术研发工作的工程技术人员阅读,可作为高等学校无人驾驶实践课程的教材。

图书在版编目(CIP)数据

低速无人驾驶技术实战 / 刘元盛主编. — 北京:电子工业出版社,2022.5
ISBN 978-7-121-43367-2

I. ①低… II. ①刘… III. ①汽车驾驶-无人驾驶-智能技术-高等学校-教材 IV. ①U471.1

中国版本图书馆 CIP 数据核字(2022)第 073644 号

责任编辑:刘 瑀   特约编辑:李明明
印   刷:三河市鑫金马印装有限公司
装   订:三河市鑫金马印装有限公司
出版发行:电子工业出版社
          北京市海淀区万寿路 173 信箱   邮编:100036
开   本:787×1092 1/16   印张:19   字数:483.2 千字
版   次:2022 年 5 月第 1 版
印   次:2022 年 5 月第 1 次印刷
定   价:66.00 元

凡所购买电子工业出版社图书有缺损问题,请向购买书店调换。若书店售缺,请与本社发行部联系,联系及邮购电话:(010)88254888,88258888。

质量投诉请发邮件至 zlts@phei.com.cn,盗版侵权举报请发邮件至 dbqq@phei.com.cn。

本书咨询联系方式:liuy01@phei.com.cn。

前　言

　　进入 20 世纪 90 年代后，无人驾驶技术在国内外得到了快速的发展，但是无人驾驶技术涉及面广，相关技术人才紧缺，也缺乏完备的人才培养体系及相关教材。随着国家高等学校"新工科"和"双高计划"建设的全面实施，以无人驾驶技术为切入点，对接科技发展趋势，以技术积累为纽带，建设集人才培养、团队建设、技术服务于一体，资源共享、机制灵活、产出高效的人才培养与技术创新平台，打造高水平的专业教学资源显得尤为重要。

　　北京联合大学"旋风智能车"团队成立于 2014 年，是在人工智能专家、中国工程院院士李德毅的指导下，由北京联合大学机器人学院刘元盛教授带领，专注于特定环境下低速无人驾驶应用的科研、教学一体化团队。团队以"科学研究带动人才培养"为核心理念，自 2017 年起推出一系列无人驾驶技术人才培养建设方案，其内容涵盖无人驾驶技术的基础理论课程和实践教学平台，并已在全国近 30 所高校得到初步应用。

　　2019 年，团队出版的专著《低速无人驾驶原理及应用》已经成为整个培养方案的核心理论教材，而本书的内容则侧重于无人驾驶的实践教学环节。本书以北京联合大学"旋风智能车"团队的无人驾驶实验平台为例，基于 Ubuntu 系统和 ROS 框架，针对无人驾驶的感知层、认知决策层和车辆控制层的核心技术开展相关实验教学。本书设计的实验内容均基于科研团队多年的技术积累，并根据高等学校的教学特点进行了优化，书中实验案例均提供较为完整的示例代码和部分教学视频，使初学者更容易理解和掌握。本书的配套资源可在华信教育资源网（www.hxedu.com.cn）免费下载。

　　本书主编刘元盛负责制定本书的编写大纲和全书的统稿工作。刘元盛编写了第 1、5 章，第 2 章的 2.1、2.8、2.9、2.13、2.14 节，第 3 章的 3.1、3.2 节及第 4 章的 4.4、4.5 节；张军编写了第 2 章的 2.5、2.6、2.7 节及第 4 章的 4.2、4.3 节；杨建锁编写了第 2 章的 2.12 节，第 3 章的 3.3、3.4、3.5 节及第 4 章的 4.6 节；郭笑笑编写了第 2 章的 2.10、2.11 节和第 4 章的 4.1 节；娄海涛编写了第 2 章的 2.2、2.3、2.4 节。

　　在本书的编写和出版过程中，得到了中国工程院院士李德毅的大力支持与指正，在此深表感谢。北京联合大学无人驾驶科研团队的马楠教授、韩玺老师、路铭老师、徐志军教授和北京交通大学的李维敏老师对本书提出了宝贵建议，在此一并感谢。同时还要感谢参与本书实验验证的李中道、常飞翔、张鑫辰、任丽军、钟科娣、谢龙洋、宁强、王程、刘子建和宋庆鹏。

　　本书的编写和出版得到了北京市科学技术委员会"科技创新基地培育与发展工程第二部分"项目和"北京联合大学人才强校优选计划"项目（BPHR2020BZ01）经费的资助。无人驾驶技术在飞速的发展中，由于作者水平有限，书中难免存在错误及不足之处，敬请广大读者批评指正。

　　作者的电子信箱是：yuansheng@buu.edu.cn。

刘元盛

于北京联合大学

目　　录

第1章 无人驾驶技术及教学系统与实验平台

1.1 无人驾驶技术

无人驾驶汽车(以下简称无人车)是近年来企业和研究机构研究的热点，全球管理咨询公司麦肯锡提出了决定未来经济的十二大颠覆技术，其中无人车位列第 6 位，预计到 2025 年可产生万亿美元的经济价值，挽救上万条生命。无人车的相关技术路线可分为单车智能和网联智能两种，本书主要对单车智能中的相关技术实践方法进行讲述。

无人驾驶技术可分为感知层、认知决策层和车辆控制层三大部分。

1.1.1 感知层

感知层主要利用包括外设传感器输入信息和高精地图信息在内的相关信息来感知车辆姿态和外部环境。

无人车在各种环境下都需要进行高精度的可靠定位。感知层的主要任务如下。

通过 GNSS(Global Navigation Satellite System，全球导航卫星系统)设备、UWB(Ultra Wide Band，超宽带)、IMU(Inertial Measurement Unit，惯性测量单元)等来实现厘米级高精度定位，同时通过 SLAM(Simultaneous Localization and Mapping，同步定位与建图)技术实现精确定位。通过对激光雷达、视觉传感器、毫米波雷达等感知结果进行融合处理，建立以行驶车辆为中心的感知局部地图，并通过 GNSS 信息、高精地图信息、车辆位置和姿态信息的叠加，提供一种便于直观了解多种信息融合结果的实时驾驶地图。

为了实现对车辆周边障碍物(包括人、车等)和环境信息(包括车道线、交通信号灯、标识牌)等的识别，可利用激光雷达、毫米波雷达、视觉设备融合，通过各种算法跟踪车辆姿态、位置，通过统计方法分析激光雷达数据，通过特征提取和模式识别分析视觉信息，通过信号处理分析雷达数据，发现高速运动物体，并综合以上结果识别动态、静态障碍物，跟踪移动目标，识别标识牌和交通信号灯等。

为了感知无人车自身的信息，可通过多种车载传感器获取车辆的姿态、故障等级、续航里程等必要信息。

1.1.2 认知决策层

认知决策层主要通过处理和分析感知层提供的信息，进行最优全局路径和实时局部路径规划，形成驾驶决策发送至车辆控制层。

认知决策层的主要任务如下。

在全局环境中，依靠地图、路网、任务和定位信息生成一条最优全局路径。在局部环境中，依靠感知信息并在交通规则的约束下，实时推理出合理的驾驶行为，并生成安全、可行驶的轨迹；根据地图、感知信息分析可行驶的道路范围；根据车速、道路复杂度生成平滑的可行驶路线；分析静态、动态障碍物和交通规则，形成局部路径规划，并形成驾驶决策，发送至车辆控制层；对系统故障进行处理和恢复并接受高层控制等。

1.1.3　车辆控制层

车辆控制层的主要任务如下。

根据路径规划结果和车辆内部的各种传感器信息，生成对车辆挡位、油门、方向的控制命令，保持车辆平稳高速行驶，实现自主驾驶；实现安全员和远程驾驶控制系统之间的人机交互，保证安全员能在任何时候接管无人驾驶的车辆，保证车辆、人员安全。

1.2　无人驾驶教学系统说明

1.2.1　无人驾驶教学系统的需求

无人驾驶技术近 10 年来的迅猛发展，展现了未来巨大的市场预期和人才需求，在当前背景下，以无人驾驶技术为切入点，对接科技发展趋势，以技术积累为纽带，建设集人才培养、团队建设、技术服务于一体，资源共享、机制灵活、产出高效的人才培养与技术创新平台，打造高水平的专业教学资源显得尤为重要。本书介绍的无人驾驶教学系统可服务于传统本科专业(如汽车工程专业)和新办专业(如人工智能专业)，并可辐射到高等职业新办专业(如汽车智能技术专业)中，为众多专业提供无人驾驶技术入门及提高级别的解决方案。

本书介绍的无人驾驶教学系统可服务的专业如图 1.1 所示。

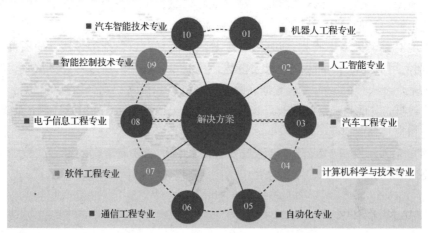

图 1.1　无人驾驶教学系统可服务的专业

1.2.2　无人驾驶教学系统的构成

无人驾驶教学系统包括五大模块，如图 1.2 所示。

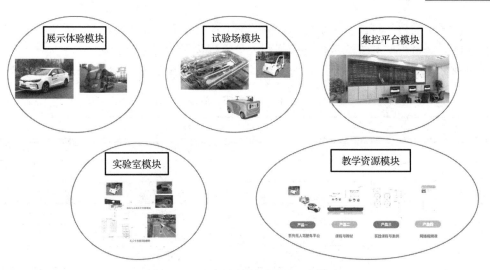

图 1.2　无人驾驶教学系统的五大模块

（1）展示体验模块：可提供无人驾驶展示车辆，在园区、试验场等特定环境进行无人驾驶体验与展示；

（2）试验场模块：设计、建造简化的试验场和教学用无人驾驶测试车辆；

（3）集控平台模块：包括大屏幕和集控系统，可实现现有算法展示、测试车辆的状态监控和调度等；

（4）实验室模块：包括线控车辆平台、实验室仿真设备等；

（5）教学资源模块：提供无人驾驶教学所需要的理论和实践教学资源。

五大模块相互协调，互为支撑，可实现无人驾驶教学系统的功能。其中教学资源模块提供了无人驾驶教学的理论课程和实践课程资源，是整个系统教学应用的核心内容。

1.2.3　课程资源

本书主要介绍基于 Ubuntu 系统的无人驾驶实践案例，包括四大部分内容。

第 2 章"无人车传感器基本实验"主要涵盖实验软件环境概述，无人驾驶感知技术中的图像处理基本技术（单目相机的安装、标定与应用，双目相机的标定），毫米波雷达的数据解析与测试，多维激光雷达的安装、标定与数据解析，多维激光雷达点云聚类，超声波雷达的数据解析，差分导航基准站的架设与配置，差分定位系统解析，差分导航规划，IMU 的安装与标定，UWB 的安装与测试，UWB 的数据解析及定位等。通过对该章内容的学习与实践，读者能够掌握感知技术的入门知识。

第 3 章"线控车辆控制应用实验"主要涵盖线控车辆技术概述和线控车辆的控制原理实验，包含 CAN 总线调试实验、线控转向实验、线控挡位和速度实验、线控辅助信号实验，通过对该章内容的学习与实践，读者能够掌握对一般线控车辆的控制方法。

第 4 章"无人车综合应用实验"包括基于 GNSS 导航的轨迹跟踪实验、毫米波与激光雷达的数据融合实验、视觉与激光雷达的联合标定实验、车辆定速巡航实验、车辆自适应巡航仿真实验、激光雷达 SLAM 建图实验这些综合性的实验，使读者掌握较为综合的无人驾驶技术。

第 5 章"基于深度学习的图像检测方法综合实验"主要讲述利用深度学习的方法和开源

算法实现园区交通信号灯的实时识别，实验涵盖了数据采集、数据预处理、深度学习环境搭建与模型应用的全过程，其方法可扩展应用到人车障碍物识别等多个领域。

本书整体实验内容层次分明、内容完整，全书实验列表如表 1.1 所示。

表 1.1 全书实验列表

章 节	内 容
第 2 章 无人车传感器基本实验	单目相机的安装与标定
	单目相机的应用
	双目相机的标定
	毫米波雷达的数据解析与测试
	多维激光雷达的安装、标定与数据解析
	多维激光雷达点云聚类
	超声波雷达的数据解析
	差分导航基准站的架设与配置
	差分定位系统解析
	差分导航规划
	IMU 的安装与标定
	UWB 的安装与测试
	UWB 的数据解析及定位
第 3 章 线控车辆控制应用实验	CAN 总线调试实验
	线控转向实验
	线控挡位与速度实验
	线控辅助信号实验
第 4 章 无人车综合应用实验	基于 GNSS 导航的轨迹跟踪实验
	毫米波与激光雷达的数据融合实验
	视觉与激光雷达的联合标定实验
	车辆定速巡航实验
	车辆自适应巡航仿真实验
	激光雷达 SLAM 建图实验
第 5 章 基于深度学习的图像检测方法综合实验	基于深度学习的图像检测方法综合实验

1.3 无人驾驶实验平台介绍

本书所列举的实验内容主要围绕 3 个无人驾驶实验平台进行，包括"旋风 4 座智能车""旋风小 AI 智能车"及"旋风线控底盘实验平台"，前两个实验平台适用于园区低速环境下的无人驾驶实验，"旋风线控底盘实验平台"可在实验室环境下进行部分车辆控制实验。读者在熟练掌握实验内容后，也可将本书的实验内容移植到其他的无人驾驶实验平台上进行实现。下面主要介绍前两个实验平台。

1.3.1 旋风 4 座智能车

图 1.3 所示的"旋风 4 座智能车"包括线控底盘和智能化套装两部分。其中线控底盘以低速电动汽车为原型,配备具有完全自主知识产权的线控双模转向系统和线控液压制动系统,为无人驾驶相关技术人员提供基础实践和开发平台。同时,全新设计的全线控架构,为整车电气设备的总线化管理和扩展提供了可能。智能化套装包括 16 线激光雷达、单目视觉设备、RTK-GNSS 导航设备和工业控制计算机(工控机)等。

线控底盘参数如表 1.2 所示。

图 1.3　旋风 4 座智能车

表 1.2　线控底盘参数

外形尺寸		3300mm×1650mm×1900mm(长×宽×高)		
轴　距	2080mm		前后轮距	1500mm/1550mm
整备质量	830kg		成 员 数	4 人
电机形式	交流异步/3.5kW		动力电池	铅酸 60V/100Ah
续航里程	80km		最高时速	30km/h
智能设备	倒车影像、行车记录仪			
转向系统	转向器形式	管柱式		
	人工驾驶模式	电子助力		
	无人驾驶模式	线控主动转向 精度>1°　速度>480°/s　响应时间<10ms		
制动系统	行车制动形式	双回路液压式		
	行车制动方式	人工驾驶模式	真空助力	
		无人驾驶模式	线控主动增压 输出压力 1~10MPa　输出精度>5% 制动响应时间<100ms	
	驻车制动形式	机械钢索式		
线控系统	系统供电	直流 12V		
	总线类型	CAN 2.0B		
	通信协议	SAE J1939		
	功能节点	横向控制/纵向控制 定速巡航 油门/挡位/动力电池电压/灯光系统/鸣笛 用户扩展设备电源管理		

1.3.2 旋风小 AI 智能车

如图 1.4 所示,"旋风小 AI 智能车"也由线控底盘和智能化套装组成,其中线控底盘为面向无人驾驶商业应用而研制的小型化、智能化线控底盘。旋风小 AI 智能车承袭商用车技术架构,采用非承载式车身结构,集成前双横臂独立悬架和后整体桥非独立悬架,同时搭载后轮碟刹式的电子液压行车制动和后桥电磁刹式的驻车制动,保证了重载应用下优异的整车制动性

能。配备 600W 直流无刷电机,结合整体差速后桥,可在 80kg 标准载重下达到 15km/h 的最高车速。通过搭配 48V/40Ah 的磷酸铁锂动力电池,保证标准载重下的 8 小时续航时间。其底盘架构与乘用车基础架构一致,采用 CAN 总线通信,由 VCU(Vehicle Control Unit,整车控制器)分别对转向、驱动以及制动系统进行指令解析和转发,实现整车控制总线化。

图 1.4 旋风小 AI 智能车

基于车辆动力学模型,线控底盘内部集成横向和纵向运动控制算法,从"易用性"角度简化和加速了无人驾驶系统开发。基于车辆行驶安全模型,内部集成安全约束规则,从"安全性"角度,增强了无人驾驶应用的可靠性。旋风小 AI 智能车参数如表 1.3 所示。

表 1.3 旋风小 AI 智能车参数

内　容	参　数
外形尺寸	992 mm×592 mm×560mm
轴距	530mm
自重	40kg
最大载重	80kg
最大速度	15km/h
转弯半径	1800mm
离地间隙	空载 7.75mm,满载 6.5mm
爬坡率	20%
驱动形式	后轮驱动
转向形式	前轮转向
通信总线	CAN 2.0B
驱动电机	直流无刷,600W
续航时间	8h
防护等级	IP65
温度范围	−20℃~60℃
技术标准	GB/T 19951−2005,GB/T 2423

1.4 无人驾驶实验平台安全使用说明

无人驾驶实验平台是为教学开发的实验平台,在使用前使用人员必须经过一定时间的安全培训,确保使用安全。基本的安全使用说明如下(详细要求,请观看"无人驾驶实验平台安全使用说明"视频并阅读相关文件)。

1.4.1 安全警示

本无人驾驶实验平台属于实验教具,不能用于其他用途,不能在公路上行驶。无论是在人工驾驶还是无人驾驶的实验模式下,车辆驾驶座上必须配备安全员,安全员是本车辆使用过程中的第一安全负责人。

1.4.2　对使用人员的要求

安全员必须具备有效期内的国家机动车驾驶证（C2 以上），安全员和参加测试人员在上车前必须经过培训，在考核合格后才能使用车辆。每次实验最少有两个人同时参加，一个人为专职安全员，另一个人为测试人员。以上人员各司其职，安全员负责驾驶车辆和无人驾驶实验模式下的安全防护，测试人员负责测试数据，安全员和测试人员不能由一个人兼任。条件允许时，应配备观察员，负责观察车辆周边的安全情况。

1.4.3　使用前的检查

每次开始实验时，安全员负责检查车辆基本状态（包括但不限于车辆行驶及制动设备、电压/胎压状态、驾驶模式转换开关和遥控紧急制动等），由测试人员检查车辆传感器和控制器等设备的工作状态。以上设备全部正常后才能开始实验，只要有一个设备出现问题，就要停止实验进行维修，切忌"带病"使用。在各种情况下，车辆严禁超载，车上人员在车辆开动前必须坐好，并系好安全带。在特殊情况下（如雨雪、大雾、扬沙、高温、低寒），不能开展实验。

1.4.4　使用中的要求

在车辆行驶过程中，无论是在人工驾驶还是无人驾驶的实验模式下，安全员都要保持注意力集中，全力保证车辆行驶安全，并对危险情况做出及时的人工干预。测试人员应及时与安全员进行沟通，将测试中的异常情况及时通报安全员。在车辆行驶过程中，一旦发现车辆有异常情况，应立即停止实验，将车辆停在安全位置进行维修。测试过程中严禁无关人员上车，同时严禁非安全员的其他人员驾驶车辆，安全员离开车辆时必须关闭电源、带走钥匙。

1.4.5　使用后的要求

使用后由安全员人工驾驶车辆，将其停放到车辆专用停车位中，该停车位应具备防晒和防雨条件，最好为车库。安全员检查车辆状态，确定正常后，关闭全车电源，锁闭车辆，带走钥匙。

1.4.6　车辆充电的要求

车辆充电应该在专用的符合安全要求的充电位置进行，不可在室内等封闭空间内充电。要使用车辆配套的专用充电设备充电，不能随意拉线充电。充电过程中要有专人或者能通过监控设备随时观察充电状态是否正常，遇到异常情况要立刻断电并维修。车辆充满电后，要及时停止充电，一定不能过度充电。

第2章 无人车传感器基本实验

2.1 实验软件环境概述

2.1.1 ROS 环境安装及相关配置

本书涉及的所有实验均在 Ubuntu 系统上安装 ROS（Robot Operating System，机器人操作系统）框架执行。鉴于一些使用者对 ROS 框架不熟悉，本节将讲解 ROS 环境的安装及配置方法，并介绍实验环境所必需的 OpenCV 计算机视觉库、PyQt5 开发框架、PyCharm 开发工具和 RoboWare Studio 开发工具的基本情况。本书实验中用到的相关软件的具体版本如下。

- Ubuntu 16.04。
- ROS Kinetic。
- OpenCV 3.4.3。
- PyQt5。
- PyCharm 2018.2。
- RoboWare Studio 1.2.0。

1. 相关软件介绍

（1）Ubuntu 简介

Ubuntu（又称乌班图）是一个以桌面应用为主的开源 GNU/Linux 操作系统。Ubuntu 基于 Debian GNU/Linux 系统，支持 x86、AMD64（x64）、ARM 和 PPC 架构，由全球化的专业开发团队（Canonical Ltd）打造。Ubuntu 基于 Debian 发行版和 GNOME 桌面环境，而从 11.04 版起，Ubuntu 发行版放弃了 GNOME 桌面环境，并改名为 Unity。与 Debian 的不同在于，Ubuntu 每 6 个月会发布一个新版本。Ubuntu 的目标在于它为一般用户提供了一个新的、同时又相当稳定的、主要由自由软件构建而成的操作系统。除此之外，Ubuntu 具有庞大的社区力量，用户可以方便地从社区中获得帮助。

Ubuntu 共有 8 个长期支持版本（Long Term Support，LTS）：Ubuntu 6.06、Ubuntu 8.04、Ubuntu 10.04、Ubuntu 12.04、Ubuntu 14.04、Ubuntu 16.04、Ubuntu 18.04、Ubuntu 20.04。每个 Ubuntu 的版本代号都是按照"形容词+动物"的格式命名的（一开始并不按照字母顺序，从 Ubuntu 6.06 版本的 Drapper DRAKE 才开始如此）。Ubuntu 版本中的数字表示发布的"年+月"，如 12.04 表示在 2012 年 4 月发布。本实验所有环境安装及配置都是基于 Ubuntu 16.04LTS 进行的，社区在 5 年内将对这个版本提供维护。

（2）ROS 简介

ROS 即机器人操作系统，是面向机器人的开源操作系统。ROS 能够提供类似传统操作系统的诸多功能,如硬件抽象、底层设备控制、常用功能实现、进程间消息传递和程序包管理等。此外,它还提供相关工具和库,用于获取、编译、编辑代码及在多台计算机之间运行程序完成分布式计算。ROS 的基本原理是无须改动就能够在不同的机器人上复用代码。早在 2007 年,斯坦福大学人工智能实验室(Stanford Artificial Intelligence Laboratory,SAIL)在斯坦福 AI 机器人项目的支持下开发了 ROS,2008 年之后,其主要由 Willow Garage 公司支持下的 20 多家研究机构联合研发。

(3)OpenCV 简介

OpenCV 是一个基于 BSD(Berkeley Software Distribution,伯克利软件套件)许可(开源)发行的跨平台计算机视觉库,可以在 Linux、Windows、Android 和 MacOS 操作系统上运行。它由一系列 C 函数和少量 C++ 类构成,具有轻量且高效的特点。OpenCV 提供了 Python、Java、MATLAB 等语言的接口,实现了图像处理和计算机视觉方面的很多通用算法。

(4)PyQt 简介

PyQt 是由 Phil Thompson 开发的一个用于创建 GUI(Graphical User Interface,图形用户界面)应用程序的工具包,它是 Python 语言和 Qt 库的成果融合。其中,Qt 是 1991 年由 The Qt Company 创建的跨平台的 C++图形用户界面应用程序开发框架。它既可以用于开发 GUI 程序,也可以用于开发如控制台工具和服务器的非 GUI 程序。相较于传统 Qt 库,在包含传统工具包的基础上,PyQt 实现了一个 Python 模块集。其中,模块集中的函数和方法超过 620 类,数量将近 6000 个,方便使用者在使用 Python 编程方式的同时快速实现 GUI 应用程序。同时,PyQt 还支持 ROS 操作系统库的基础操作接口。

(5)PyCharm 简介

PyCharm 是一种由 Python 集成的开发环境(IDE),其带有一整套可以帮助用户在进行 Python 语言开发时提高效率的工具,如调试、语法高亮、Project 管理、代码跳转、智能提示、自动完成、单元测试及版本控制。

(6)RoboWare Studio 简介

RoboWare Studio 是一款专用于 ROS 开发和调试的软件,其作用是帮助 ROS 开发人员提升开发效率,降低调试难度;帮助机器人开发商快速接入 ROS 丰富的软件资源;帮助 ROS 初学者快速创建和学习 ROS 工程。RoboWare Studio 以图形化的方式进行 ROS 工作区及工作包的创建、源码添加、message/service/action 文件创建、包及节点列表显示等,可实现 CMakelists.txt 文件和 package.xml 文件的自动更新。

2. ROS 安装

在 Ubuntu 16.04 系统上安装 ROS 的具体方法如下。

(1)添加源

在 Ubuntu 系统桌面打开终端(Ctrl+Alt+T),输入以下命令:

```
sudo sh -c 'echo "deb http://packages.ros.org/ros/ubuntu $(lsb_release -sc)
main" > /etc/apt/sources.list.d/ros-latest.list'
```

设置密钥(这一步是为了确认原始密码是正确的,并且没有人可在未经允许的情况下修改任何程序密码):

```
sudo apt-key adv --keyserver 'hkp://keyserver.ubuntu.com:80' --recv-key
C1CF6E31E6BADE8868B172B4F42ED6FBAB17C654
```

（2）安装 ROS

在终端中 输入下列命令，并将系统软件更新为最新版。

```
sudo apt-get update
```

上述所有步骤操作成功后，终端界面如图 2.1 所示。

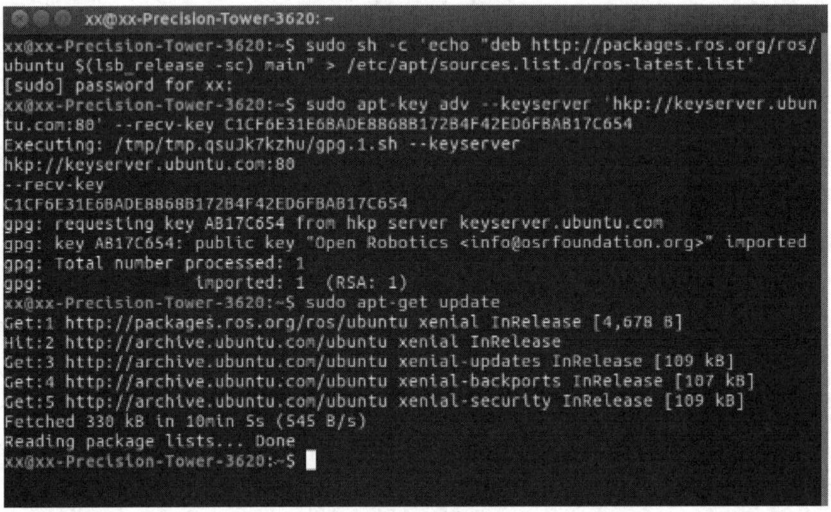

图 2.1 添加源及更新软件成功后的终端界面

下一步开始安装 ROS，具体命令如下。

```
sudo apt-get install ros-kinetic-desktop-full
```

该过程可能耗时较长，但是时间长短根据个人网络情况而定，耐心等待即可。安装完成后，可输入下面的命令来查看可使用的包。

```
apt-cache search ros-kinetic
```

到目前为止，ROS 虽已安装完成，但还需要初始化才能使用。

（3）ROS 的初始化

首先需要初始化 rosdep，依次在终端中执行下列命令。

```
sudo rosdep init
rosdep update
```

然后初始化环境变量，依次在终端中执行下列命令。

```
echo "source /opt/ros/kinetic/setup.bash" >> ~/.bashrc
source ~/.bashrc
```

至此，ROS 安装配置结束，下面开始测试 ROS 是否安装成功。

（4）测试 ROS 是否安装成功

启动 ROS 环境，在终端中执行下列命令。

```
roscore
```

在上述命令执行后，需待 ROS 环境启动后，再打开一个新的终端窗口，输入以下命令。

```
rosrun turtlesim turtlesim_node
```

ROS 会启动"海龟节点"，并弹出一个窗口，如图 2.2 所示。

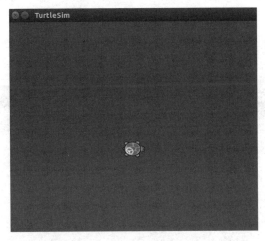

图 2.2　ROS 启动"海龟节点"

若成功弹出窗口，说明 ROS 环境配置成功。

ROS 环境配置成功后，可以再打开新的终端，输入下列命令进一步测试。

```
rosrun turtlesim turtle_teleop_key
```

此时，在终端窗口中可以通过方向键来控制小海龟的移动。

3．OpenCV 安装

（1）下载文件

进入 OpenCV 官方网站后，选择 Sources 版本下载，下载界面如图 2.3 所示。

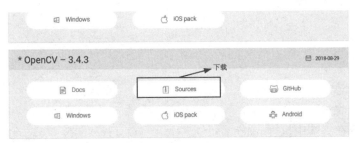

图 2.3　OpenCV（选择 Sources 版本）下载界面

（2）解压包并进入文件夹

依次在下载目录下打开终端，执行下列命令。

```
unzip opencv-3.4.3.zip
cd opencv-3.4.3
```

（3）安装依赖库和编译工具 cmake

依次在下载目录下打开终端，执行下列命令。

```
sudo apt-get install cmake
sudo apt-get install build-essential libgtk2.0-dev libavcodec-dev
libavformat-dev libjpeg.dev libtiff4.dev libswscalc-dev libjasper-dev
```

（4）执行 cmake 命令

输入下列命令来新建编译的文件夹，如图 2.4 所示。

```
mkdir my_build_dir
```

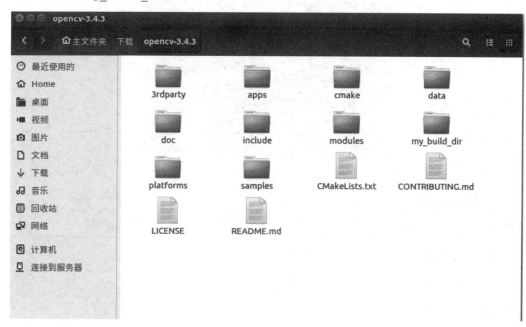

图 2.4　新建编译的文件夹

输入下列命令进入文件夹。

```
cd my_build_dir
```

执行 cmake 命令。

```
cmake ..
```

（5）执行 make 命令

输入下列命令在终端中执行 make 命令。

```
sudo make
```

（6）执行 install 命令

输入下列命令在终端中执行 install 命令。

```
sudo make install
```

（7）将 OpenCV 库添加到路径中

输入下列命令将 OpenCV 库添加到路径中，让系统能够找到，如图 2.5 所示。

```
sudo gedit /etc/ld.so.conf.d/opencv.conf
```

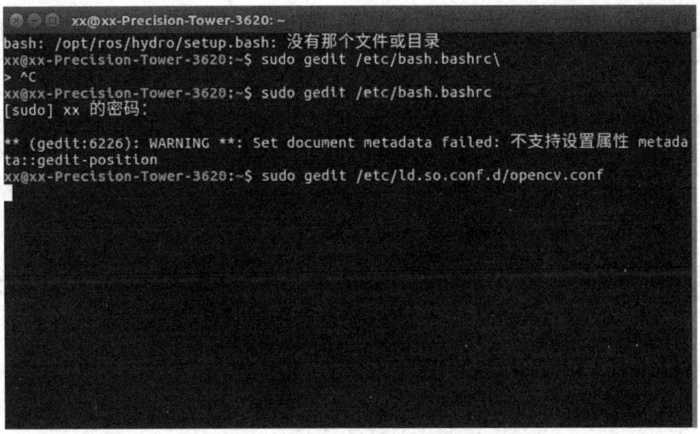

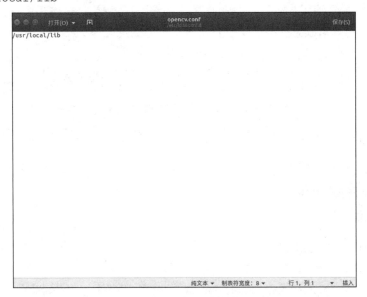

图 2.5　将 OpenCV 添加到路径中

打开可能为空白的文件，在末尾添加下列命令，如图 2.6 所示。

```
/usr/local/lib
```

图 2.6　添加文件内容

(8) 使配置路径生效

执行下列命令使刚才的配置路径生效。

```
sudo ldconfig
```

(9) 配置 bash 文件

执行下列命令配置 bash 文件。

```
sudo gedit /etc/bash.bashrc
```

执行下列命令在 bash 文件中添加后缀，如图 2.7 所示。

```
PKG_CONFIG_PATH=$PKG_CONFIG_PATH:/usr/local/lib/pkgconfig
export PKG_CONFIG_PATH
```

```
#  if [ -f /usr/share/bash-completion/bash_completion ]; then
#      . /usr/share/bash-completion/bash_completion
#  elif [ -f /etc/bash_completion ]; then
#      . /etc/bash_completion
#  fi
#fi

# sudo hint
if [ ! -e "$HOME/.sudo_as_admin_successful" ] && [ ! -e "$HOME/.hushlogin" ]; then
    case " $(groups) " in *\ admin\ *|*\ sudo\ *)
      if [ -x /usr/bin/sudo ]; then
          cat <<-EOF
To run a command as administrator (user "root"), use "sudo <command>".
See "man sudo_root" for details.

          EOF
      fi
    esac
fi

# if the command-not-found package is installed, use it
if [ -x /usr/lib/command-not-found -o -x /usr/share/command-not-found/command-not-found ]; then
        function command_not_found_handle {
                # check because c-n-f could've been removed in the meantime
                if [ -x /usr/lib/command-not-found ]; then
                   /usr/lib/command-not-found -- "$1"
                   return $?
                elif [ -x /usr/share/command-not-found/command-not-found ]; then
                   /usr/share/command-not-found/command-not-found -- "$1"
                   return $?
                else
                   printf "%s: command not found\n" "$1" >&2
                   return 127
                fi
        }
fi
PKG_CONFIG_PATH=$PKG_CONFIG_PATH:/usr/local/lib/pkgconfig export PKG_CONFIG_PATH
```

图 2.7　在 bash 文件中添加后缀

保存文件，执行下列命令使配置生效。

```
source /etc/bash.bashrc
```

执行下列命令完成更新。

```
sudo update
```

至此，OpenCV 配置完成。

（10）测试 OpenCV 是否配置成功

在 opencv-3.4.3/samples/cpp/example_cmake 目录下，分别执行下列命令。

```
cmake .
make
./opencv_example
```

结果如图 2.8 所示。

若成功打开计算机自身的摄像头，且显示如图 2.9 所示的界面，则说明 OpenCV 配置成功。

4. PyQt5 安装

在终端中依次执行下列命令。

```
sudo apt-get install qt5-default
sudo apt-get install qttools5-dev-tools
```

安装完成，安装成功示意图如图 2.10 所示。

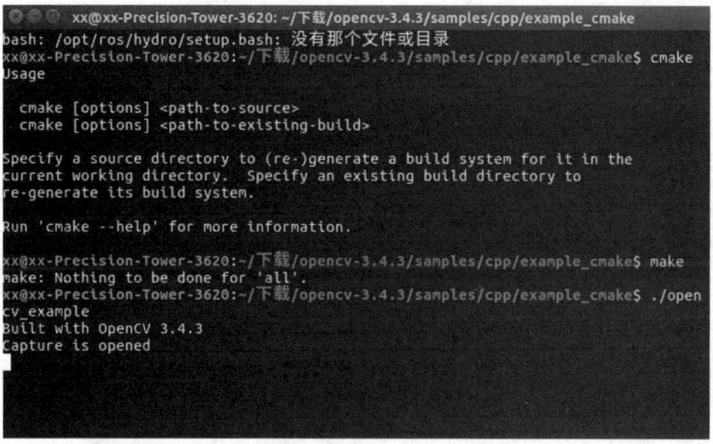

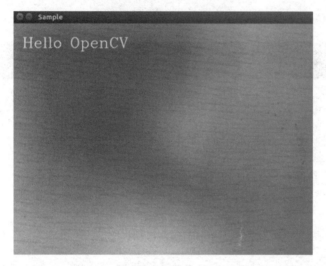

图 2.8　依次执行测试命令

图 2.9　成功打开摄像头并显示界面

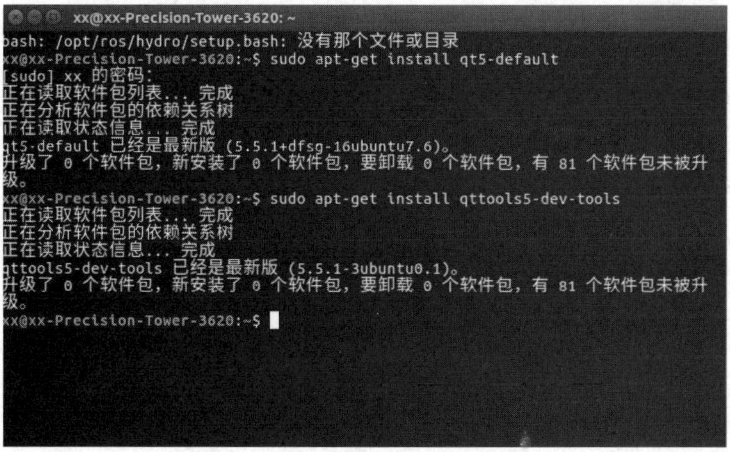

图 2.10　PyQt5 安装成功示意图

5. PyCharm 安装

(1) 下载 PyCharm 社区版

在 PyCharm 官方网站选择要下载的 PyCharm 版本，如图 2.11 所示。

下载完成后，解压安装包，如图 2.12 所示。

图 2.11　选择 PyCharm 版本

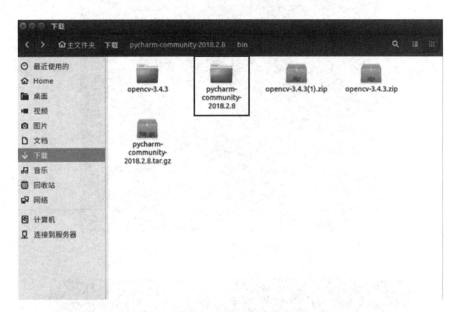

图 2.12　解压安装包

(2) 安装软件

执行下列命令安装软件。

```
cd /opt/pycharm-community-2018.2.8/
cd bin
sh pycharm.sh
```

安装完成，结果如图 2.13 所示。

6. 在 PyCharm 中配置 PyQt5

打开 PyCharm 后，首先选择 File→Setting→Tools→External Tools 选项，单击 "+" 号添加两个文件。

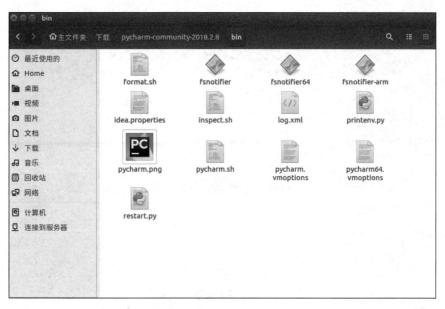

图 2.13　安装完成

第一个是 QtDesigner，用于通过 PyCharm 直接启动 QtDesigner，如图 2.14 所示。

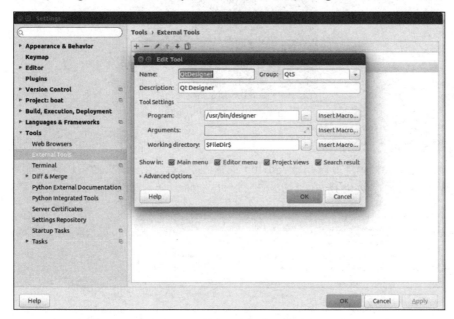

图 2.14　PyCharm 配置 PyQt5

第二个是用于将.ui 文件转换成.py 文件的 PyUIC，如图 2.15 所示。

然后查看配置结果，打开 PyCharm 菜单，如图 2.16 所示。

至此，所有环境全部配置完成。

7．RoboWare Studio 安装

RoboWare Studio 是一个 ROS 集成开发环境。它能使 ROS 开发更加直观、简单，并且易于操作。此环境可进行 ROS 工作区及包的管理，包括代码编辑、构建和调试等工作。

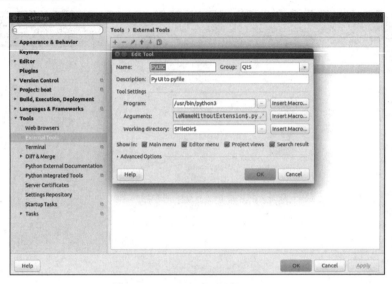

图 2.15　PyCharm 配置 PyQt5

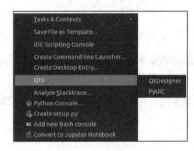

图 2.16　查看配置结果

（1）下载安装包

在 RoboWare Studio 官方网站或 GitHub 上找到下载页面，在页面中选择与计算机相匹配的安装包并下载，如图 2.17 所示。

图 2.17　RoboWare Studio 安装包版本

(2) 安装软件

进入上述安装包的下载路径，直接双击安装即可，也可执行下列命令进行安装：

```
cd ~/Downloads
sudo dpkg -i roboware-studio_<version>_<architecture>.deb
```

其中，<version>和<architecture>对应下载的 RoboWare Studio 的版本和架构。

2.1.2　工程开发示例简介

1. ROS 节点开发示例

节点是 ROS 中非常重要的一个概念。为了帮助初学者理解这个概念，这里举一个通俗的例子。例如，我们有一个机器人和一个遥控器，那么这个机器人和遥控器都开始工作后，就是两个节点。遥控器起到了下达命令的作用，机器人负责监听遥控器下达的命令并完成相应动作。从这里我们可以看出，节点是一个能执行特定工作任务的工作单元，能够相互通信，从而实现一个机器人系统的整体功能。这里我们把遥控器和机器人简单定义为两个节点，实际上在机器人中根据控制器、传感器和执行机构等不同组成模块，还可以将其进一步细分为更多的节点，这是根据用户编写的程序来定义的。

节点是一个可执行文件，可以通过 ROS 客户端库与其他节点进行通信。节点可以将消息发布到话题或通过订阅话题来接收消息，也可以提供或使用服务。

ROS 客户端库可以让用不同编程语言编写的节点之间相互通信。

```
rospy = Python 客户端库
roscpp = C++客户端库
```

下面以 C++语言为例，创建简单的发布者节点示例和订阅者节点示例，帮助读者更好地理解节点间通信。

首先，打开 Ubuntu 系统终端应用 terminal，然后执行下列命令创建 ROS 工作空间。

```
mkdir -p ~/catkin_ws/src
cd ~/catkin_ws/
catkin_make
source devel/setup.bash
```

(1) 创建发布者节点

ROS 工作空间创建完成后，使用 cd 命令切换到刚才创建的空白 catkin_ws 工作空间中的源文件空间目录下，创建发布者节点功能包。

```
cd ~/catkin_ws/src
```

使用 catkin_create_pkg 创建一个名为 talker 的功能包，这个功能包依赖于 std_msgs、roscpp 和 rospy。

```
catkin_create_pkg talker std_msgs rospy roscpp
cd ~/catkin_ws
catkin_make
```

这时会创建一个名为 talker 的文件夹，文件夹中包含一个 package.xml 文件和一个 CMakeLists.txt 文件，这两个文件都已经部分填写了在执行 catkin_create_pkg 命令时提供的信息。

工作空间创建完成后，要将这个工作空间添加到 ROS 环境中，需要使用 source 生成的配置文件(注意：使用"."符号)：

```
. ~/catkin_ws/devel/setup.bash
```

这里，将创建发布者(talker)节点，该节点将不断广播消息。将目录切换到 talker 功能包中，在 src 目录下创建 talker.cpp 文件并输入代码，创建发布者节点的示例代码如代码 2.1 所示。

代码 2.1　创建发布者节点

```cpp
#include "ros/ros.h"          //包括使用 ROS 系统中最常见的公共部分所需的全部头文件
#include "std_msgs/String.h"
#include <stream>

int main(int argc, char **argv)
{
  ros::init(argc, argv, "talker");    //初始化 ROS，使得 ROS 可以通过命令行进行名
称重映射。这里也是我们给节点进行命名的地方。节点名在运行系统中必须是唯一的。注意：节点名必须是
基本名称，如不能包含任何斜杠/
  ros::NodeHandle n;                 //创建句柄
  ros::Publisher chatter_pub = n.advertise<std_msgs::String>("chatter",
1000); //定义在 chatter 话题上发布一个类型为 std_msgs/String 的消息。第二个参数是发布队列的
大小
  ros::Rate loop_rate(10);           //指定循环的频率
  int count = 0;
  while (ros::ok())
  {
    std_msgs::String msg;
    std::stringstream ss;
    ss << "hello world " << count;
    msg.data = ss.str();
    ROS_INFO("%s", msg.data.c_str());
    chatter_pub.publish(msg);        //以每秒10次的速率向 chatter 循环发布消息
    ros::spinOnce();
    loop_rate.sleep();
    ++count;
  }
  return 0;
}
```

修改 talker 功能包下的 CMakeLists.txt 文件，将以下几行代码添加到 CMakeLists.txt 文件的底部。

```
add_executable(talker src/talker.cpp)
```

```
add_dependencies(talker ${${PROJECT_NAME}_EXPORTED_TARGETS} ${catkin_EXPORTED_TARGETS})
target_link_libraries(talker ${catkin_LIBRARIES})
```

执行下列命令运行 catkin_make。

```
cd ~/catkin_ws
catkin_make
```

至此，发布者节点创建完成。

下面，创建订阅者节点，以订阅此发布者节点发布的消息内容。

(2)创建订阅者节点

使用 cd 命令切换到工作空间中的源文件空间目录下，创建订阅者节点功能包 listener。

```
cd ~/catkin_ws/src
```

使用 catkin_create_pkg 命令创建一个名为 listener 的功能包，这个功能包依赖于 std_msgs、roscpp 和 rospy。

```
catkin_create_pkg listener std_msgs rospy roscpp
cd ~/catkin_ws
catkin_make
. ~/catkin_ws/devel/setup.bash
```

在 src 目录下创建 listener.cpp 文件并输入代码，创建订阅者节点的示例代码如代码 2.2 所示。

代码 2.2　创建订阅者节点

```
#include "ros/ros.h"        //包括使用 ROS 系统中最常见的公共部分所需的全部头文件
#include "std_msgs/String.h"

void chatterCallback(const std_msgs::String::ConstPtr& msg)
//回调函数，当有新消息到达 chatter 话题时会被调用
{
  ROS_INFO("I heard: [%s]", msg->data.c_str());
}

int main(int argc, char **argv)
{
  ros::init(argc, argv, "listener");
  ros::NodeHandle n; #创建句柄
  ros::Subscriber sub = n.subscribe("chatter", 1000, chatterCallback);
    //通过主节点订阅 chatter 话题。每当有新消息到达时，ROS 将调用 chatterCallback()
函数。第二个参数是队列大小，以防处理消息的速度不够快
  ros::spin();              //启动一个自循环，能够尽可能快地调用回调函数
  return 0;
}
```

修改 talker 功能包下的 CMakeLists.txt 文件，将以下几行代码添加到 CMakeLists.txt 文件的底部。

```
add_executable(listener src/listener.cpp)
```

```
    add_dependencies(listener ${${PROJECT_NAME}_EXPORTED_TARGETS} ${catkin_
EXPORTED_TARGETS})
    target_link_libraries(listener ${catkin_LIBRARTES})
```

进入工作空间，执行下列命令运行 catkin_make。

```
cd ~/catkin_ws
catkin_make
```

至此，订阅者节点创建完成。

下面，对刚刚创建的发布者节点和订阅者节点进行测试。

(3)测试发布者节点和订阅者节点

运行 ROS 节点前打开 roscore，在终端内输入：

```
roscore
```

新建一个终端，进入 catkin_ws 工作空间，需要使用 source 生成的配置文件将工作空间添加到 ROS 环境中。

```
cd ~/catkin_ws
source ./devel/setup.bash
```

执行下列命令运行发布者节点。

```
rosrun talker talker
```

运行成功后，将输出发布的消息内容，如图 2.18 所示。

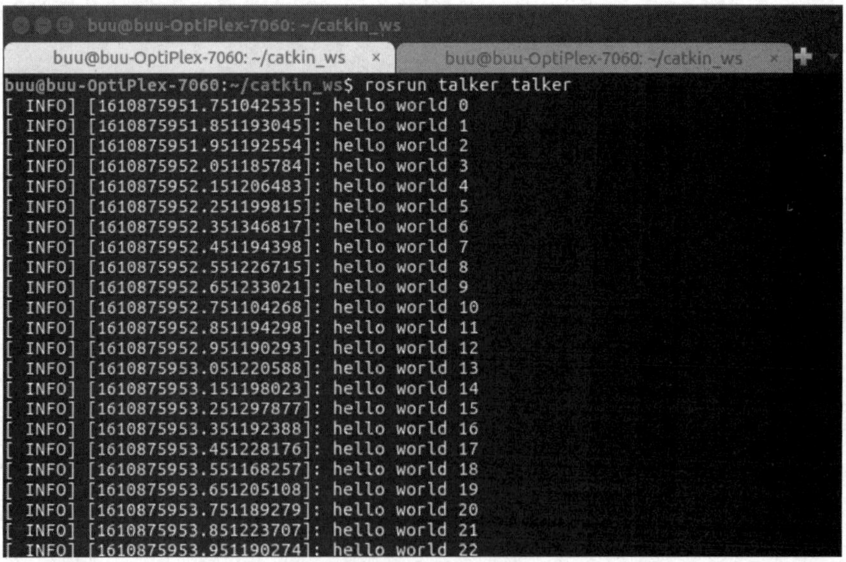

图 2.18　输出发布的消息内容

新建一个终端，执行下列命令运行订阅者节点。

```
cd ~/catkin_ws
source ./devel/setup.bash
rosrun listener listener
```

运行成功后，将输出成功订阅的消息内容，如图 2.19 所示。

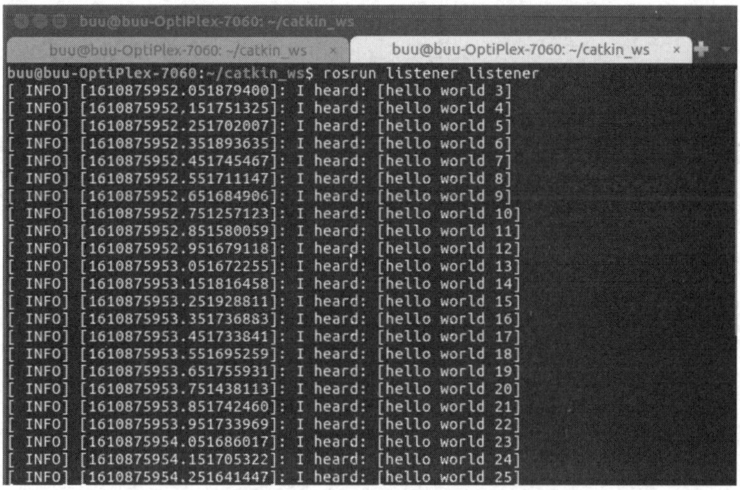

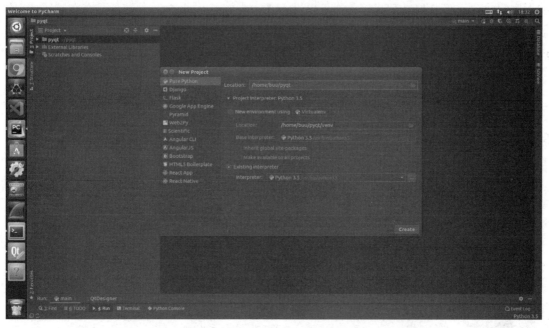

图 2.19　输出成功订阅的消息内容

2．PyQt 开发示例

以实现清除文本框内容的功能为例，编写一个简单的 PyQt 示例程序。

（1）新建工程项目文件

打开 PyCharm 软件，选择 File→New Project 选项，选择新建工程的保存路径和使用的 Python 版本，单击 Create 按钮，生成新的工程项目文件，如图 2.20 所示。

图 2.20　新建工程项目文件

（2）启动 QtDesigner 并创建图形化界面

由于在上一节配置 PyQt5 时已经将 QtDesigner 添加到 PyCharm 软件的外部工具中，因此可以直接在 PyCharm 中启动 QtDesigner。

在软件左侧导航栏中，右击工程项目名，选择 QT5→QtDesigner 选项。

打开 Qt Designer 工具窗口，自动弹出新建工程的界面，选择 Widget 选项后，单击 Create 按钮，如图 2.21 所示。

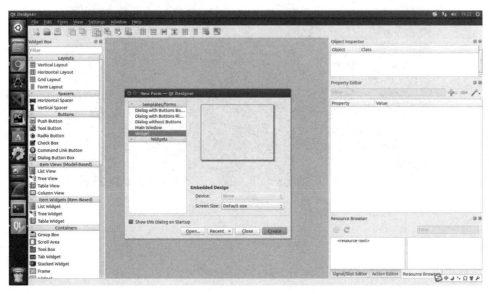

图 2.21　启动 Qt Designer

在左侧控件栏中选择文本控件 Line Edit 和按钮控件 Push Button，并将它们分别拖到中间的程序窗体内。双击 Line Edit 控件，可以键入文字。单击 Push Button 控件，在右侧属性编辑器 Property Editor 中可以改变控件的各个属性。选择 QAbstractButton→text 选项，将 Push Button 控件上显示的文字改为"清除文本框内容"。单击上方工具栏中的保存图标，选择新建的工程路径并保存，生成相应的.ui 文件，如图 2.22 所示。

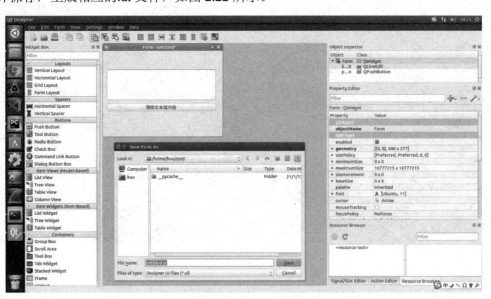

图 2.22　生成相应的.ui 文件

在 PyCharm 左侧项目导航栏内找到 untitled.ui 文件，右击该文件，选择 QT5→PyUI 选项，可以生成同名的 untitled.py 文件，如图 2.23 所示。

图 2.23　生成同名的 untitled.py 文件

（3）编写示例代码

新建一个 Python 代码文件并命名为 main.py，输入代码 2.3 所示的 PyQt 测试代码并保存，文件保存路径与 untitled.ui 和 untitled.py 相同。

代码 2.3　PyQt 测试代码

```python
#!/usr/bin/env python
#-*- coding: utf-8 -*

import sys
from PyQt5.QtWidgets import *
from untitled import Ui_Form        #导入 untitled.ui，转换为 untitled.py 中的类

class MainCode(QMainWindow, Ui_Form):
  def __init__(self):
    QMainWindow.__init__(self)
    Ui_Form.__init__(self)
    self.setupUi(self)
    self.pushButton.clicked.connect(self.clear_fun)  #单击 button 按钮时关联的槽函数

  def clear_fun(self):
    self.lineEdit.clear()              #单击 button 按钮时实现清除文本框内容的功能

if __name__ == '__main__':
  app = QApplication(sys.argv)
```

```
        test_ws = MainCode()
        test_ws.show()
        sys.exit(app.exec_())
```

（4）运行示例代码

在 PyCharm 左侧导航栏找到 main.py 文件，右击该文件，选择 Run 'main' 选项运行应用程序，并在文本框中输入任意内容，如输入 hello world，如图 2.24 所示。

单击下方的"清除文本框内容"按钮，可以看到文本框中的内容被清除，效果如图 2.25 所示。

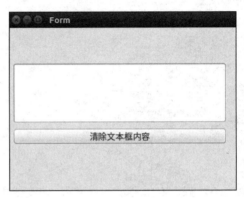

图 2.24　在文本框中输入 hello world　　　　图 2.25　清除文本框内容

2.2　单目相机的安装与标定

2.2.1　实验背景与原理

环境感知是无人驾驶技术中核心的内容之一，环境感知技术相当于无人车的眼睛和耳朵，对整个无人车的安全性及可靠性有着至关重要的作用。感知系统能够将准确的感知结果及时传递给无人车的决策模块，从而为智能决策提供可靠的依据。其中基于视觉的感知主要是通过各类摄像头及其后续算法实现的。无人车通过安装在车上的摄像头来感知其是否在可行驶区域内、有无车道偏离，还能够识别行驶过程中道路上的各种标识物、静态障碍物、动态障碍物以及交通信号灯等信息。目前主流的视觉传感器类型主要有单目相机和双目相机等。在摄像头的生产过程中，由于受到光学生产工艺的影响，成像总会呈现或多或少的畸变。只有在消除畸变的情况下，才能获取准确的映射关系，从而有利于进行高精度测量和定位，因此在摄像头使用之前，通常要进行参数标定来消除畸变。

在真实世界里，单目相机的成像过程，是真实世界的图像光信息在摄像头中成像，然后光会落在一个感光元件上，最终形成图像。单目相机标定的核心原理就是坐标系转换，其中涉及 4 个坐标系，分别为世界坐标系、相机坐标系、图像坐标系和像素坐标系，坐标系的对应关系如图 2.26 所示。其中，$O_w - X_w Y_w Z_w$ 是世界坐标系，描述的是相机在世界坐标系下的位置，单位为米（m），$O_C - X_C Y_C Z_C$ 是相机坐标系，其中原点为相机光心 O_C，X_C 轴与图像平面的 x

轴平行，Y_C 轴与 y 轴平行，Z_C 轴与摄像头光轴平行，与图像平面垂直。$o-xy$ 是图像坐标系，光心为图像中点，单位为毫米（mm）。$o'-uv$ 是像素坐标系，原点为图像的左上角，单位为像素。示例中，P 为真实世界中的一点，表示为 (X_W, Y_W, Z_W)，p 是图像平面中的成像点，表示为 (x, y)，在像素坐标系中表示为 (u, v)。摄像头焦距 f 等于 o 与 O_C 的距离，即 $f = \| o - O_C \|$。坐标系转换的步骤如下。

(1) 将世界坐标系转换到相机坐标系。

(2) 将相机坐标系转换到图像坐标系。

(3) 将图像坐标系转换到像素坐标系。

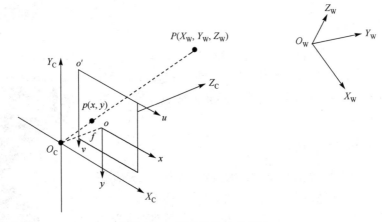

图 2.26　坐标系的对应关系

2.2.2　实验目的

通过本实验的练习，使学生初步掌握单目相机的基本安装方法，理解相机标定原理并掌握单目相机标定的基本方法，从而提高学生综合运用所学理论知识和方法进行独立分析和解决问题的能力。

2.2.3　实验环境

1. 硬件设备

计算机 1 台：CPU 酷睿 i5 及以上，内存 8GB 及以上。

单目相机 1 个：罗技（Logitech）C930c 高清摄像头。

棋盘标定板 1 个：规格 10×7。

第 4 代旋风 4 座智能车 1 台。

2. 软件环境

Ubuntu 16.04。

ROS Kinetic。

ROS 官方提供的用于单目相机标定的 camera_calibration 功能包。

2.2.4　实验内容

本实验要求学生完成单目相机的安装，并在 ROS 系统下完成标定工作，具体实验内容如下。

(1) 在无人车上安装单目相机。

(2) 新建 ROS 工作空间并编译源码，启动标定程序。

(3) 按照标定流程进行单目相机的标定。

(4) 获得标定参数文件，完成标定。

2.2.5　实验步骤

本实验要求学生掌握单目相机在无人车上的正确安装方式，新建 ROS 工作空间，启动标定程序。通过学习单目相机标定的基本原理，利用棋盘标定板通过在线标定法获得单目相机的内参矩阵、畸变系数矩阵等。本实验分成以下 4 个步骤。

1. 在无人车上安装单目相机

本实验采用的是罗技(Logitech) C930c 高清摄像头，产品图片如图 2.27 所示，采用 USB 接口进行供电和数据输出。

为了使摄像头获得一个更好的视野，可将其安装在无人车中轴线偏上的位置，同时将摄像头的角度下调 30° 左右，建议安装位置及角度如图 2.28 所示，通过 USB 数据线连接单目相机和实验用的计算机。

图 2.27　罗技(Logitech)
C930c 高清摄像头

图 2.28　摄像头建议安装位置及角度

2. 新建 ROS 工作空间并编译源码，启动标定程序

(1) 创建一个 ROS 工作空间，将 src 文件夹放置在工程目录下，并在工程目录下打开一个终端，输入命令 "$ catkin_make" 进行工程编译。编译成功后，会在工程目录下生成三个文件夹，分别为 devel、build 和 src。

(2) 在编译完成后的目录下打开一个终端，输入下列命令来读取单目相机数据。

```
$ source devel/setup.bash
$ roslaunch usb_cam usb_cam.launch
```

（3）测试人手持棋盘标定板站在摄像头前方，启动 camera_calibration 功能包下的 cameracalibrator.py 标定程序，在终端下输入下列命令。

```
$ rosrun camera_calibration cameracalibrator.py --size 9x6 --square 0.1
image:=/usb_cam/image_raw camera:=/usb_cam
```

参数解释：

size 代表棋盘角点的行数和列数，本实验所用标定板的角点个数为 9×6。

square 代表棋盘每个格子的长度，单位为米，本实验所用标定板每个格子的大小为 0.1 米。

image 代表摄像头读取的话题（topic），查看话题的命令为 rostopic list，本实验的话题为 /usb_cam/ image_raw。

标定程序启动成功后的标定界面如图 2.29 所示，可以发现 X、Y、Size、Skew 四个参数都未完成标定。

图 2.29　标定程序启动成功后的标定界面

3. 按照标定流程进行单目相机的标定

将棋盘标定板放置于无人车正前方 3 米处，标定板如图 2.30 所示，其中角点如图中圆圈所示，此标定板的角点个数为 9×6。

为了达到良好的标定效果，需要在单目相机标定视野里移动标定板，并完成以下基本操作。

（1）移动标定板到标定视野最左端、最右端、最上端和最下端的位置。

（2）移动标定板到标定视野的最近处和最远处。

（3）保持标定板倾斜状态并将其移动到标定视野最左端和最右端的位置。

部分标定过程如图 2.31 所示，其中，图 2.31（a）和图 2.31（b）表示的是标定板在标定视野最左端和最右端的情况，图 2.31（c）和图 2.31（d）表示的是标定板在标定视野最上端和最下端的情况，图 2.31（e）和图 2.31（f）表示的是标定板充斥整个标定视野和标定板在标定视野中倾斜的情况。

图 2.30　棋盘标定板

图 2.31　单目相机的部分标定过程

在标定程序中，X 表示标定板在标定视野中水平方向的参数，当标定板从标定视野最左端移动到最右端时，标定界面中 X 参数下方的进度条会达到满值并且变绿。同理，Y 表示标定板在标定视野中垂直方向的参数，当标定板从标定视野最上端移动到最下端时，标定界面中 Y 参数下方的进度条会达到满值并且变绿。Size 表示标定板在标定视野中的大小，也可以理解为标定板离单目相机的远近。当标定板在标定视野中由远及近进行移动时，标定界面中 Size 参数下方的进度条会达到满值并且变绿。Skew 表示标定板在标定视野中的倾斜位置，保持标定板在标定视野中的倾斜位置并多次向不同的方向倾斜，标定界面中 Skew 参数下方的进度条会达到满值并且变绿。当 CALIBRATE 按钮亮起时，表示已经有足够的数据进行标定，此时单击 CALIBRATE 按钮并等待一分钟左右，标定界面会变成灰色。然后标定界面中的 SAVE 按钮会亮起，并且终端会输出相应的标定信息。

4．获得标定参数文件，完成标定

在标定完成后，系统终端会输出标定信息。如图 2.32 所示，其中，camera matrix 为相机的内参矩阵，distortion 为畸变系数矩阵，rectification 为矫正矩阵（一般为单位阵），projection 为外部世界坐标到图像平面的投影矩阵。单击标定界面中的 SAVE 按钮，保存此次标定结果。

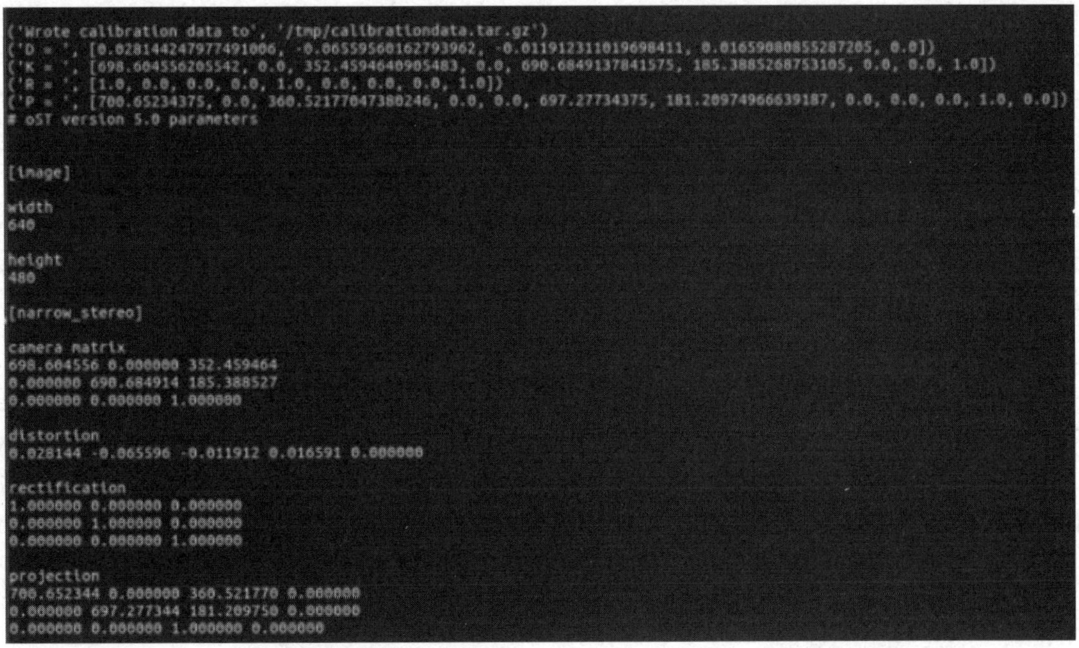

图 2.32　输出标定信息

如果对此次标定结果满意，单击 COMMIT 按钮，将结果保存到默认文件夹，终端输出如下信息：

```
('Wrote calibration data to', '/tmp/calibrationdata.tar.gz')
```

说明标定结果已经保存在相应文件夹下。下次启动 usb_cam 节点时，程序会自动调用此次标定结果。至此，整个单目相机的标定过程结束。

2.3 单目相机的应用

2.3.1 基本背景与原理

在环境感知模块中，无人车通过搭载的传感器如 GNSS、激光雷达、毫米波雷达、超声波雷达和摄像头等获得自身定位及周围环境的信息，然后进行相应的决策规划并对车辆进行控制，最终实现车辆的安全自主行驶。在无人车的环境感知模块中，对障碍物的检测非常重要，目前用于障碍物检测的方法有基于视觉的检测方法、激光雷达点云检测方法以及多传感器融合检测方法。

在众多传感器中，单目相机具有一般传感器不能比拟的优点，如图像信息丰富、结构简单、成本低、便于标定和识别等。本实验采用单目相机实现对行人目标的准确检测，从而为无人车进行智能决策和规划提供可靠的依据。行人检测的方法主要分为传统检测方法、机器学习方法以及深度学习方法。在传统检测方法中，主要有模板匹配法、光流法和帧间差分法等，但这些方法存在检测精度低、速度慢等缺点。在机器学习方法中，常用的检测方法是特征提取配合分类器，如 HOG（Histogram of Oriented Gradient, 方向梯度直方图）特征提取配合 SVM（Support Vector Machines, 支持向量机）分类器、Harr 特征提取配合 Adaboost 分类器等。在深度学习方法中，先后出现了 R-CNN 系列、YOLO 系列、SSD 系列等目标检测算法。相对来说，R-CNN 方法在检测精度上更好，YOLO 方法在检测速度上表现更优。本实验使用的行人检测算法是机器学习方法中 HOG 特征提取配合 SVM 分类器的方法。

HOG 是一种在计算机视觉和图像处理中用来进行物体检测的特征描述子，HOG 通过计算和统计图像局部区域的方向梯度直方图来构成特征。HOG 特征提取的过程主要分为 5 个步骤，分别为色彩和伽马归一化、计算图像梯度、构建方向直方图、将每个小区域合并为更大区间以及收集 HOG 特征。

SVM 是一种二分类模型，其基本模型是定义在特征空间上的间隔最大的线性分类器，间隔最大使其有别于感知机。SVM 还包括"核"技巧，使其成为实质上的非线性分类器。SVM 的学习策略就是间隔最大化，可形式化为一个求解凸二次规划的问题，也等价于正则化的合页损失函数的最小化问题。因此，SVM 的学习算法就是求解凸二次规划的最优化算法。

2.3.2 实验目的

通过本实验的练习，使学生初步掌握利用单目相机设备通过机器学习方法进行行人检测的基本原理及流程，理解 HOG 特征提取原理以及 SVM 分类器的基本原理，掌握 OpenCV 视频解析方法，从而提高学生综合运用所学理论知识和方法进行独立分析和解决问题的能力。

2.3.3 实验环境

1. 硬件设备

计算机 1 台：CPU 酷睿 i5 及以上，内存 8GB 及以上。
单目相机 1 个：罗技（Logitech）C930c 高清摄像头。

第 4 代旋风 4 座智能车 1 台。

2．软件环境

Ubuntu 16.04。
PyCharm。
OpenCV 3.4.3。

2.3.4　实验内容

本实验要求学生利用上节实验中已经标定好的单目相机完成对行人目标的识别，具体实验内容如下。

（1）利用 OpenCV 实现对视频数据的实时解析。

（2）创建 HOG 特征提取器。

（3）训练 SVM 分类器。

在完成上述实验内容的基础上，自行编写 Demo 软件。

Demo 软件由 5 部分组成，分别是视频显示模块、实验指导模块、模式选择模块、摄像头设备选择模块以及检测信息输出模块。其中视频显示模块可以实时显示摄像头或离线数据的视频（包括实时检测结果），实验指导模块主要完成实验指导书的显示，模式选择模块用于在线模式和离线模式选择（在线模式实时调用摄像头数据，离线模式调用事先存储的视频数据），摄像头设备选择模块可以选择计算机自身摄像头或外接摄像头，检测信息输出模块可以实时输出实验检测结果。

2.3.5　实验步骤

本实验要求学生利用机器学习方法完成行人目标的检测，利用 OpenCV 实现对视频数据的实时解析，熟悉常用的行人目标检测算法，理解 HOG 特征提取原理以及 SVM 分类器的基本原理，并完成本实验中的行人目标检测。根据任务需求，实验步骤如下。

1．利用 OpenCV 实现对视频数据的实时解析

因为视频是由一帧帧图像组成的，所以视频流读取的本质就是读取图像，在本实验中，视频分为实时视频和离线视频两种，可利用 OpenCV 来实现解析，示例代码如代码 2.4 所示。

代码 2.4　视频数据解析

```python
import cv2
import numpy
cap = cv2.VideoCapture(X)
while(T):
    ret, frame = cap.read()
    cv2.imshow("capture", frame)
    if cv2.waitKey(100) & 0xff == ord('q'):
        break
cap.release()
cv2.destroyAllWindows()
```

代码解释如下。

(1) 引用函数库，分别引用 OpenCV 和 numpy 库。

```
import cv2
import numpy
```

(2) 创建摄像头对象。

cap = cv2.VideoCapture(X)：若 X 的值为数字 0 或 1，代表读取实时视频数据。其中，数字 0 代表的是本地摄像头，如笔记本电脑的内置摄像头，数字 1 代表的是外接摄像头。若 X 为视频路径，则代表读取离线的本地视频数据。

(3) 逐帧读取并显示视频数据，imshow() 中的两个参数分别为视频显示的窗口和视频帧的像素矩阵。

(4) 释放摄像头对象和窗口。

```
cap.release()
cv2.destroyAllWindows()
```

2．创建 HOG 特征提取器

使用 OpenCV 中的 cv2.HOGDescriptor() 就可以直接提取图像的 HOG 特征，此函数的示例代码如代码 2.5 所示。

代码 2.5　提取图像的 HOG 特征

```
Hog = cv2.HOGDescriptor(winSize,blockSize,blockStride,cellSize,nbins,derive-
Aperture,winSigma,histogramNormType,L2HysThreshold,gammaCorrection,nlevels)
```

参数解释如下。

winSize：窗口大小(单位：像素)。

blockSize：block 大小(单位：像素)。

blockStride：block 步长(单位：像素)。

cellSize：cell 大小(单位：像素)。

参数组件示意图如图 2.33 所示。

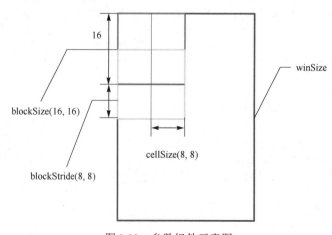

图 2.33　参数组件示意图

3. 训练 SVM 分类器

在 2005 年 CVPR（IEEE Conference on Computer Vision and Pattern Recognition）上，来自法国的研究人员 Navneet Dalal 和 Bill Triggs 提出利用 HOG 进行特征提取，利用线性 SVM 作为分类器，从而实现行人检测。经过测试发现，HOG+SVM 的组合形式在行人检测中速度和效果的平衡性是最好的。后来，虽然很多研究人员也提出了改进的行人检测算法，但基本都以该算法为基础框架。因此，HOG+SVM 成为一个里程碑式的算法被写入 OpenCV 中。在 OpenCV 2.0 之后的版本中，都有 HOG 特征描述算子的 API（Application Programming Interface，应用程序接口），而至于 SVM，早在 OpenCV 1.0 版本就已经被集成进去了。OpenCV 提供了 HOG 和 SVM 的 API，也提供了行人检测的例子，关于分类器的文件可以在 OpenCV 官网进行下载，但是官网并没有说明开发者应该如何训练自己的分类器，这就导致官方提供的分类器不一定适用于特定的应用场合。因此，针对特定的应用场景，开发者可以重新训练得到适合特定应用场景的分类器。

重新训练行人检测分类器的流程如下：

（1）准备训练样本集合，包括正样本集和负样本集。根据机器学习的基础知识可知，要利用机器学习算法进行样本训练，从而得到一个性能优良的分类器，训练样本应该是无限多的，而且训练样本应该覆盖实际应用过程中可能发生的各种情况。

（2）对收集到的足够多的训练样本进行手动裁剪，得到行人数据集中的行人样本区域。

（3）裁剪得到训练样本后，将所有正样本放在一个文件夹中，将所有负样本放在另一个文件夹中，并将所有的训练样本缩放到同样的尺寸大小。这是因为在 OpenCV 自带的训练案例中，就是将样本尺寸缩放为 64×128 像素后进行训练的。

（4）提取所有正样本的 HOG 特征。

（5）提取所有负样本的 HOG 特征。

（6）对所有的正负样本赋予样本标签，例如，将所有的正样本标记为 1，所有的负样本标记为 0。

（7）将正负样本的 HOG 特征、正负样本的标签都输入 SVM 中进行训练。Dalal 在论文中考虑到速度问题，建议采用线性 SVM 进行训练，因此本实验同样采用线性 SVM。

（8）SVM 训练后，将结果保存为文本文件。

（9）进行线性 SVM 训练后得到的文本文件中，有一个数组叫作 supportVector（实际为矩阵），还有一个数组叫作 alpha（实际为矩阵），有一个浮点数叫作 rho。将 alpha 矩阵同 supportVector 相乘（alpha*supportVector 将得到一个列向量。然后，在该列向量的最后添加一个元素 rho。如此，便得到了一个分类器。利用该分类器，直接替换 OpenCV 中行人检测默认的那个分类器（cv::HOGDescriptor:: setSVMDetector()），就可以利用训练样本训练出来的分类器进行行人检测。

使用自己的训练样本集合训练特定分类器的参考代码如代码 2.6 所示。

代码2.6　训练特定分类器

```
class Mysvm: public CvSVM
{
public:
    int get_alpha_count()
    {
```

```
            return this->sv_total;
        }
        int get_sv_dim()
        {
            return this->var_all;
        }
        int get_sv_count()
        {
            return this->decision_func->sv_count;
        }
        double* get_alpha()
        {
            return this->decision_func->alpha;
        }
        float** get_sv()
        {
            return this->sv;
        }
        float get_rho()
        {
            return this->decision_func->rho;
        }
    };

    void Train()
    {
        char classifierSavePath[256] = "c:/pedestrianDetect-peopleFlow.txt";

        string positivePath = "..path";
        string negativePath = "..path";

        int positiveSampleCount = number;          //图片个数
        int negativeSampleCount = number;          //图片个数
        int totalSampleCount = positiveSampleCount + negativeSampleCount;
        cout<<"//"<<endl;
        cout<<"totalSampleCount: "<<totalSampleCount<<endl;
        cout<<"positiveSampleCount: "<<positiveSampleCount<<endl;
        cout<<"negativeSampleCount: "<<negativeSampleCount<<endl;

        CvMat *sampleFeaturesMat = cvCreateMat(totalSampleCount, 1764, CV_
32FC1);
        //若为 64×128 的训练样本,该矩阵尺寸将是 totalSample×3780,若为 64×64 的训
练样本,该矩阵尺寸将是 totalSample×1764
        cvSetZero(sampleFeaturesMat);
        CvMat *sampleLabelMat = cvCreateMat(totalSampleCount, 1, CV_32FC1);
                                                        //样本标识
        cvSetZero(sampleLabelMat);
```

```
cout<<"**************************************************************"<<endl;
cout<<"start to training positive samples..."<<endl;

char positiveImgName[256];
string path;
for(int i = 0; i < positiveSampleCount; i++)
{
    memset(positiveImgName, '\0', 256*sizeof(char));
    sprintf(positiveImgName, "%d.jpg", i);
    int len = strlen(positiveImgName);
    string tempStr = positiveImgName;
    path = positivePath + tempStr;

    cv::Mat img = cv::imread(path);
    if( img.data == NULL )
    {
        cout<<"positive image sample load error: "<<i<<" "<<path<<endl;
        system("pause");
        continue;
    }

    cv::HOGDescriptor hog(cv::Size(64,64), cv::Size(16,16), cv::Size(8,8),
cv::Size(8,8), 9);
    vector<float> featureVec;

    hog.compute(img, featureVec, cv::Size(8,8));
    int featureVecSize = featureVec.size();

    for (int j = 0; j < featureVecSize; j++)
    {
        CV_MAT_ELEM( *sampleFeaturesMat, float, i, j ) = featureVec[j];
    }
    sampleLabelMat->data.fl[i] = 1;
}
cout<<"end of training for positive samples..."<<endl;

cout<<"***********************************************************"<<endl;
cout<<"start to train negative samples..."<<endl;

char negativeImgName[256];
for (int i = 0; i < negativeSampleCount; i++)
{
    memset(negativeImgName, '\0', 256*sizeof(char));
    sprintf(negativeImgName, "%d.jpg", i);
    path = negativePath + negativeImgName;
    cv::Mat img = cv::imread(path);
    if(img.data == NULL)
```

```
                {
                    cout<<"negative image sample load error: "<<path<<endl;
                    continue;
                }

                cv::HOGDescriptor hog(cv::Size(64,64), cv::Size(16,16), cv::Size(8,8),
cv::Size(8,8), 9);
                vector<float> featureVec;

                hog.compute(img,featureVec,cv::Size(8,8));   //计算 HOG 特征
                int featureVecSize = featureVec.size();

                for ( int j = 0; j < featureVecSize; j ++)
                {
                    CV_MAT_ELEM( *sampleFeaturesMat, float, i + positiveSampleCount, j )
= featureVec[ j ];
                }

                sampleLabelMat->data.fl[ i + positiveSampleCount ] = -1;
        }

        cout<<"end of training for negative samples..."<<endl;
        cout<<"*********************************************"<<endl;
        cout<<"start to train for SVM classifier..."<<endl;

        CvSVMParams params;
        params.svm_type = CvSVM::C_SVC;
        params.kernel_type = CvSVM::LINEAR;
        params.term_crit = cvTermCriteria(CV_TERMCRIT_ITER, 1000, FLT_EPSILON);
        params.C = 0.01;

        Mysvm svm;
        svm.train( sampleFeaturesMat, sampleLabelMat, NULL, NULL, params );
        //用 SVM 线性分类器训练
        svm.save(classifierSavePath);

        cvReleaseMat(&sampleFeaturesMat);
        cvReleaseMat(&sampleLabelMat);

        int supportVectorSize = svm.get_support_vector_count();
        cout<<"support vector size of SVM: "<<supportVectorSize<<endl;
        cout<<"************** end of training for SVM ***********"<<endl;

        CvMat *sv,*alp,*re;                            //所有样本特征向量
        sv  = cvCreateMat(supportVectorSize, 1764, CV_32FC1);
        alp = cvCreateMat(1, supportVectorSize, CV_32FC1);
        re  = cvCreateMat(1, 1764, CV_32FC1);
        CvMat *res  = cvCreateMat(1, 1, CV_32FC1);
```

```
cvSetZero(sv);
cvSetZero(re);

for(int i = 0; i < supportVectorSize; i++)
{
        memcpy( (float*)(sv->data.fl+i*1764), svm.get_support_vector(i),
1764*sizeof(float));
}

double* alphaArr = svm.get_alpha();
int alphaCount = svm.get_alpha_count();

for(int i = 0; i < supportVectorSize; i++)
{
    alp->data.fl[i] = alphaArr[i];
}
cvMatMul(alp, sv, re);

int posCount = 0;
for (int i = 0; i < 1764; i++)
{
    re->data.fl[i] *= -1;
}

FILE* fp = fopen("c:/hogSVMDetector-peopleFlow.txt","wb");
if( NULL == fp )
{
    return 1;
}
for(int i = 0; i < 1764; i++)
{
    fprintf(fp,"%f \n",re->data.fl[i]);
}
float rho = svm.get_rho();
fprintf(fp, "%f", rho);
cout<<"c:/hogSVMDetector.txt 保存完毕"<<endl;//保存 HOG 能识别的分类器
fclose(fp);
return 1;
}
```

2.3.6 实验结果与分析

1. Demo 软件使用流程

本实验有 Demo 软件可供参考，其软件环境安装与配置请参考本书 2.1.1 节 "ROS 环境安装及相关配置" 的相关内容。

软件编译与运行的具体方法如下。

按 Ctrl+Alt 键打开终端，执行下列命令建立程序运行空间。

```
% mkdir -p ~/catkin_ws/src
```

执行下列命令，将行人检测的 Demo 程序包复制到 catkin_ws/src 中。

```
% cd catkin_ws/src
```

执行下列命令，运行 main.py 程序。

```
% python main.py
```

2. Demo 软件展示——基于单目相机的行人检测

软件整体效果图如图 2.34 所示。

图 2.34　软件整体效果图

在"模式选择"模块中，共包含两个模式，分别为在线模式和离线模式。单击左侧的下拉列表选择模式，默认模式为在线模式。

在线模式启动步骤如下。

（1）如果选择外接 USB 设备，请正确连接设备。

（2）单击"模式选择"模块中左侧的下拉列表，选择"在线模式"选项。

（3）选择模块设备。

（4）单击"模式选择"模块中的"确定"按钮，此时，软件左上角的"开始检测"按钮变为可选状态。

（5）单击"开始检测"按钮进行实时检测，此时"检测信息"模块也会打印相应的信息，如图 2.35 所示。

离线模式启动步骤如下。

（1）单击"模式选择"模块中左侧的下拉列表，选择"离线模式"选项，单击"确定"按钮，此时"开始检测"按钮变为可选状态。

（2）单击"开始检测"按钮，选择文件路径，选取视频文件，如图 2.36 所示。如果文件路径不正确，或者文件不是视频文件，软件会弹出提示框，提示错误。

（3）选取文件后，开始检测离线视频。此时"开始检测"按钮会变为"停止检测"按钮，若程序成功地检测到行人目标，则会在行人周围用矩形框标出，检测效果如图 2.37 所示。

图 2.35　在线模式启动示意图

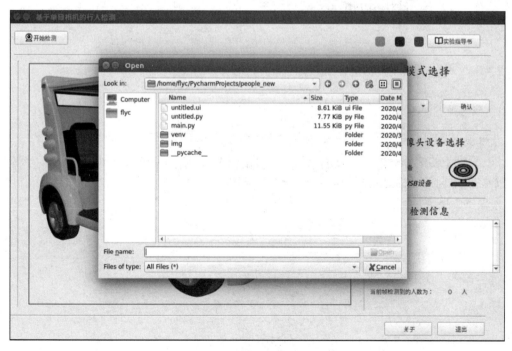

图 2.36　离线模式选取视频文件

图 2.37　离线模式行人目标正确检测效果

（4）单击"停止检测"按钮，退出离线检测模式。

　　软件界面正确运行后，单击右上角的"实验指导书"按钮，实验指导书会以 PDF 的形式出现在界面中，单击"退出"按钮可退出程序。

2.4　双目相机的标定

2.4.1　实验背景与原理

1．双目视觉的基本原理

　　双目视觉是利用视差原理的一种视觉方法，如图 2.38 所示，三维空间中一点 $P(X_C, Y_C, Z_C)$ 在左、右相机中的成像点为 $P_{\text{left}} = (X_{\text{left}}, Y_{\text{left}})$，$P_{\text{right}} = (X_{\text{right}}, Y_{\text{right}})$。将两相机固定在同一平面上，则点 P 在 Y 方向的坐标是相同的，即 $Y_{\text{left}} = Y_{\text{right}} = Y$。

　　根据三角原理，可得：

$$X_{\text{left}} = f\frac{X_C}{Z_C} \tag{2.1}$$

$$X_{\text{right}} = f\frac{(X_C - B)}{Z_C} \tag{2.2}$$

$$Y = f\frac{Y_C}{Z_C} \tag{2.3}$$

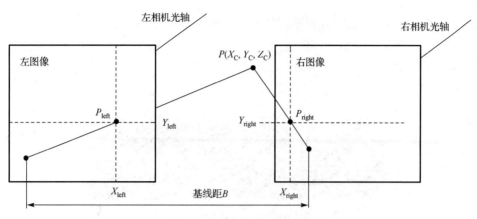

图 2.38　双目视觉成像模型

其中 f 为相机的焦距，B 为左、右相机之间的距离，称为基线距，视差 Disparity 被定义为相同点在左、右相机 X 方向的偏差，即

$$\text{Disparity} = X_{\text{left}} - X_{\text{right}}$$

则点 P 在左相机坐标系下的位置可以表示为

$$X_{\text{C}} = \frac{B \times X_{\text{left}}}{\text{Disparity}} \tag{2.4}$$

$$Y_{\text{C}} = \frac{B \times Y}{\text{Disparity}} \tag{2.5}$$

$$Z_{\text{C}} = \frac{B \times f}{\text{Disparity}} \tag{2.6}$$

因此，对于空间中任意一点，若能在严格对齐的两相机中找到其成像点，即可计算出其三维坐标。

2. 双目相机的标定原理

双目相机的标定和单目相机大体一致，但其标定时不仅要标定出两相机的内参，还要标定出两相机之间的关系。因此，在进行双目相机标定时，需要两相机对同一标定板进行多次取图，分别标定出各自的内参和相对于标定板的外参，然后计算出两相机位置间的关系：

$$\boldsymbol{R} = \boldsymbol{R}_{\text{r}}(\boldsymbol{R}_{\text{l}})\boldsymbol{T} \tag{2.7}$$

$$\boldsymbol{T} = \boldsymbol{T}_{\text{r}} - \boldsymbol{R}\boldsymbol{T}_{\text{l}} \tag{2.8}$$

其中，$\boldsymbol{R}$ 为两相机间的旋转矩阵，$\boldsymbol{T}$ 为两相机间的平移矩阵。$\boldsymbol{R}_{\text{r}}$ 为右相机经过标定得到的相对标定物的旋转矩阵，$\boldsymbol{T}_{\text{r}}$ 为右相机通过标定得到的相对标定物的平移向量。$\boldsymbol{R}_{\text{l}}$ 为左相机经过标定得到的相对相同标定物的旋转矩阵，$\boldsymbol{T}_{\text{l}}$ 为左相机经过标定得到的相对相同标定物的平移向量。

3. Intel RealSense D435i 双目相机介绍

本实验采用的是 Intel RealSense D435i 双目相机，采用 USB 接口输出，产品如图 2.39 所示。Intel RealSense D435i 双目相机不仅具有深度传感器模组，还配备 IMU 单元(惯性测量单元，采用博世 BMI055)。相机凭借内置的 IMU 单元，结合视觉数据可实现 6 个自由度追踪功能，IMU 将各种线性加速度和陀螺仪数据结合，可检测 X、Y、Z 三轴的旋转、平移、俯仰和横摇等动作。

图 2.39　Intel RealSense D435i 双目相机

Intel RealSense D435i 双目相机的 RGB 摄像头具备 2000 万像素，3D 传感器能够以 30 帧/秒的速度提供 1280 × 720 高分辨率，或者以 90 帧/秒的速度提供 848 × 480 较低分辨率的数据输出。该摄像头具有全局快门，可以处理快速移动的物体，室内室外皆可操作。深度距离在 0.1～10 m，视场角为 58°。

2.4.2　实验目的

通过本实验的练习，使学生初步掌握双目相机的安装方法，掌握双目相机的标定和使用方法，从而提高学生综合运用所学理论知识和方法进行独立分析和解决问题的能力。

2.4.3　实验环境

1．硬件设备

计算机 1 台：CPU 酷睿 i5 及以上，内存 8GB 及以上。
双目相机 1 个：Intel RealSense D435i 双目相机。
棋盘标定板 1 个：规格 10×7。
第 4 代旋风 4 座智能车 1 台。

2．软件环境

Ubuntu 16.04。
ROS Kinetic。
标定工具：image_pipeline 功能包。
OpenCV 3.4.3。

2.4.4　实验内容

本实验要求学生完成双目相机的安装，并在 ROS 系统下完成标定工作，主要内容如下。
(1)在无人车上安装双目相机。
(2)安装基于 ROS 的标定工具 image_pipeline 功能包。

(3) 按照标定流程进行双目相机的标定。

(4) 获得标定参数文件，完成标定。

2.4.5　实验步骤

本实验要求学生掌握双目相机标定的基本原理，利用棋盘标定板获得相机的内参矩阵、畸变系数矩阵等，利用基于 ROS 的标定工具获取的标定参数实现双目相机实时数据的反畸变标定，实验步骤如下。

1. 在无人车上安装双目相机

为了使相机获得一个更好的视野，将相机安装在无人车中轴线偏上的位置，同时将相机的角度下调 30 左右，并通过 USB 线连接双目相机和工控机，如图 2.40 所示。

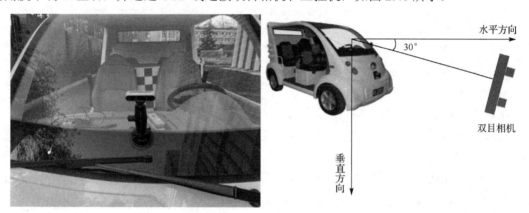

图 2.40　双目相机安装位置及角度

2. 安装基于 ROS 的标定工具 image_pipline 功能包

(1) 创建一个 ROS 工作空间，下载并编译 image_pipeline 功能包，打开终端，输入相关命令，示例代码如代码 2.7 所示。

代码 2.7　编译 image_pipeline 功能包

```
$ mkdir catkin_ws/src
$ cd catkin_ws/src
$ git clone https://github.com/ros-perception/image_pipeline/tree/kinetic
$ cd ..
$ rosdep install --from-paths src --ignore-src
$ catkin_make
```

编译成功后，工程目录下会生成三个文件夹，分别为 devel、build、src。

(2) 修改 launch 文件，开启左、右相机的话题。

在 image_pipeline 文件夹下找到 rs_camera.launch 文件，并对其进行修改，将 enable_infra1 和 enable_infra2 的属性改为 true，如代码 2.8 所示。

代码 2.8　修改 launch 文件

```
<arg name="infra_width"        default="640"/>
<arg name="infra_height"       default="480"/>
<arg name="enable_infra"       default="false"/>
<arg name="enable_infra1"      default="true"/>
<arg name="enable_infra2"      default="true"/>
```

（3）启动标定程序，将无人车驾驶至空旷处，在终端下输入命令，启动 image_pipeline 标定工具，如代码 2.9 所示。

代码 2.9　启动 image_pipeline 标定工具

```
$ source devel/setup.bash
$ rosrun camera_calibration cameracalibrator.py --approximate 0.1 --size
9x6  --square  0.1  left:=/camera/infra1/image_rect_raw  right: = /camera/
infra2/image_rect_raw right_camera:=/camera/right left_camera: = /camera/left
--no-service-check
```

参数解释：

size 代表棋盘角点的行数和列数，本实验采用的标定板的角点个数为 9×6。

square 代表棋盘每个格子的长度，单位为米，本实验采用的标定板每个格子的大小为 0.1 米。

left 代表左相机读取的话题，right 代表右相机读取的话题，查看话题的命令为 rostopic list，本实验的话题为/camera/infra1/image_rect_raw 和/camera/infra2/image_rect_raw。

标定程序运行成功后的标定界面如图 2.41 所示，程序启动后，X、Y、Size 和 Skew 这 4 个参数都未完成标定。

图 2.41　标定程序运行成功后的标定界面

3. 按照标定流程进行双目相机的标定

将棋盘标定板放置在无人车正前方 3 米处，标定板示意图如图 2.42 所示，其中角点如图中圆圈所示，此标定板的角点个数为 9×6。

为了达到良好的标定效果，需要在双目相机标定视野里移动标定板，并完成以下基本操作。

图 2.42　棋盘标定板

（1）移动标定板到标定视野最左端、最右端，最上端、最下端的位置。

（2）移动标定板到标定视野的最近处和最远处。

（3）保持标定板倾斜状态并将其移动到标定视野最左端、最右端的位置。

部分标定过程如图 2.43 所示，其中图 2.43（a）和图 2.43（b）表示的是标定板在标定视野最左端和最右端的情况，图 2.43（c）和图 2.43（d）表示的是标定板在标定视野最上端和最下端的情况，图 2.43（e）和图 2.43（f）表示的是标定板在标定视野中能检测到的最近处和最远处，其距离分别 0.6米和 4.5 米，图 2.43（g）和图 2.43（h）表示的是标定板在标定视野中向左和向右倾斜。

图 2.43　双目相机部分标定过程

48

(c)

(d)

(e)

(f)

图 2.43　双目相机部分标定过程(续)

图 2.43 双目相机部分标定过程(续)

在标定程序中，X 表示标定板在标定视野中水平方向的参数，当标定板从标定视野最左端移动到最右端时，标定界面中 X 参数下方的进度条会达到满值并且变绿。同理，Y 表示标定板在标定视野中垂直方向的参数，当标定板从标定视野最上端移动到最下端时，标定界面中 Y 参数下方的进度条会达到满值并且变绿。Size 表示标定板在标定视野中的大小，也可以理解为标定板离双目相机的远近，当标定板在标定视野中由远及近进行移动时，标定界面中 Size 参数下方的进度条会达到满值并且变绿。Skew 表示标定板在标定视野中的倾斜位置，保持标定板在标定视野中的倾斜位置并多次向不同的方向倾斜，标定界面中 Skew 参数下方的进度条会达到满值并且变绿。当 CALIBRATE 按钮亮起时，代表已经有足够的数据进行双目杆机标定，此时单击 CALIBRATE 按钮并等待一分钟左右，标定界面会变成灰色，无法进行操作，属于正常情况。

4．获得标定参数文件，完成标定

在标定完成后，系统终端会输出标定结果。如图 2.44 所示，其中 camera matrix 为相机的内参矩阵，distortion 为畸变系数矩阵，rectification 为矫正矩阵，projection 为外部世界坐标到像平面的投影矩阵。单击标定界面中的 SAVE 按钮，保存此次标定结果。

如果对此次标定结果满意，单击 COMMIT 按钮将结果保存到默认文件夹中，终端输出如下信息：'Wrote calibration data to', '/tmp/calibrationdata.tar.gz'，表明标定结果已经保存到相应文件夹中。下次启动 usb_cam 节点时，程序会自动调用，至此，整个标定过程结束。

```
Left:
('D = ', [0.01657024544716621, 0.00562349577323231, -0.0009004894625840125, -0.0001867933211256303, 0.0])
('K = ', [391.19760571138363, 0.0, 326.81083501636, 0.0, 390.7286467730907, 239.69674510814852, 0.0, 0.0, 1.0
])
('R = ', [0.9990554145117954, 0.005707265169318479, -0.04307790453297429, -0.005723369023342509, 0.9999835900
120922, -0.0002505065873182972, 0.04307576791756133, 0.0004968207068257409, 0.9990716848092022])
('P = ', [415.37700880734366, 0.0, 354.0394706726074, 0.0, 0.0, 415.37700880734366, 239.21708869934082, 0.0,
0.0, 0.0, 1.0, 0.0])

Right:
('D = ', [0.02097112941149501, -9.254862174409888e-05, -0.0007938876858544783, -0.0002973480947751966, 0.0])
('K = ', [391.7913465583013, 0.0, 327.294235407893, 0.0, 391.4294335478726, 240.07145257321812, 0.0, 0.0, 1.0
])
('R = ', [0.9990763153546708, 0.005511763496836097, -0.04261615375053754, -0.005495831563143784, 0.9999847772
623478, 0.0004909979655426714, 0.04261821128067275, -0.00025633323537902576, 0.9990913984018222])
('P = ', [415.37700880734366, 0.0, 354.0394706726074, -21.88505699959962, 0.0, 415.37700880734366, 239.217088
69934082, 0.0, 0.0, 0.0, 1.0, 0.0])
('self.T ', [-0.05263854677770113, -0.0002903994581763513, 0.0022453263761807347])
('self.R ', [0.9999998692158915, 0.0002274256893826916, -0.00045808924431935426, -0.00022776648396180833, 0.9
999996972684129, -0.0007440332730886468, 0.0004579198933612132, 0.0007441375131574386, 0.9999996182842935])
# oST version 5.0 parameters


[image]

width
640

height
480

[narrow_stereo/left]

camera matrix
391.197606 0.000000 326.810835
0.000000 390.728647 239.696745
0.000000 0.000000 1.000000

distortion
0.016570 0.005623 -0.000900 -0.000187 0.000000

rectification
0.999055 0.005707 -0.043078
```

图 2.44 标定完成输出标定结果

2.5 毫米波雷达的数据解析与测试

2.5.1 实验背景与原理

毫米波雷达广泛应用于无人车对前面障碍物距离和速度的检测中。第 4 代旋风 4 座智能车采用的毫米波雷达为 ESR 毫米波雷达，ESR 雷达是用于探测障碍物的高频电子扫描雷达，发射波段为 76～77GHz。该雷达综合宽视角、中距离和窄视角、长距离于一体，具有中距离宽覆盖范围和高分辨率长距离功能。宽视角、中距离不仅可以发现邻近车道侧向切入的车辆，而且可以识别交叉在大车间的车辆和行人。窄视角、长距离可提供精确的距离和速度数据，具有强大的目标区分能力，最多可识别 64 个目标，其扫描范围如图 2.45 所示。

ESR 毫米波雷达性能参数如表 2.1 所示。

在本实验中，ESR 毫米波雷达的数据传输方式为 CAN 总线方式，其通过 CAN 总线连接无人车系统的 CANET 网关，从而和车载工控机进行通信。具体连接方式如图 2.46 所示。

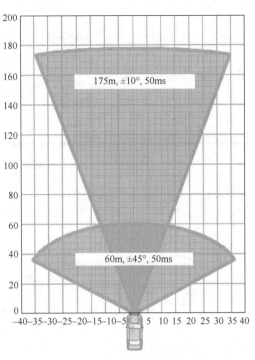

图 2.45　ESR 毫米波雷达扫描范围

表 2.1　ESR 毫米波雷达性能参数

参数	长距离	中距离
	(ACC, CW)	(PCS, S&G)
系统属性		
频率	76GHz	
封装尺寸	173.7 mm×90.2 mm×49.2 mm	
更新率	50 msec	50 msec
覆盖范围		
最大探测距离	100 m (0 dBsm)	50 m (0 dBsm)
距离	1～175 m	0.5～60 m
速度	−100～25 m/s	−100～25 m/s
方位角	± 10º	⊥45º
精度		
距离	± 0.5 m	± 0.25 m
速度	± 0.12 m/s	± 0.12 m/s
角度	± 0.5º	± 1º
多目标区分能力		
距离	2.5 m	1.3 m
速度	0.25 m/s	0.25 m/s
角度	3.5º	12º
波束宽度 (On Boresight)	3.5º Az	12º Az
	4.5º El	4.5º El

续表

输入电压	DC 8～16V
消耗功率	＜10W
速接头类型	USCAR 064-S-018-2-Z01
发射功率	10 dBm
工作温度	−40℃～85℃
航向角速度	External needed
数据输出接口	CAN 总线

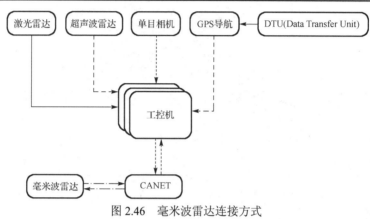

图 2.46 毫米波雷达连接方式

2.5.2 实验目的

通过本实验的练习，使学生熟悉并掌握无人车环境感知系统中毫米波雷达的基本工作原理以及 CAN 协议数据的解析方法，完成毫米波雷达对前方障碍物的识别实验，从而提高学生综合运用所学理论知识和方法进行独立分析和解决问题的能力。

2.5.3 实验环境

1．硬件设备

第 4 代旋风 4 座智能车 1 台：标配 ESR 毫米波雷达和 CANET-2E-U 等设备。

2．软件环境

Ubuntu 16.04。
ROS Kinetic。
PyCharm。
PyQt5。

2.5.4 实验内容

本实验要求学生编程实现对无人车上的毫米波雷达进行数据解析，具体实验内容如下。
(1)读取 CAN 协议数据。

(2)解析 CAN 协议数据。

(3)坐标转换并显示。对解析后的极坐标系下的 ESR 毫米波雷达检测的目标信息(如距离、角度和相对速度等)进行处理，将其转换到平面直角坐标系下，从而得到目标相对车辆的位置和速度，并在直角坐标系中显示。

要求在学习上述实验内容的基础上，自行编写 Demo 软件。软件由 4 部分组成，分别是设置模块(负责设置与 CAN 网关连接的 IP 地址等信息)、数据解析与结果显示模块(显示已检测到的障碍物信息)、绘图区域模块(以坐标图形的方式显示检测到的障碍物的位置和速度)和实验指导模块(显示实验指导书等)。

2.5.5 实验步骤

本实验要求学生利用所掌握的 CAN 数据处理的相关知识，完成对毫米波雷达检测到的车辆前方障碍物的位置和速度等信息进行解析和显示。

第 4 代旋风 4 座智能车上的毫米波雷达安装在车前的车牌处，位置如图 2.47(a)所示，测试实验环境如图 2.47(b)所示。利用毫米波雷达可以实现车前障碍物的检测，包括行人、车辆和其他障碍物。

(a) 毫米波雷达安装位置示意图　　　　　　(b) 测试实验环境

图 2.47　毫米波雷达障碍物检测

从内容上，完成本实验可以分为以下三个步骤：首先，配置工控机正确的本地 IP 和本地端口，通过网关读取 ESR 毫米波雷达输出的 CAN 协议数据。其次，按照正确的协议格式解析极坐标系下毫米波雷达检测到的前方目标的距离、角度和相对速度等信息。最后，将目标信息转换至直角坐标系下显示。实验步骤如图 2.48 所示。

1. 读取 CAN 协议数据

本实验使用专用的 CAN 网络转换设备(CANET-2E-U)来读取毫米波雷达从 CAN 总线上输出的结果数据，因此，需要首先绑定正确的工控机本地 IP 和本地端口。本实验中采用 UDP 方式读取 CAN 协议数据，并将工控机本地 IP 设置为 192.168.1.4，本地端口设置为 4002，示例代码如代码 2.10 所示。

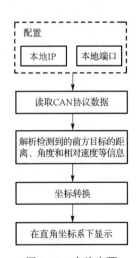

图 2.48　实验步骤

代码 2.10 绑定本地 IP 和本地端口

```
m_canetip = "192.168.1.178";              //CANET-2E-U IP
m_canetport = 4002;                        //本地端口
m_pcip = "192.168.1.4";                    //本地 IP
m_pcport = 4002;                           //本地端口
//bind socket and receive_data
boost::asio::io_service io_service;
boost_udp = new Boost_UDP(io_service,m_pcip,m_pcport,m_canetip,m_canetport);
boost_udp-> start_sock();                  //采用 UDP 方式读取 CAN 协议数据
```

2. 解析 CAN 协议数据

毫米波雷达最重要的任务就是检测前方目标物体的距离、角度和相对速度等。毫米波雷达测距的原理是将无线电波(毫米波)发射出去，然后接收回波，根据收发的时间差测得目标的位置数据和相对距离。根据电磁波的传播速度，可以确定目标的距离公式为 $s=c×t/2$，其中 s 为目标距离，t 为电磁波从雷达发射出去到接收到目标回波的时间，c 为光速。毫米波雷达测速的原理是多普勒效应(Doppler Effect)。所谓多普勒效应，是指当声音、光和无线电波等振动源与观测者以相对速度 v 运动时，观测者收到的振动频率与振动源发出的频率有所不同。因为这一现象是由奥地利科学家多普勒最早发现的，所以称之为多普勒效应。也就是说，当发射的电磁波和被探测目标之间有相对移动时，回波的频率便会和发射波的频率不同。当目标向雷达天线靠近时，反射信号频率将高于发射信号频率。反之，当目标远离雷达天线时，反射信号频率将低于发射信号频率。通过检测这个频率差，可测得目标相对于雷达的移动速度，也就是目标与雷达之间的相对速度。

ESR 毫米波雷达通过车辆总线获得所需要的车速、横摆角速度和方向盘转角等信息，并通过 CAN 接口输出检测到的目标信息，如距离、角度、相对速度等。毫米波雷达的数据需要按照正确的 CAN 协议进行解析，其可检测的 64 个目标对应的 CAN 总线 ID 为 0x500～0x53F。以 0x500 目标输出数据的距离(CAN_TX_TRACK_RANGE)、相对速度(CAN_TX_TRACK_RANGE_RATE)和角度(CAN_TX_TRACK_ANGLE)为例说明其数据格式，完整的数据格式需要在相关资料中查询。在表 2.2 中，CAN_TX_TRACK_RANGE 从整个数据帧的第 24 位(bit)开始，长度为 11 位，可显示从 0 到 204.7m 的距离(精度为 0.1m)。CAN_TX_TRACK_RANGE_RATE 从整个数据帧的第 56 位开始，长度为 14 位，可显示从–81.92m/s 到 81.91m/s 的速度范围(精度为 0.01m/s，默认值为 81.91m/s)；CAN_TX_TRACK_ANGLE 从整个数据帧的第 19 位开始，长度为 10 位，可显示从–51.2°到 51.1°的角度范围(精度为 0.1°)。

表 2.2 毫米波雷达输出 CAN 数据协议示例

标志(ID)	信息	起始位	长度(bit)	描述	范围	单位	精度	默认值	周期
0x500	CAN_TX_TRACK_RANGE	24	11	距离 (若大于 204.7，则设置为 204.7)	0 ～ 204.7	m	0.1	0	50ms
	CAN_TX_TRACK_RANGE_RATE	56	14	相对速度 (若大于 81.91，则设置为 81.91；若小于–81.92，则设置为–81.92)	–81.92 ～ 81.91	m/s	0.01	81.91	50ms

续表

标志(ID)	信息	起始位	长度 (bit)	描　　述	范围	单位	精度	默认值	周期
0x500	CAN_TX_ TRACK_ ANGLE	19	10	朝向车辆前方,平行于车辆中心线的角度 (顺时针为正,若大于51.1,则设置为51.1;若小于−51.2,则设置为−51.2)	−51.2 ~ 51.1	deg (°)	0.1	0	50ms

示例代码如代码 2.11 所示。

代码 2.11　解析检测到的前方目标的距离、角度和相对速度等信息

```
if (uiID >= 1280 && uiID <= 1343) {
    //地址为 500～53F
    int i = uiID - 1280;                      //共 64 个目标, ID 为 0～63
    //计算距离
    temp = 0;
    temp = (short)(pData[2] & 0x07);
    temp <<= 8;
    temp += pData[3];
    RadarRecData[i].Range = temp;              //精度: 0.1m
    //计算角度
    temp = 0;
    temp = (short)(pData[1] & 0x1f);
    temp <<= 5;
    temp += (short)((pData[2] & 0xf8) >> 3);
    short angle = temp;                        //精度: 0.1 度
    //转成+/-,有正负才会涉及补码问题
    if (angle > 511) {
      angle -= 1024;                           //补码需要自己判断
    }
    RadarRecData[i].Angle = angle;
    //计算速率
    temp = 0;
    temp = (short)(pData[6] & 0x3f);
    temp <<= 8;
    temp += pData[7];
    //转成 +/-
    if (temp > 8191) {
      temp -= 16384;
    }
    RadarRecData[i].RangeRate = temp;          //单位: cm/s
    //目标的状态
    RadarRecData[i].DetectStatus = (pData[1] & 0xe0) >> 5;
    RadarRecData[i].IsUpdatedFlag = 1;
} else {
    switch (uiID) {
    case 0x4E0:
      if ((pData[1] >> 6) & 0x01) {
        emErr_ESR = Err;
      } else {
```

```
            emErr_ESR = Err_NORMAL;
          }
        break;
      default:
        break;
    }
  }
```

3. 坐标转换并显示

由于毫米波雷达解析出的原始数据是在极坐标系下的，而车辆坐标系是直角坐标系，因此为使无人车在行驶过程中能够有效利用毫米波雷达检测到的障碍物信息进行环境感知，应将极坐标系下的原始数据转换到直角坐标系下。

对解析出的极坐标系下 ESR 毫米波雷达检测的目标信息(如距离、角度和相对速度等)进行处理，将其转换到直角坐标系下，从而得到目标相对车辆的位置和速度，并在直角坐标系中显示。

(1)坐标转换，得到目标在直角坐标系下的位置和速度信息，示例代码如代码 2.12 所示。

代码 2.12　将解析的目标信息转换至直角坐标系下

```
double PI = 3.1415926;
for (int k = 0; k < MaxTarNum_64; ++k) {
//将毫米波雷达检测到的目标信息转换至直角坐标系下，得到直角坐标系下的距离和相对速度等信息
    double Angle_Rad =(RadarRecData[k].Angle + m_RadarCaliInfo.
        DeltaAngle / 10) * PI / 1800;
                                                //精度: 0.1 度
    RadarRecData[k].Distance = RadarRecData[k].Range * cos(Angle_Rad) +
                    m_RadarCaliInfo.DeltaY / 10; //纵向距离，单位: dm
    RadarRecData[k].LatPos = RadarRecData[k].Range * sin(Angle_Rad) +
                    m_RadarCaliInfo.DeltaX / 10; //横向距离，单位: dm
    RadarRecData[k].RelSpd =
        RadarRecData[k].RangeRate * cos(Angle_Rad); //速度，单位: cm/s
}
for(int i = 0; i < 64; ++i)
{
    xfradar_parse::radarobject ob;
    memset(&ob,0,sizeof(ob));
    float x = (data[i].LatPos);            //x 方向距离，单位: dm
    float y = (data[i].Distance);          //y 方向距离，单位: dm
    float speed = (data[i].RelSpd);        //速度，单位: cm/s
    ob.id = i;
    ob.x = x * 0.1;                        //x 方向距离，单位: m
    ob.y = y * 0.1;                        //y 方向距离，单位: m
    ob.relspeed = speed * 0.01 * 3.6;      //速度，单位: km/h
    msg.obs.push_back(ob);
}
```

(2)将处理后的目标信息(如距离和相对速度)显示在界面上的直角坐标系中，示例代码如代码 2.13 所示。

代码 2.13　绘制检测目标并显示在直角坐标系中

```
def draw_py(self):                              #绘制毫米波检测结果
```

```
        if self.start_valid == 1:
            self.ax.cla()                                    #删除原图，让画布上只有最新一次的图
            self.ax.set_xlim(-11, 11)                        #设置 x 轴的范围
            self.ax.set_ylim(-5, 50)                         #设置 y 轴的范围
            self.ax.set_title('Radar Data', fontdict = {'family': 'serif',
'style': 'italic', 'weight': 'bold', 'size': 13})     #设置图表的标题
            self.ax.set_xlabel('x / m', fontdict = {'family': 'serif', 'style':
'italic', 'weight': 'normal', 'size': 11})            #设置 x 轴的标题格式
            self.ax.set_ylabel('y / m', fontdict = {'family': 'serif', 'style':
'italic', 'weight': 'normal', 'size': 11})            #设置 y 轴的标题格式
            self.axis_.spines['bottom'].set_position(('data', 0))
            #指定 data 设置的 bottom(也就是指定的 x 轴)绑定到 y 轴的 0 这个点上
            self.axis_.spines['left'].set_position(('data', 0))
            self.ax.grid(which = 'major', axis = 'both', linestyle = '-.', color
= 'silver')      #生成网格
            self.ax.scatter([self.radar_data_[i].x  for  i  in  range(len
(self.radar_data_))],  [self.radar_data_[i].y  for  i  in  range(len(self.
radar_data_))], s = 200, c = 'r', marker = 'o', edgecolor = 'red', label = 'Objects')
            #参数 s 是设置绘制图形时使用的点的尺寸
            self.ax.legend(prop = {'family': 'serif', 'style': 'italic',
'weight': 'bold', 'size': 12.5}, loc = 'upper right')     #设置图例格式
            x_list = []                                       #初始化
            y_list = []                                       #初始化
            id_list = []                                      #初始化
            speed_list = []                                   #初始化
            for m in range(len(self.radar_data_)):
                x_list.append(self.radar_data_[m].x)
                y_list.append(self.radar_data_[m].y)
                id_list.append(self.radar_data_[m].id)
                speed_list.append(self.radar_data_[m].relspeed)
            #获取毫米波雷达检测目标的横坐标、纵坐标、ID 和速度信息
            font2 = {'family': 'serif',
                     'style': 'italic',
                     'weight': 'normal',
                     'color': 'black',
                     'size': 13}   #字体设置
            if self.showv_valid == 1:
                for a, b, c in zip(x_list, y_list, speed_list):
                    self.ax.text(a, b + 1.2, str(round(c, 2)) + 'km/h',
ha='center', va='bottom', fontdict = font2)              #在直角坐标系中显示速度信息
            font3 = {'family': 'serif',
                     'style': 'italic',
                     'weight': 'normal',
                     'color': 'darkred',
                     'size': 13}                       #字体设置
            if self.showxy_valid == 1:
                for a, b in zip(x_list, y_list):
                    self.ax.text(a, b + 3.0, str((round(a, 2), round(b, 2))) +
'm', ha='center', va='bottom', fontdict = font3)        #在直角坐标系中显示位置信息
            self.canvas.draw()                              #这里开始绘制
            self.lineEdit.setText(str(len(self.radar_data_)))
        else:
            self.ax.cla()                                    #删除原图，让画布上只有最新一次的图
```

2.5.6 实验结果与分析

本实验有 Demo 软件可供参考，软件环境安装与配置请参考本书 2.1.1 节 "ROS 环境安装及相关配置" 的相关内容。

1. 软件编译

执行下列命令进行软件编译：

```
% cd RadarParse_Projection2.0
% catkin_make
```

2. 运行 Demo 软件

执行下列命令运行 Demo 软件：

```
% cd RadarParse_Projection2.0
% source devel/setup.bash
% roslaunch xfradar_parse radar_deal.launch
```

3. 软件操作说明

Demo 软件以车辆静止状态下对前方运动行人的检测为例，简单展示毫米波雷达对障碍物检测的数据解析效果。由于在实际环境中存在由杂乱背景带来的杂波的干扰，因此下述毫米波雷达数据解析的实验中会含有误检的目标信息。

Demo 软件主界面设计如图 2.49 所示。右侧绘图区域内显示实时解析的 ESR 毫米波雷达检测到的车辆前方 50 米和左右两侧 10 米范围内的目标信息（含误检测目标），如位置和相对速

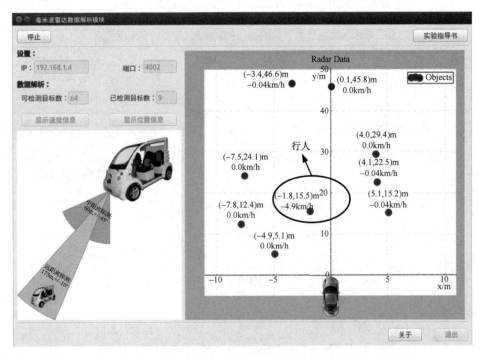

图 2.49　Demo 软件主界面设计

度，左侧数据区域动态显示毫米波雷达可检测目标数（最大为 64）和当前车辆前方 50 米及左右两侧 10 米范围内已检测目标数。图 2.50 是对应的实际环境情况。

说明：毫米波雷达对于实际环境中行人的检测信息如图 2.49 中椭圆框所示，其中行人有一定的速度(−4.9km/h)，其他 8 个检测信息为静态障碍物。

图 2.50　实际环境情况

在 Demo 软件交互面板中，首先设置正确的工控机本地 IP 和本地端口，然后单击"开始"按钮。本实验用到的本地 IP 为 192.168.1.4，本地端口为 4002。若本地 IP 或本地端口设置不正确，则会弹出相应的错误提示，如图 2.51 所示。

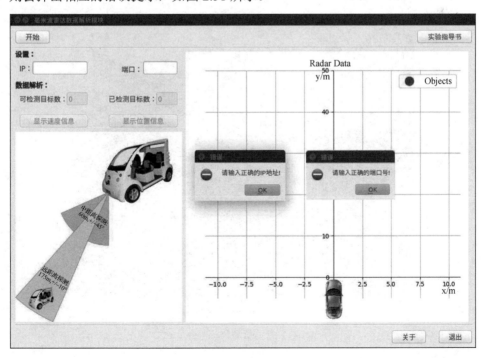

图 2.51　错误提示

输入正确的本地 IP 和本地端口后，单击"开始"按钮即可在右侧绘图区域看到实时解析的毫米波雷达检测到的障碍物信息，并在左侧数据区域更新显示可检测目标数和已检测目标数（含误检测目标），如图 2.52（a）所示。图 2.52（b）是对应的实际环境情况。

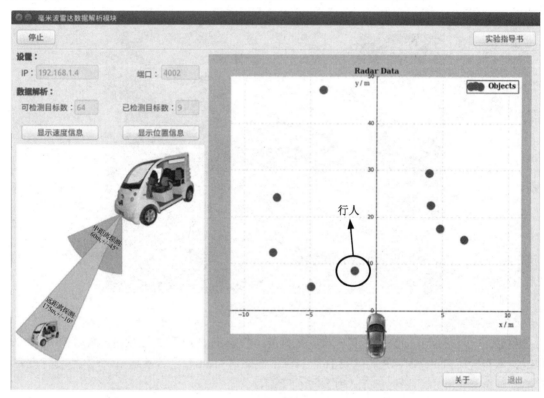

(a) 实时解析障碍物信息

(b) 实际环境情况

图 2.52　检测目标显示

单击"显示速度信息"按钮即可在右侧绘图区域内看到障碍物对应的速度值，如图 2.53（a）所示。图 2.53（b）是对应的实际环境情况。

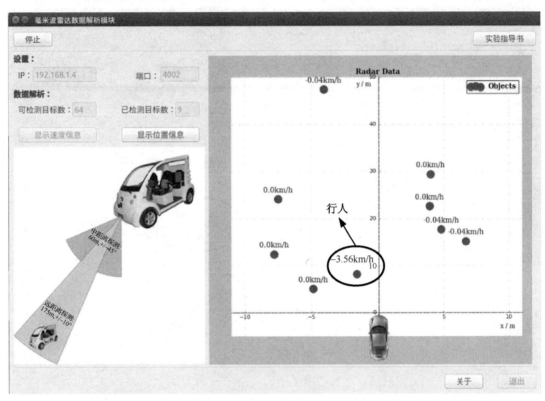

(a) 显示障碍物对应的速度值

(b) 实际环境情况

图 2.53　目标速度信息显示

单击"显示位置信息"按钮即可看到障碍物对应的位置坐标，如图 2.54(a)所示。图 2.54(b)是对应的实际环境情况。

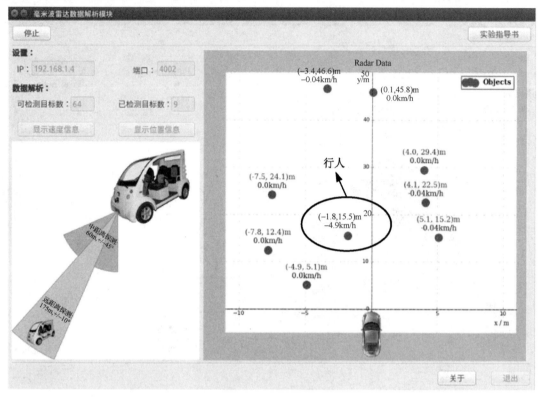

(a)显示障碍物对应的位置

(b)实际环境情况

图 2.54　目标位置信息显示

2.6 多维激光雷达的安装、标定与数据解析

2.6.1 实验背景与原理

在各种传感器中，激光雷达具有一般传感器不能比拟的优点，例如，精度高、能够快速响应环境变化以及受光照影响比较小等。与毫米波雷达相比，激光雷达的精度、可靠性和安全性更高。由于未来的无人车需要面对情况更加复杂的道路环境，因此激光雷达成为无人车中必不可少的利器。

本实验以深圳速腾聚创科技有限公司的 16 线激光雷达 RS-LiDAR-16 为例，讲解其数据解析方法。RS-LiDAR-16 与计算机之间的通信采用以太网，使用 UDP 协议。书中所有涉及的 UDP 协议数据包均为 1290 字节(byte)定长数据包，其中 1248 字节为有效载荷，其余 42 字节为 UDP 封包开支。RS-LiDAR-16 网络参数可配置，出厂默认采用固定 IP 地址和端口，参数配置可参照表 2.3。

表 2.3 RS-LiDAR-16 出厂默认网络参数配置表

设 备	IP 地 址	端 口
RS-LiDAR-16	192.168.1.200	6677
计算机	192.168.1.102	6699

设备默认 MAC 地址即设备序列号，设备 MAC 地址可改动，并且改动 MAC 地址后不会造成设备序列号的变更。使用连接设备的时候，需要将计算机的 IP 地址与设备设置在同一网段上，如 192.168.1.x，子网掩码为 255.255.255.0。

1. 点云数据格式

激光雷达主数据流输出协议(Maindata Stream Output Protocol，MSOP)能够完成三维场景测量的相关数据输出，包括的信息由激光回波的反射率值、实测距离值、角度值和时间戳(Time Stamp)组成，长度为 1248 字节。

RS-LiDAR-16 的一个完整 MSOP Packet 数据格式结构包括帧头、子帧和帧尾。每个数据包共 1248 字节，其中包括 42 字节帧头(Header)，1200 字节子帧(Data Packet，共 12 个 Data Block)，以及 6 字节帧尾(Tail)。数据包的基本结构如图 2.55 所示。

Header 共 42 字节，用于识别数据的开始位置。在 Header 的 42 字节数据中有 8 字节用于数据包头的检测，剩下 34 字节中，21～30 字节存储时间戳，用来记录系统时间，精度为 $1\mu s$，其余字节留做预处理，为后续的更新升级使用。Header 的前 8 位定义为 0x55，0xaa，0x05，0x0a，0x5a，0xa5，0x50，0xa0。

Data Packet 是数据包的有效数据区域，共 1200 字节。它由 12 个 Data Block(数据块)组成，每个长度为 100 字节，代表一组完整的测距数据。Data Block 中的 100 字节包括：2 字节的标志位，用 0xffee 表示；2 字节的 Azimuth，表示水平角度信息(方位角)，每个角度信息对应着 32 个 ChannelData，包含 2 组完整的 16 通道信息。

RS-LiDAR-16 选用 16 线激光测距的第一次测距结果返回时的水平角度值作为当前角度值。角度值来源于角度编码器，角度编码器的零点即角度的零点，水平角度值的精度为 0.01°。事实上，一个 Data Block 区域有 32 个 ChannelData，对应两次 16 线测距信息，而一个 Data Block 只有一个角度，因此当前角度对应于第一次 16 线测距。第二次 16 线测距对应于在解析过程中进行插值计算得到新的角度。ChannelData 占 3 字节，高 2 字节用于存储距离信息，低 1 字节用于存储反射率信息，如表 2.4 所示。

距离信息 Distance 占 2 字节，单位为厘米，精度是 1 厘米。反射率信息可以反映实测环境下系统的反射率性能，通过反射率信息可以完成对不同材质物体的区分。

Tail 占 6 字节，其中 4 字节为预留信息，其余 2 字节为 0x0f，0xf0。

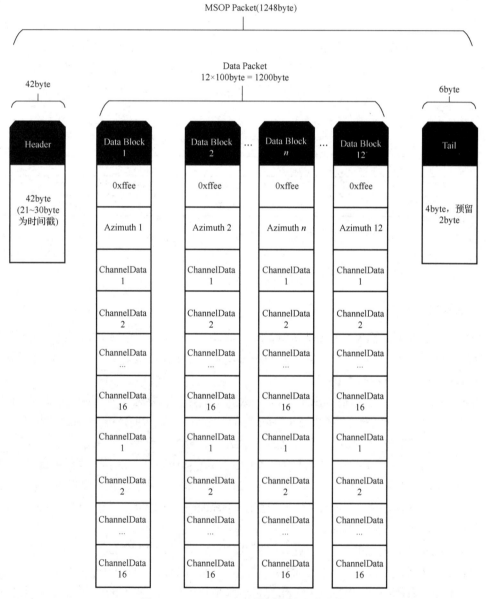

图 2.55　MSOP Packet 数据包的基本结构

表 2.4　ChannelData 示意图

ChannelData *n*（3 字节）		
2 字节 Distance		1 字节 Atten
Distance 1 [16:8]	Distance 2 [7:0]	Atten 反射率信息

图 2.56（a）和图 2.56（b）是激光雷达与 PC 成功连接后显示的十六进制原始数据。图 2.56（b）是真实环境下的原始数据。在数据中，Header 的前 8 字节定义为 0x55，0xaa，0x05，0x0a，0x5a，0xa5，0x50 和 0xa0，说明接收的数据是正确的。2 字节的 0xffee 标志着有效数据的开始，接下来为 2 字节的目标返回水平角度值，2 字节的目标返回距离值，1 字节的目标返回强度，如表 2.5 所示。

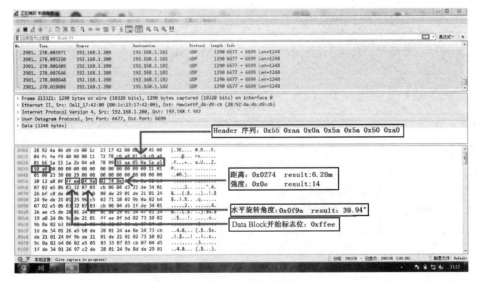

(a) MSOP Packet 展示

(b) Data Block 区数据展示

图 2.56　十六进制原始数据

表 2.5 ChannelData 示意图

2 字节 有效数据标识符 (0xff、0xee)	2 字节 目标返回水平角度值 (0x0f、0x9a)	2 字节 目标返回距离值 (0x02、0x74)	1 字节 目标返回强度 (0x0e)

图 2.56 中目标返回水平角度值、目标返回距离值和目标返回强度计算如下。

（1）目标返回水平角度值：0x0f、0x9a。

转换为十进制数字：3994。

结果为 39.94° = 3994/100。

（2）目标返回距离值：0x02、0x74。

转换为十进制数字：628。

结果为 6.28m = 628/100。

（3）目标返回强度：0x0e。

转换为十进制数字：14。

结果为 14。

2. 坐标映射

由于雷达封装的数据包仅包含水平旋转角度和距离参量，因此为了呈现三维点云图的效果，需要将极坐标系下的角度和距离信息转化为笛卡儿坐标系下的 x、y、z 坐标，如图 2.57 所示。转换关系如式 (2.9) 所示。

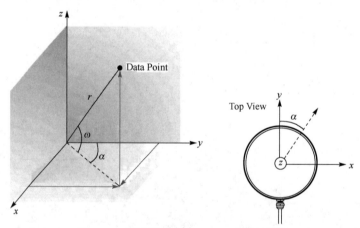

图 2.57 雷达极坐标和 x、y、z 坐标映射

$$\begin{cases} x = r\cos\omega\sin\alpha \\ y = r\cos\omega\cos\alpha \\ z = r\sin\omega \end{cases} \tag{2.9}$$

其中，r 为实测距离，ω 为激光的垂直角度，α 为激光的水平旋转角度，x、y、z 为极坐标投影到 x、y、z 轴上的坐标。

3. 点云场景

当激光雷达扫描平面墙体时，会呈现出类似双曲线分布的轮廓图，如图 2.58 所示。这是因为 16 线激光雷达在圆形环境中扫描一周的路径是若干个向上或向下的圆锥面，其形成的点云图为圆形。当扫描的环境不为圆形时，其点云图为所有锥形面与扫描环境的交线。因此，当激光雷达扫描平面墙体时，矩形面与圆锥面的交线呈现出一系列的双曲线，如图 2.59 所示。

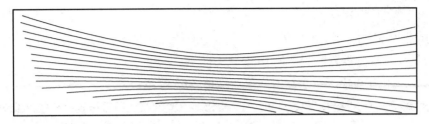

图 2.58 激光雷达扫描平面墙体时的轮廓图

当然，也可以通过将极坐标转换为直角坐标的公式说明这一现象，图 2.60 是推导过程，最终得到表达式为 $\dfrac{z^2}{(y\tan\omega)^2}-\dfrac{x^2}{y^2}=1$ 的双曲线，如图 2.61 所示。当 y 和 ω 为一个定值时，其表示焦点在 z 轴上的双曲线。当 y 一定时，α 越大，双曲线的渐进线斜率越小，离心率越小，双曲线形状越弯曲。α 越小，双曲线的渐进线斜率越大，离心率越大，双曲线形状越平坦。当 ω 一定时，同一角度的渐近线斜率一致，y 的大小影响整个轮廓线的疏密程度。

图 2.59 雷达扫描平面墙体示意图

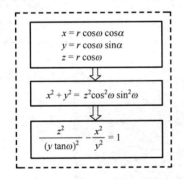

图 2.60 极坐标转换为直角坐标的推导过程

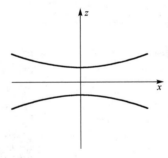

图 2.61 双曲线

4．RViz 应用介绍

（1）RViz

ROS 针对机器人系统的可视化需求，为用户提供了一款能够显示多种数据的三维可视化平台——RViz。RViz 是一款三维可视化工具，很好地兼容了各种基于 ROS 软件框架的机器人平台。在 RViz 中，可以使用 XML 对机器人和周围物体等任何实物进行尺寸、质量、位置、材质和关节等属性的描述，并且在界面中呈现出来。同时，RViz 还可以通过图形化的方式，实时显示机器人传感器的信息、机器人的运动状态以及周围环境的变化等。RViz 能够帮助开发者实现所有可监测信息的图形化显示，开发者也可以在 RViz 的控制界面下，通过按钮、滑动条和数值等方式控制机器人的行为。

执行下列命令，打开 RViz：

```
roscore
rosrun rviz rviz
```

RViz 界面十分简洁，如图 2.62 所示，主要分为上侧菜单区、左侧显示内容设置区、中间显示区、右侧显示视角设置区和下侧 ROS 状态区等。

单击 Add 按钮，可添加一个显示对象，如图 2.63 所示。

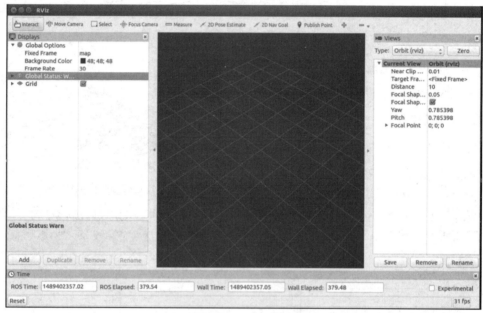

图 2.62　RViz 界面

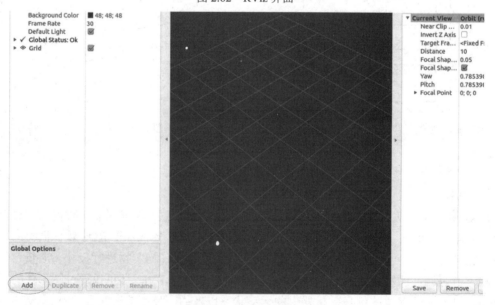

图 2.63　添加显示对象

然后会弹出来一个对话框，选择显示的数据类型（Display Type），如图 2.64 所示。

图 2.64　选择数据类型

在 RViz 中，可显示的数据类型如表 2.6 所示。

表 2.6　可显示的数据类型

数 据 类 型	说　　　明
Axes	显示一组坐标轴
Effort	显示机器人每个旋转关节上旋转的程度
Camera	显示相机数据
Grid	沿平面显示 2D 或 3D 网格
Grid Cells	从网格中绘制单元格
Image	显示图片数据
InteractiveMarker	显示来自一台或多台 InteractiveMarker 服务器的 3D 对象，并允许鼠标与它们交互
Laser Scan	显示来自激光扫描的数据，以及渲染模式、累积等不同的选项
Map	在地面上显示地图
Makers	允许程序员通过主题显示任意原始形状
Path	显示导航堆栈中的路径
Point	将点绘制为小球体
Pose	以箭头或轴绘制姿势
Pose Array	绘制箭头的"云"，一个代表姿势阵列中的每个姿势
Point CLoud2	显示来自点云的数据，具有渲染模式，累积等不同的选项
Polygon	将多边形的轮廓绘制为线
Odometry	累积随时间变化的里程表姿势
Range	显示表示来自声呐或红外距离传感器的距离测量值的锥体
RobotModel	以正确的姿势[由当前 TF 转换(坐标转换)定义]显示机器人的视觉表示
TF	显示 TF 转换层次结构

以选择 LaserScan1(激光扫描)为例，界面如图 2.65 所示。其 Status 共有 4 种状态：OK、Warning、Error 和 Disable，如图 2.66 所示。OK 表示没有问题；Warning 表示有小问题但是并不影响结果，只是不建议这样去做；Error 表示发生错误，如坐标轴没有设定好；Disable 表示无法获得想要显示的数据。

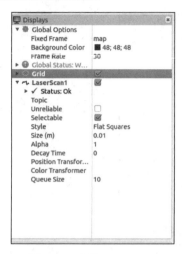

图 2.65 选择 LaserScan1

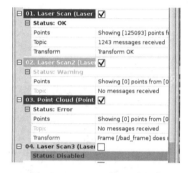

图 2.66 Status 的 4 种状态

(2) RViz 添加雷达数据示例

首先，在终端中输入命令"rosrun rviz rviz"。

单击左下角的 Add 按钮，在弹出的对话框中找到 LaserScan 选项，单击 OK 按钮，添加激光雷达数据，如图 2.67 所示。

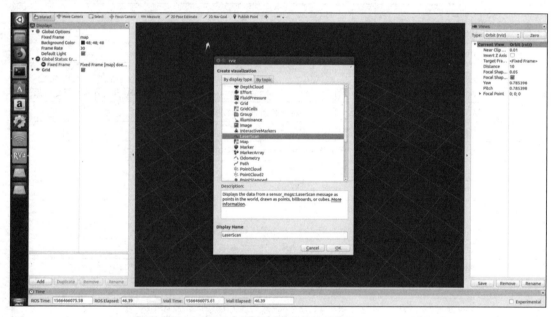

图 2.67 添加激光雷达数据

在如图 2.68 所示的界面的左侧栏中展开 LaseScan 选项，将 Topic（话题）选项设置为/scan，这里的/scan 是 ROS 系统中雷达数据包的话题，要根据实际数据进行对应，可以通过输入命令"rosbag info"对雷达数据包进行查看。这里使用的雷达数据可以是实时数据也可以是离线数据。对于机器人激光扫描仪，ROS 提供了一个特殊的消息类型 LaserScan 来存储激光信息，它位于 sensor_msgs 包中。LaserScan 消息方便我们用代码来处理任何激光，从扫描仪中获取的数据均可以格式化为这种类型的消息，其具体属性如下：

```
#测量的激光扫描角度，逆时针为正
#设备坐标帧的 0 度面向前(沿着 x 轴方向)
Header header
float32 angle_min            #scan 的开始角度 [弧度]
float32 angle_max            #scan 的结束角度 [弧度]
float32 angle_increment      #测量的角度间的距离 [弧度]
float32 time_increment       #测量间隔时间 [秒]
float32 scan_time            #扫描间隔时间 [秒]
float32 range_min            #最小的测量距离 [米]
float32 range_max            #最大的测量距离 [米]
float32[] ranges             #测量的距离数据 [米] (注意：值 < range_min 或 >
range_max 应当被丢弃)
float32[] intensities        #强度数据 [device-specific units]
```

可以在 RViz 中看到传感器数据，如图 2.69 所示。

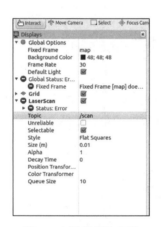

图 2.68　激光雷达属性

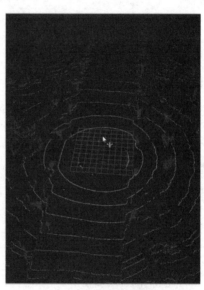

图 2.69　传感器数据显示

2.6.2　实验目的

通过本实验使学生初步掌握在 Ubuntu 系统下解析 RS-LiDAR-16 激光雷达数据的基本方法，从而提高学生综合运用所学理论知识和方法独立分析和解决问题的能力。

2.6.3　实验环境

1．硬件设备

第 4 代旋风 4 座智能车 1 台：标配 16 线激光雷达等设备。

2．软件环境

Ubuntu 16.04。

ROS Kinetic。

PyQt5。

2.6.4　实验内容

本实验要求针对 16 线激光雷达数据实现无人车激光雷达点云数据的处理，包括点云原始数据的解析和显示，具体实验内容如下。

(1)成功编译激光雷达解析节点信息。

(2)针对激光雷达数据进行解析。

(3)将数据的极坐标转换为直角坐标。

要求在完成上述实验内容的基础上，自行编写 Demo 软件，主要包括以下几个模块：参数设置模块(设置 IP 地址等参数)、实验指导模块(显示实验指导书)和数据显示模块(显示 3D 激光雷达数据)。

2.6.5　实验步骤

1. 硬件连接

激光雷达利用网络接口输出数据，并通过网络路由器和数据处理工控机进行连接。

2. IP 地址配置

激光雷达和工控机进行通信时需要两个设备处于同一网段中，激光雷达设备的默认 IP 地址为 192.168.1.200，因此将工控机的 IP 地址配置在同一网段中即可。如图 2.70 所示，配置激光雷达的 IP 地址为 192.168.1.200，端口为 6699。

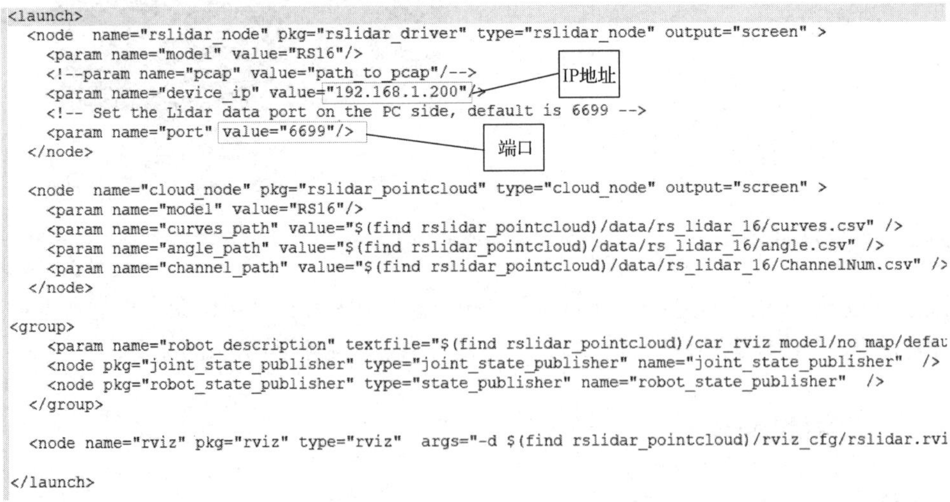

```
<launch>
  <node name="rslidar_node" pkg="rslidar_driver" type="rslidar_node" output="screen" >
    <param name="model" value="RS16"/>
    <!--param name="pcap" value="path_to_pcap"/-->
    <param name="device_ip" value="192.168.1.200"/>        IP地址
    <!-- Set the Lidar data port on the PC side, default is 6699 -->
    <param name="port" value="6699"/>        端口
  </node>

  <node name="cloud_node" pkg="rslidar_pointcloud" type="cloud_node" output="screen" >
    <param name="model" value="RS16"/>
    <param name="curves_path" value="$(find rslidar_pointcloud)/data/rs_lidar_16/curves.csv" />
    <param name="angle_path" value="$(find rslidar_pointcloud)/data/rs_lidar_16/angle.csv" />
    <param name="channel_path" value="$(find rslidar_pointcloud)/data/rs_lidar_16/ChannelNum.csv" />
  </node>

<group>
    <param name="robot_description" textfile="$(find rslidar_pointcloud)/car_rviz_model/no_map/defau
    <node pkg="joint_state_publisher" type="joint_state_publisher" name="joint_state_publisher"  />
    <node pkg="robot_state_publisher" type="state_publisher" name="robot_state_publisher"  />
  </group>

  <node name="rviz" pkg="rviz" type="rviz"  args="-d $(find rslidar_pointcloud)/rviz_cfg/rslidar.rvi

</launch>
```

图 2.70　IP 地址、端口配置图

3. 点云数据解析

使用由 pcap 文件提取到的激光雷达中的原始数据作为输入，也就是 MSOP Packet 数据包。

pcap 文件是 velodyne 雷达下的文件，因为直接使用 pcap 格式的文件进行数据处理比较麻烦，所以需要进行解析，将 pcap 格式转为 XYZ 格式的点云数据以便处理。

unpack 函数的作用是解压激光雷达 UDP 数据包并使用 output PCLPointXYZI 类型数据。具体参数说明如下。

pkt：需要被解压的数据包。

pointcloud：共享指向点云的指针。

首先，判断表头的位置来确定每个数据包的完整性。确保数据无误后再对每个属性对应的位置进行分别解析，得到想要的数据，如水平角度值、距离值和强度等，将解析出来的数据再进行组合，放到共享指针中用于后续的处理。具体代码如代码 2.14 所示。

代码 2.14　点云数据解析

```
void RawData::unpack(const rslidar_msgs::rslidarPacket &pkt, pcl::PointCloud<pcl::
PointXYZI>::Ptr pointcloud, bool finish_packets_parse) {
        if (numOfLasers == 32) {
            //如果是 32 线雷达数据，就转用 32 线雷达函数去处理
            unpack_RS32(pkt, pointcloud, finish_packets_parse);
            return;
        }
        float azimuth;  //0.01 dgree
        float intensity;
        float azimuth_diff;
        float azimuth_corrected_f;
        int azimuth_corrected;
        const raw_packet_t *raw = (const raw_packet_t *) &pkt.data[42];
        for (int block = 0; block < BLOCKS_PER_PACKET; block++)
        //一个包有 12 个数据块
        {
            if (UPPER_BANK != raw->blocks[block].header) {
            //验证表头
                ROS_INFO_STREAM_THROTTLE(180, "skipping RSLIDAR DIFOP packet"); break;
            }
            if (tempPacketNum < 20000 && tempPacketNum > 0)
            //每两万个数据包更新一次信息
            {
                tempPacketNum++;
            } else {
                temper = computeTemperature(pkt.data[38], pkt.data[39]);
                //ROS_INFO_STREAM("Temp is: " << temper);
                tempPacketNum = 1;
            }
            //方位角是由 2 字节拼接计算出来的
            azimuth = (float) (256 * raw->blocks[block].rotation_1 + raw->
blocks[block].rotation_2);
            if (block < (BLOCKS_PER_PACKET - 1))//12
```

```
                    {
                        int azi1, azi2;
                        azi1 = 256 * raw->blocks[block + 1].rotation_1 + raw-> blocks
[block + 1].rotation_2;
                        azi2 = 256 * raw->blocks[block].rotation_1 + raw-> blocks
[block].rotation_2;
                        azimuth_diff = (float) ((36000 + azi1 - azi2) % 36000);
                        //如果方位角变化异常，则忽略此块
                        if (azimuth_diff <= 0.0 || azimuth_diff > 75.0) {
                            continue;
                        }
                    } else {
                        int azi1, azi2;
                        azi1 = 256 * raw->blocks[block].rotation_1 + raw-> blocks
[block].rotation_2;
                        azi2 = 256 * raw->blocks[block - 1].rotation_1 + raw-> blocks
[block - 1].rotation_2;
                        azimuth_diff = (float) ((36000 + azi1 - azi2) % 36000);
                        //如果方位角变化异常，则忽略此块
                        if (azimuth_diff <= 0.0 || azimuth_diff > 75.0) {
                            continue;
                        }
                    }

                    for (int firing = 0, k = 0; firing < RS16_FIRINGS_PER_BLOCK; firing++)//2
                    {
                        for (int dsr = 0; dsr < RS16_SCANS_PER_FIRING; dsr++, k += RAW_
SCAN_SIZE)//16   3
                        {
                            int point_count = pic.col * SCANS_PER_BLOCK + dsr + RS16_
SCANS_PER_FIRING * firing;
                            azimuth_corrected_f =azimuth + (azimuth_diff * ((dsr *
RS16_DSR_TOFFSET) + (firing * RS16_FIRING_TOFFSET))/ RS16_BLOCK_TDURATION);
                            azimuth_corrected = ((int) round(azimuth_corrected_f)) % 36000;
                            //转换为整数值
                            pic.azimuthforeachP[point_count] = azimuth_corrected;
                            union two_bytes tmp;
                            tmp.bytes[1] = raw->blocks[block].data[k];
                            tmp.bytes[0] = raw->blocks[block].data[k + 1];
                            int distance = tmp.uint;
                            //读取雷达反射强度
                            intensity = raw->blocks[block].data[k + 2];
                            intensity = calibrateIntensity(intensity, dsr, distance);
                            float distance2 = pixelToDistance(distance, dsr);
                            distance2 = distance2 * DISTANCE_RESOLUTION;
                            pic.distance[point_count] = distance2;
```

```
            pic.intensity[point_count] = intensity;
        }
    }
    //pic.azimuth[pic.col] = azimuth;
    pic.col++;
}
//如果解析完成且没有错误，则进行以下操作
if (finish_packets_parse) {
    // ROS_INFO_STREAM("***************: "<<pic.col);
    pointcloud->clear();
    pointcloud->height = RS16_SCANS_PER_FIRING;
    pointcloud->width = 2 * pic.col;
    pointcloud->is_dense = false;
    pointcloud->resize(pointcloud->height * pointcloud->width);
    for (int block_num = 0; block_num < pic.col; block_num++) {
        for (int firing = 0; firing < RS16_FIRINGS_PER_BLOCK; firing++) {
            for (int dsr = 0; dsr < RS16_SCANS_PER_FIRING; dsr++) {
                int point_count = block_num * SCANS_PER_BLOCK + dsr +
                    RS16_SCANS_PER_FIRING * firing;
                float dis = pic.distance[point_count];
                float arg_horiz = pic.azimuthforeachP[point_count] /
                    18000 * M_PI;
                float arg_vert = VERT_ANGLE[dsr];
                pcl::PointXYZI point;
                if (dis > DISTANCE_MAX || dis < DISTANCE_MIN)
                //invalid data
                {
                    point.x = NAN;
                    point.y = NAN;
                    point.z = NAN;
                    point.intensity = 0;
                    pointcloud->at(2 * block_num + firing, dsr) = point;
                } else {
                    //如果要将 rslidar Y 轴固定到电缆的正面，请使用下面两行
                    //point.x = dis * cos(arg_vert) * sin(arg_horiz);
                    //point.y = dis * cos(arg_vert) * cos(arg_horiz);
                    //如果要将 rslidar X 轴固定到电缆的正面，请使用下面两行
                    point.y = -dis * cos(arg_vert) * sin(arg_horiz);
                    point.x = dis * cos(arg_vert) * cos(arg_horiz);
                    point.z = dis * sin(arg_vert);
                    point.intensity = pic.intensity[point_count];
                    pointcloud->at(2 * block_num + firing, dsr) = point;
                }
            }
        }
    }
```

```
        init_setup();
        pic.header.stamp = pkt.stamp;
    }
}
```

2.6.6 实验结果与分析

本实验有 Demo 软件可供参考，软件环境安装与配置请参考本书 2.1.1 节 "ROS 环境安装及相关配置"的相关内容。

1. 软件编译

执行下列命令进行软件编译：

```
% mkdir Lidar
% cd Lidar
% mkdir src
% lidar、ros_rslidar 复制到 src 目录下
% catkin_make
```

2. 运行 Demo 软件

执行下列命令运行 Demo 软件：

```
% cd Lidar
% source devel/setup.bash
% roslaunch lidar lidar.launch
```

3. 软件操作说明

在 Demo 软件主界面中可以配置 IP 地址和端口(Port)，单击"Obtain:"按钮获取当前程序的 IP 地址和端口，填写完成后单击 Set 按钮，如图 2.71 所示。

图 2.71 Demo 软件主界面

配置成功的 IP 地址和端口如图 2.72 所示。

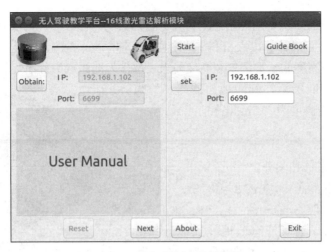

图 2.72　配置成功的 IP 地址和端口

　　配置好 IP 地址和端口后，单击 Start 按钮，程序运行后，界面会显示解析正确以后的图像，如图 2.73 所示。

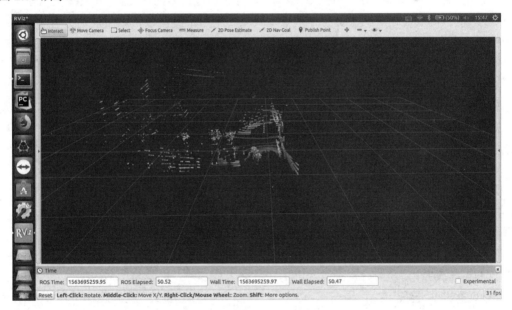

图 2.73　解析正确以后的图像

2.7　多维激光雷达点云聚类

2.7.1　实验背景与原理

1. 地面点滤除

本实验使用绝对高度差实现地面点滤除，从而为障碍物聚类提供了有效的点云数据，但只适用于无坡度的地面。从雷达的信息中可以获得点云的距离、水平角以及俯视角。根据水平角和俯视角的角度值可以计算出点云和雷达之间的 z 轴距离，并测量雷达与地面的距离，将其作为阈值，将 z 轴中高度低于雷达安装高度的点云都作为地面点进行滤除。本实验中激光雷达的安装效果如图 2.74 所示，其距地面的高度约为 0.5m，即取激光雷达高度为 –0.5m 以上的点云。

图 2.74　激光雷达安装效果

2. 点云聚类

（1）Kd-Tree 最近邻搜索介绍

Kd-Tree 是 K-dimension Tree 的缩写，是对数据点在 K 维空间中进行划分的一种数据结构。Kd-Tree 是一种平衡二叉树，为了能有效地找到最近邻，Kd-Tree 采用分而治之的思想，即将整个空间划分为几个小部分。

Kd-Tree 算法的应用主要可以分为两方面，一方面是依据 Kd-Tree 这种数据结构本身建立的算法，另一方面是如何在建立的 Kd-Tree 上进行最邻近搜索的算法。Kd-Tree 是每个节点均为 K 维数值点的二叉树，其上的每个节点均代表一个超平面，该超平面垂直于当前划分维度的坐标轴，并在该维度上将空间划分为两部分，一部分在其左子树上，另一部分在其右子树上。即若当前节点的划分维度为 d，则其左子树上所有点在 d 维上的坐标值均小于当前值，右子树上所有点在 d 维上的坐标值均大于或等于当前值，此定义对其任意子节点均成立。

构建开始前，对比数据点在各维度上的分布情况，数据点在某一维度上坐标值的方差越大，则分布越分散，方差越小，则分布越集中。从方差大的维度开始切分，可以取得更好的切分效果和平衡性。

（2）Kd-Tree 构建原理

常规的 Kd-Tree 构建过程是循环依序选取数据点的各个维度作为切分维度，并取数据点在该维度上的中值作为切分超平面，将中值左侧的数据点挂在其左子树上，将中值右侧的数据点挂在其右子树上。递归处理其子树，直至所有数据点挂载完毕。

（3）聚类方法介绍

点云聚类就是通过算法实现障碍物的聚类，本模块采用欧氏距离算法实现障碍物聚类，具体的方法如下所示。

- 步骤 1：找到空间中某点 p，用 Kd-Tree 最近邻搜索找到离它最近的 n 个点，判断这 n 个点到 p 的距离。将距离小于阈值 r 的点放在集合 Q 里。
- 步骤 2：在 $Q\backslash p$ 里找到一点 p_{12}，重复步骤 1。
- 步骤 3：在 $Q\backslash p$，p_{12} 里找到一点，重复步骤 1。找到 p_{22}，p_{23}，p_{24}……全部放进 Q 里。
- 步骤 4：当 Q 中元素的数目不再增加时，完成搜索。点云聚类流程如图 2.75 所示。

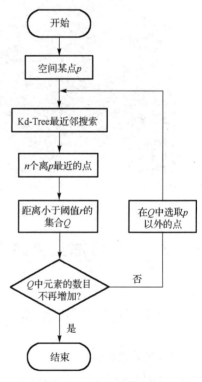

图 2.75　点云聚类流程

2.7.2 实验目的

通过本实验使学生初步掌握在 Ubuntu 系统下解析 RS-LiDAR-16 激光雷达的地面点滤除和障碍物聚类的基本方法,从而提高学生综合运用所学理论知识和方法进行独立分析和解决问题的能力。

2.7.3 实验环境

1. 硬件设备

第 4 代旋风 4 座智能车 1 台:标配 16 线激光雷达等设备。

2. 软件环境

Ubuntu 16.04。

ROS Kinetic。

PyQt5。

2.7.4 实验内容

(1)测量激光雷达与地面之间的距离,通过绝对高度差进行地面点滤除。

(2)采用欧氏聚类算法进行障碍物聚类,包括最小点云个数和最大点云个数。

(3)把聚类的结果显示在 RViz 中。

要求在完成上述实验内容的基础上,自行编写 Demo 软件,包括以下几个模块:参数设置模块(设置想要滤除的地面点的高度和显示的范围)、实验指导模块(显示实验指导书)和数据显示模块(显示 3D 激光雷达数据)等。

2.7.5 实验步骤

1. 地面点滤除

设置需要滤除的点云高度和范围,通过绝对高度差实现地面点滤除,为障碍物聚类提供有效的点云数据。对点云数据中雷达线在地面上的数据进行滤除,便于观察和后续的数据处理,地面点滤除的示例代码如代码 2.15 所示。

代码 2.15　地面点滤除

```
//根据绝对高度差——地面点滤出 z 值范围(-0.5,5)m
pcl::IndicesPtr pc_indices(new std::vector<int>);
pcl::PassThrough<pcl::PointXYZI> pt;
//输入要处理的点云帧
pt.setInputCloud(pcl_pc_in);
//设定过滤的轴方向
pt.setFilterFieldName("z");
//设定栅格中点的最高值和最低值
pt.setFilterLimits(z_axis_min_, z_axis_max_);
```

```
//进行过滤处理
pt.filter(*pc_indices);。
```

2. 点云聚类

对点云进行欧氏聚类,距离判断准则为欧氏距离。对于空间中的某点 p,通过 Kd-Tree 最近邻搜索算法找到 n 个离 p 点最近的点,将这些点中距离小于设定阈值的点聚类到集合 Q 中。如果 Q 中元素的数目不再增加,则整个聚类过程结束,否则须在集合 Q 中选取 p 点以外的点,重复上述过程,直到 Q 中元素的数目不再增加为止。将每个栅格中的数据都用栅格的中心去表示,这样可以极大地减少数据量并加快运算,同时又不会减少数据所对应的特征表现。欧氏聚类示例代码如代码 2.16 所示。

代码 2.16　欧氏聚类示例代码

```
//点云欧氏聚类
float tolerance = 0.0;
std::vector<pcl::PointCloud<pcl::PointXYZI>::Ptr, Eigen::aligned_allocator
<pcl::PointCloud<pcl::PointXYZI>::Ptr > > clusters;
//遍历所有栅格
for(int i = 0; i < region_max_; i++)
{
  tolerance += 0.1;
  if(indices_array[i].size() > cluster_size_min_)
  {
    boost::shared_ptr<std::vector<int> > indices_array_ptr(new std::vector
<int>(indices_array[i]));
      pcl::search::Kd-Tree<pcl::PointXYZI>::Ptr tree(new pcl::search::Kd-Tree
<pcl::PointXYZI>);
      tree->setInputCloud(pcl_pc_in, indices_array_ptr);
      //设定 Kd-Tree 参数
      std::vector<pcl::PointIndices> cluster_indices;
      pcl::EuclideanClusterExtraction<pcl::PointXYZI> ec;
      ec.setClusterTolerance(tolerance);
      ec.setMinClusterSize(cluster_size_min_);    //聚类点最小值:5
      ec.setMaxClusterSize(cluster_size_max_);    //聚类点最大值:1000
      ec.setSearchMethod(tree);
      ec.setInputCloud(pcl_pc_in);
      ec.setIndices(indices_array_ptr);
      ec.extract(cluster_indices);

      for(std::vector<pcl::PointIndices>::const_iterator it = cluster_
indices.begin(); it != cluster_indices.end(); it++)
      {
      //让距离最近的点进入
        pcl::PointCloud<pcl::PointXYZI>::Ptr cluster(new pcl::PointCloud
<pcl::PointXYZI>);
```

```
        for(std::vector<int>::const_iterator pit = it->indices.begin();
pit != it->indices.end(); ++pit)
        {
            cluster->points.push_back(pcl_pc_in->points[*pit]);
        }
        cluster->width = cluster->size();
        cluster->height = 1;
        cluster->is_dense = true;
        clusters.push_back(cluster);
        }
    }
}
```

3. 聚类显示

聚类显示示例代码如代码 2.17 所示。

代码 2.17 聚类显示示例代码

```
if(marker_array_pub_.getNumSubscribers() > 0)
{
    Eigen::Vector4f min, max;
    pcl::getMinMax3D(*clusters[i], min, max);
    //根据最低和最高高度创建我们要显示的点云
    visualization_msgs::Marker marker;
    marker.header.stamp = ros::Time::now();
    marker.header.frame_id = frame_id_;
    marker.ns = "euclidean";
    marker.id = i;
    marker.type = visualization_msgs::Marker::LINE_LIST;
    //进行重新赋值
    geometry_msgs::Point p[24];
    p[0].x = max[0];  p[0].y = max[1];  p[0].z = max[2];
    p[1].x = min[0];  p[1].y = max[1];  p[1].z = max[2];
    p[2].x = max[0];  p[2].y = max[1];  p[2].z = max[2];
    p[3].x = max[0];  p[3].y = min[1];  p[3].z = max[2];
    p[4].x = max[0];  p[4].y = max[1];  p[4].z = max[2];
    p[5].x = max[0];  p[5].y = max[1];  p[5].z = min[2];
    p[6].x = min[0];  p[6].y = min[1];  p[6].z = min[2];
    p[7].x = max[0];  p[7].y = min[1];  p[7].z = min[2];
    p[8].x = min[0];  p[8].y = min[1];  p[8].z = min[2];
    p[9].x = min[0];  p[9].y = max[1];  p[9].z = min[2];
    p[10].x = min[0]; p[10].y = min[1]; p[10].z = min[2];
    p[11].x = min[0]; p[11].y = min[1]; p[11].z = max[2];
    p[12].x = min[0]; p[12].y = max[1]; p[12].z = max[2];
    p[13].x = min[0]; p[13].y = max[1]; p[13].z = min[2];
```

```
            p[14].x = min[0]; p[14].y = max[1]; p[14].z = max[2];
            p[15].x = min[0]; p[15].y = min[1]; p[15].z = max[2];
            p[16].x = max[0]; p[16].y = min[1]; p[16].z = max[2];
            p[17].x = max[0]; p[17].y = min[1]; p[17].z = min[2];
            p[18].x = max[0]; p[18].y = min[1]; p[18].z = max[2];
            p[19].x = min[0]; p[19].y = min[1]; p[19].z = max[2];
            p[20].x = max[0]; p[20].y = max[1]; p[20].z = min[2];
            p[21].x = min[0]; p[21].y = max[1]; p[21].z = min[2];
            p[22].x = max[0]; p[22].y = max[1]; p[22].z = min[2];
            p[23].x = max[0]; p[23].y = min[1]; p[23].z = min[2];
            for(int i = 0; i < 24; i++)
            {
                marker.points.push_back(p[i]);
            }
            //放入目标中并进行发布
            marker.scale.x = 0.02;
            marker.color.a = 1.0;
            marker.color.r = 0.0;
            marker.color.g = 1.0;
            marker.color.b = 0.5;
            marker.lifetime = ros::Duration(0.1);
            marker_array.markers.push_back(marker);
        }
    }
```

2.7.6 实验结果与分析

本实验有 Demo 软件可供参考，软件环境安装与配置请参考本书 2.1.1 节 "ROS 环境安装及相关配置" 的相关内容。

1. 软件编译

执行下列命令进行软件编译：

```
% mkdir Groundfilter
% cd Groundfilter
% mkdir src
% buusensorlidar、ground 复制到 src 目录下
% catkin_make
```

2. 运行 Demo 软件

执行下列命令运行 Demo 软件：

```
% source devel/setup.bash
% roslaunch ground ground.launch
```

3．软件操作说明

Demo 软件的主界面如图 2.76 所示，在这里可以设置想要滤除的地面点的高度和显示的范围。图中 Ground Filter 下方参数的作用是设定 z 轴范围，超出范围的点会被滤除，z_axis_min 是雷达点云数据的最小点，z_axis_max 是雷达点云数据的最大点。Cluster 下方参数的作用是设定点云栅格化过程中每个栅格中点云数量的最小值和最大值。

图 2.76　Demo 软件的主界面

单击 Start 按钮，可以在 RViz 中实时显示当前点云信息，如图 2.77 所示。

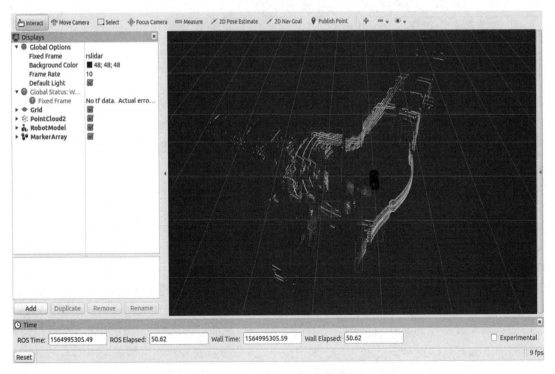

图 2.77　聚类点云实时显示图

修改设定的参数后，单击 Set 按钮进行标定，可以看到显示效果发生了变化，如图 2.78 所示。

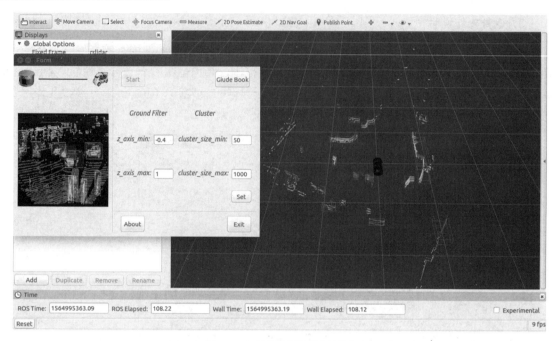

图 2.78　改变聚类参数显示图

2.8　超声波雷达的数据解析

2.8.1　实验背景与原理

超声波雷达是无人车常用的近距离传感器,其采用超声波测距原理,由超声波发射装置发出超声波信号,当超声波信号遇到障碍物时会产生回波信号,接收器接收到回波信号后经控制器进行数据处理,然后计算出车体与障碍物之间的距离,从而判断出障碍物的位置并提供给无人车,作为停障或避障的依据。

1．超声波雷达工作原理

超声波雷达的工作原理是通过超声波发射装置向外发出超声波,并通过接收器接收障碍物反射的超声波,根据两者之间的时间差来测算距离。目前,常用超声波发射装置的工作频率有 40kHz、48kHz 和 58kHz 三种。一般来说,频率越高,灵敏度越高,但水平与垂直方向的探测角度就越小,所以常用 40kHz 工作频率的发射装置。超声波雷达通常探测范围在 0.1～3m,精度较高且具备防水和防尘特性,即使有少量泥沙遮挡也不影响使用,因此非常适合应用于无人车。

常见的车载超声波雷达有两种:一种是安装在汽车前后保险杠上用于测量汽车前后障碍物距离的倒车雷达,这种雷达业内称之为 UPA;另一种是安装在汽车侧面用于测量侧方障碍物距离的超声波雷达,业内称之为 APA。UPA 超声波雷达的探测距离一般在 15～250cm,APA超声波雷达的探测距离一般在 30～500cm。APA 的探测范围更大,但相比于 UPA 成本更高,功率也更大。

2．实验中超声波雷达的分布

本实验所用的无人车中安装了 8 个超声波雷达，其安装位置如图 2.79 所示(车型不同，雷达的位置和数量可能有所变化)。本实验中超声波雷达的数据汇总到车辆底层控制器(BAU)中，该数据能够通过 CAN 总线发送到车载工控机中。

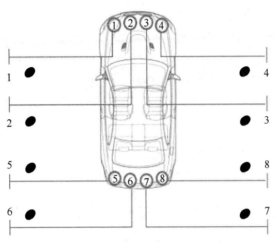

图 2.79　超声波雷达安装位置示意图

3．超声波雷达数据传输协议示例

本实验中所使用的超声波雷达的 CAN 通信协议报文如表 2.7 所示，其由底层控制器 BAU 发送给工控机[其报文标识(帧 ID)为 0x18F024D1]。

表 2.7　超声波雷达的 CAN 通信协议报文

报文名称		超声波雷达探测结果						
报文标识		0x18F024D1		帧类型			扩展帧	
报文长度		8 字节		参数组编号			61476	
发送节点		BAU		接收节点			工控机	
传输周期		100ms						
数据域	信号名称	起始字节	起始位	长度(bit)	数据类型	精度	偏移量	单位	描述
	数据 1	0	0	8	unsigned	2	0	cm	数据范围：0～195 (196：表示超出量程 0～195：表示无障碍 其他值无效)
	数据 2	1	8	8	unsigned	2	0	cm	通道 2，同数据 1 描述
	数据 3	2	16	8	unsigned	2	0	cm	通道 3，同数据 1 描述
	数据 4	3	24	8	unsigned	2	0	cm	通道 4，同数据 1 描述
	数据 5	4	32	8	unsigned	2	0	cm	通道 5，同数据 1 描述
	数据 6	5	40	8	unsigned	2	0	cm	通道 6，同数据 1 描述
	数据 7	6	48	8	unsigned	2	0	cm	通道 7，同数据 1 描述
	数据 8	7	56	8	unsigned	2	0	cm	通道 8，同数据 1 描述

2.8.2 实验目的

通过本实验使学生掌握无人车超声波雷达的使用方法和数据处理方法，从而提高学生综合运用所学理论知识和方法进行独立分析和解决问题的能力。

2.8.3 实验环境

1. 硬件设备

第 4 代旋风 4 座智能车 1 台：标配 8 通道超声波雷达等设备。

2. 软件环境

Ubuntu 16.04。
ROS Kinetic。
PyQt5。

2.8.4 实验内容

(1) 通过 CAN 总线接收数据，对接收到的十六进制数据进行处理，将其转换成字符串数组。
(2) 解析超声波数据格式，对超声波探头号以及测量距离进行分类存储。
(3) 提取 8 个超声波探头的距离值进行单行显示。

要求在完成上述实验内容的基础上，自行编写 Demo 软件，包括以下几个模块：单次数据显示模块(显示当前接收数据的 ID 和具体内容)、实验指导模块(显示实验指导书)和历史数据显示模块(显示 8 通道超声波的历史数据)等。

2.8.5 实验步骤

1. 硬件连接

将无人车上的 8 个超声波探头数据汇总在 BAU 中，再通过 CAN 总线连接到 CAN 网关 (CANET-2E-U)上。实验所用工控机通过路由器和 CAN 网关连接，从而实现工控机对超声波数据的读取，硬件连接如图 2.80 所示。

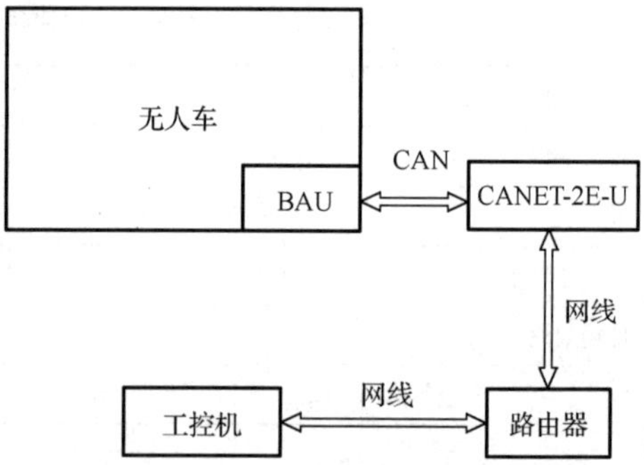

图 2.80　硬件连接示意图

2. 获取超声波数据

将工控机通过串口与超声波控制器的串口相连，通过回调函数，获取从底层控制器发送的超声波数据，示例代码如代码 2.18 所示。

代码 2.18　工控机与超声波控制器的串口相连

```
def callback(self, receive_msg):
    ult_data = receive_msg
    self.ultra_list = ult_data.ultrasonic
```

```
def listener_header(self):
    rospy.Subscriber("ultanalysis", receive_msg, self.callback)
    rospy.init_node(self.NAME, anonymous=True) }
```

3. 提取 8 个超声波探头的距离值进行单行显示

定义一个函数，利用循环函数将 8 个超声波探头的距离值计算出来，并显示在同一行中，示例代码如代码 2.19 所示。

代码 2.19 提取 8 个超声波探头的距离值进行单行显示

```
def label_show(self):
    ultra_str_list = []
    for i in range(len(self.ultra_list)):
        ultra_str_list.append('0x' + str(self.ultra_list[i]))
    self.lineEdit.setText("0x18f024d1")
    self.lineEdit_2.setText("  ".join(ultra_str_list))
```

4. 使用 table_show 函数对数据进行多行显示

定义 table_show 函数，对得出的数据进行多行显示，示例代码如代码 2.20 所示。

代码 2.20 数据的多行显示

```
def table_show(self):
    self.row += 1
    ultra_int_list = []
    for i in range(len(self.ultra_list)):
        ultra_temp = int(self.ultra_list[i], 16)
        ultra_int_list.append('       ' + str(ultra_temp))

    for column in range(8):
        newitem = QStandardItem(ultra_int_list[column])
        self.model.setItem(self.row, column, newitem)
    self.tableView.scrollToBottom()  #将滚动条置于最下方，可以一直显示最近一次的数据
```

2.8.6 实验结果与分析

本实验有 Demo 软件可供参考，软件环境安装与配置请参考本书 2.1.1 节 "ROS 环境安装及相关配置" 的相关内容。

1. 软件编译

执行下列命令进行软件编译：

```
% cd ultra_analysis
% catkin_make
```

2. 运行 Demo 软件

执行下列命令运行 Demo 软件：

```
% cd ultra_analysis
```

```
% source devel/setup.bash
% roslaunch ultra_analysis ultra_analysis.launch
```

3. 软件操作说明

(1)Demo 软件主界面如图 2.81 所示，在距离 7 号传感器 1m 处放置 1 个塑料锥桶，利用软件进行测试，并计算距离是否一致。

图 2.81　Demo 软件主界面

(2)8 个探头最新接收的数据如图 2.82 所示。

图 2.82　8 个探头最新接收的数据

(3)显示多行历史距离数据，如图 2.83 所示，可以看到其他传感器均没有接收到返回数据，而 7 号传感器接收到了返回数据，经计算为 0.95m。

图 2.83　显示多行历史距离数据

2.9　差分导航基准站的架设与配置

2.9.1　实验背景与原理

无人车通过定位技术准确地感知自身在全局环境中的相对位置，导航技术则帮助无人车"知道"自己所要行驶的速度、方向和路径等信息，并规划出下一步行动的路线。无人车需要厘米级的高精度定位，而通常所使用的 GNSS 定位，由于存在三部分误差（一是多台接收机公有的误差，如卫星钟误差和星历误差；二是传播路径误差，如电离层误差和对流层误差；三是接收机固有的误差，如内部噪声、通道延迟和多路径效应所产生的误差），所以定位精度只能达到米级。

GNSS 定位是通过对一组卫星的伪距、星历和卫星发射时间等进行测量来实现的，同时还必须知道用户钟差。因此，要获得地面点的三维坐标，必须对至少 4 颗卫星进行测量。其基本原理是将高速运动的卫星的瞬间位置作为已知的起算数据，采用空间距离后方交会的方法，确定待测点的位置。为了得到更高的定位精度，通常采用差分 GNSS 技术，将一台 GNSS 接收机安置在基准站上进行观测。根据差分 GNSS 基准站发送信息的方式，可将差分 GNSS 定位分为三类：位置差分、伪距差分和载波相位差分。这三类差分方式的工作原理是相同的，都是由基准站发送改正数，由用户站接收并对其测量结果进行改正，以获得精确的定位结果。不同的是，发送改正数的具体内容不一样，所以其差分定位精度也不同。

（1）位置差分

安装在基准站上的 GNSS 接收机观测 4 颗卫星后便可进行三维定位，从而解算出基准站的坐标。由于存在轨道误差、时钟误差、SA（Selective Availability）影响、大气影响、多径效应以及其他误差，因此解算出的坐标与基准站的已知坐标是不一样的，存在误差。基准站利用数据链将此改正数发送出去，由用户站接收，并对其解算的用户站坐标进行改正。所以最后得到的改正后的用户坐标已经消去了基准站和用户站之间的共同误差，提高了定位精度。

（2）伪距差分

在基准站上的接收机需要得到它与可见卫星之间的距离，并将此距离与含有误差的测量值加以比较。首先利用一个 α-β 滤波器将此差值滤波并求出其偏差，然后将所有卫星的测距误差传输给用户，用户利用此测距误差来改正测量的伪距。最后，用户利用改正后的伪距解算出本身的位置，即可消去公共误差，提高定位精度。使用这种方法时，用户与基准站之间的距离对精度有决定性影响。

（3）载波相位差分

载波相位差分又称 RTK（Real Time Kinematic），与伪距差分原理相同，由基准站通过数据链实时将其载波观测量及基准站坐标信息一同传送给用户站。用户站接收 GNSS 卫星的载波相位和来自基准站的载波相位，并组成相位差分观测值进行实时处理，能实时给出厘米级的定位结果。实现载波相位差分 GNSS 的方法分为修正法和差分法两类。前者与伪距差分相同，基准站将载波相位修正量发送给用户站，以改正其载波相位，然后求解坐标。后者将基准站采集的载波相位发送给用户站进行求差解算坐标。前者是准 RTK 技术，后者是真正的 RTK 技术。

目前在无人车和无人机中广泛使用的是 RTK 技术,如图 2.84 所示。它能够实时地提供站点在指定坐标系中的三维定位结果,并达到厘米级精度。在 RTK 作业模式下,基站采集卫星数据,并通过数据链将其观测值和站点坐标信息一同传送给移动站。随后移动站通过对所采集到的卫星数据和接收到的数据链进行实时载波相位差分处理(历时不足一秒),得出厘米级的定位结果。

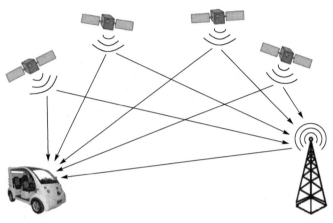

图 2.84   RTK 技术示意图

使用 RTK 技术的前提是需要有基准站,基准站的建立与使用通常有自建基准站和使用公用 CORS(Continuously Operating Reference Station,连续运行参考站)两种模式。自建基准站可以满足移动站(无人车)在一定范围内(如半径 10 千米内)的精确定位要求,多台无人车的移动站可通过 DTU(Data Transfer Unit)和自建基准站的 DTU 通信,从而达到精确定位的目的。自建基准站的 GNSS 接收机天线应设置在空旷且对空信号良好的地方,固定牢靠,有一定的防雨和防雷设施。自建基准站 GNSS 接收机和 DTU 设备可设置在距离天线一定范围内(如 30 米内)的室内,有稳定的供电设施且固定安装。CORS 是利用全球导航卫星系统、计算机、数据通信和互联网等技术,由在一个城市、一个地区或一个国家根据需求按一定距离建立的长年连续运行的若干个固定 GNSS 参考站组成的网络系统。常用的千寻公司 CORS 系统是由中国兵器工业集团和阿里巴巴集团共同打造的,是物联网(IoT)时代重要的基础设施之一。其基于北斗卫星系统基础定位数据和 RTK 差分定位原理,应用布满全国的地基增强站,融合阿里巴巴集团自主研发的定位技术,以及云计算时代的多系统多频网络 RTK 算法,通过互联网的方式为 CORS 账号使用者提供全天候的厘米级精度位置差分服务。无人车用户可以通过购买千寻公司的千寻知寸-FindCM(厘米级高精度定位服务)账号来实现高精度定位。

需要注意的是,基准站的建立和使用必须符合国家法律法规要求,本实验仅提供建立基准站的教学示范。

2.9.2 实验目的

通过本实验的练习,使学生熟悉自建基准站的方法及移动站使用自建基准站实现精确定位的基本方法,并掌握使用 CORS 站实现精确定位的方法,进一步提高学生综合运用所学理论知识和方法进行独立分析和解决问题的能力。

2.9.3 实验环境

1. 硬件设备

基准站 GNSS 接收机 1 台：联适 R60S，含天线及相关连接线。

基准站 DTU 设备 1 台：驿唐 MD649D。

手机流量 SIM 卡 1 张。

第 4 代旋风 4 座智能车 1 台：标配联适 RTK 导航设备 R60S。

2. 软件环境

Windows 10。

DTU 配置软件 dtucfg。

GNSS 配置软件 UP87x_config。

2.9.4 实验内容

本实验要求学生学习导航基准站的架设方法和千寻公司 CORS 系统的使用方法，具体包括两个内容。

（1）完成自建导航基准站的架设、配置及测试实验：包括 GNSS 接收机的连接、DTU 设备的连接、基准站 GNSS 的配置、DTU 的配置以及连接移动站和基准站以实现高精度定位实验。

（2）使用千寻公司 CORS 系统完成高精度定位实验：利用配置移动站连接千寻公司 CORS 系统。

2.9.5 实验步骤

1. 自建基准站

自建基准站是以教学和科研为目的自行建立的导航基准站，分为固定基准站和临时基准站两种，其中固定基准站定位天线位置长期固定且信号接收视野良好，配备良好的供电、防雨和防雷等设施，是常用的基准站。本实验主要讲解固定基准站的建立方法。基准站建立需要的设备如图 2.85 所示，主要包括 GNSS 接收机（含天线）、DTU 设备（含天线）等。GNSS 接收机（联适 R60S）接口如图 2.86 所示，DTU 设备（驿唐 MD649D）接口如图 2.87 所示，基准站天线架设如图 2.88 所示，基准站主机箱如图 2.89 所示。

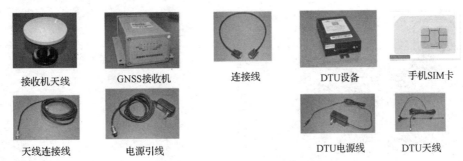

接收机天线　　　GNSS接收机　　　连接线　　　DTU设备　　　手机SIM卡

天线连接线　　　电源引线　　　　　　　　DTU电源线　　　DTU天线

图 2.85　基准站建立需要的设备

图 2.86　GNSS 接收机(联适 R60S)接口

图 2.87　DTU 设备(驿唐 MD649D)接口

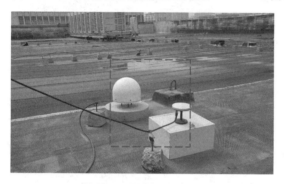

图 2.88　基准站天线架设

图 2.89　基准站主机箱

2. DTU 设备的连接

基准站 DTU 设备是保证移动站和基准站进行实时数据传输的必要设备，本实验的 DTU 设备采用驿唐公司的 MD649D。需要注意的是，由于使用公网通信(如 4G)无法实现点对点通信，因此移动站和基准站的 DTU 设备必须使用同家公司产品，且需要在每个 DTU 上安装手机流量 SIM 卡，并将 DTU 设备的编号和作用(移动站和基准站)报 DTU 供应商备案，方能正常使用。一个基准站可以为多个移动站提供服务。以下是 DTU 设备的连接和使用方法。

(1)首先将购买的 SIM 卡插入 DTU 设备的 SIM 卡槽中，如图 2.90 所示。

(2)将 4G 天线连接到 DTU 设备的 4G 天线接口上，再将电源适配器接口插入 DTU 设备的电源接口(暂不通电)，最后将一个专用串口连接线(两端公头)的一端连接到 DTU 设备的九针串口上，完成整个 DTU 设备的连接工作，如图 2.91 所示。

图 2.90　插入 SIM 卡

图 2.91　DTU 设备连接

3．GNSS 设备的连接

　　GNSS 设备是基准站定位的主要设备，需要进行如下连接：首先将接收天线连接在 GNSS 面板的前天线端或者后天线端，如果使用如联适 R30 类的单天线接收机，则直接连接在天线接口上。然后连接电源适配器到 GNSS 接收机的电源接口(暂不上电)上。最后将上一步骤中 DTU 设备串口连接线的另一端连接在 GNSS 设备的差分串口上，完成整个连接，整体连接图如图 2.92 所示。

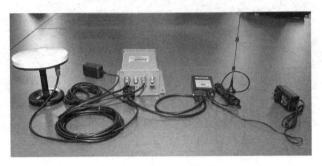

图 2.92　整体连接图

4．DTU 设备的配置

　　基准站 DTU 设备的配置需要使用计算机进行。开始时，需要摘除其串口和 GNSS 连接的串口线，改用专用线(通常使用一端是串口、另一端是 USB 口的连接线)将 DTU 设备的串口和计算机进行连接。

　　在 Windows 系统下运行专用软件 dtucfg.exe，进入如图 2.93 所示的界面，将波特率设置为 115200，串口号根据计算机实际进行设置(本实验中为 3)。

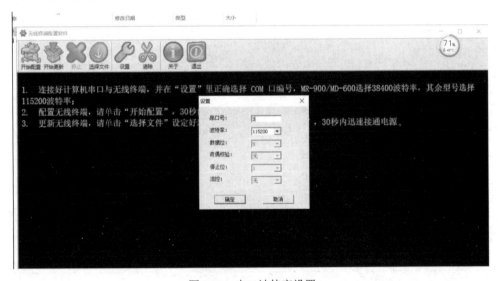

图 2.93　串口波特率设置

　　单击"开始配置"按钮，对 DTU 参数进行配置。如图 2.94 所示，将数据中心域名配置为 www.chuankoutong.com，数据中心端口配置为 5034，并将 DTU 与 GNSS 串口通信速率设置为 19200，重新启动 DTU，完成设置。

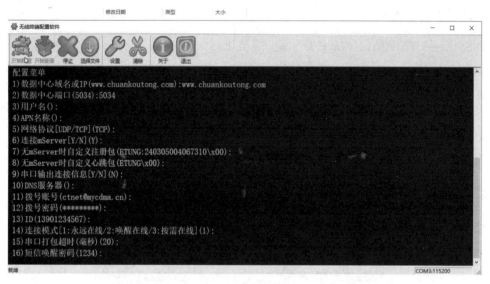

图 2.94　DTU 参数配置

5. 基准站 GNSS 设备的配置

对基准站 GNSS 进行配置以保证其能正常工作。基准站 GNSS 的配置需要使用计算机，并将其天线放置于空旷处，保证对空信号接收良好且和 GNSS 连接良好。用专用连接线连接 GNSS 设备的控制串口和计算机端口（通常是 USB 口），打开 GNSS 电源，在 Windows 系统下运行 UP87x_config.exe 配置程序，配置 GNSS 连接，如图 2.95 所示。

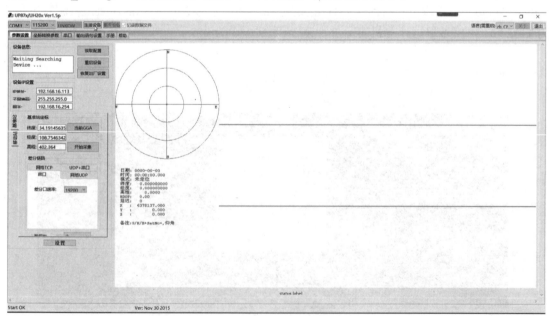

图 2.95　配置 GNSS 连接

在基准站设置的差分链路选项中，选择差分口速率（差分链路串口速率）为 19200，单击"连接设备"按钮，能够及时获取 GPS、北斗和格雷纳斯卫星的实时接收数据，如图 2.96 所示。

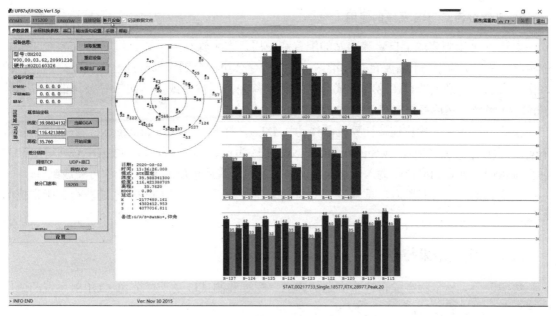

图 2.96　配置 GNSS 的差分链路参数

配置完毕后，单击"断开设备"按钮，退出软件，关闭 GNSS 电源，移除计算机和 GNSS 控制口的连接线。通过上述步骤，便完成了一个基准站的架设和配置。下面通过一台已经配置好的无人车作为移动站连接这个基准站，以验证基准站的建设成果。

6. 移动站连接自建基准站

移动站选用一台已配置好的无人车，其设备型号与基准站相同，如图 2.97 所示，并且对 GNSS 进行合理配置（设置为移动站，差分口速率为 19200），同时对 DTU 进行合理配置（数据中心域名配置为 www.chuankoutong.com，数据中心端口配置为 5034，并将 DTU 与 GNSS 串口通信波特率设置为 19200）。

通过观测移动站设备的开机状态来验证整个系统的工作。首先将基准站开机，并保证其正常工作。将无人车开至空旷处，打开电源，GNSS 设备的电源红色指示灯常亮，DTU 设备的红色指示灯缓慢闪烁。这时移动站自身开始自检并搜索卫星，几十秒后，前天线和后天线以及航向指示灯相继亮，表示移动站完成自身工作，实现单点定位。继续等待几十秒后，DTU 绿色指示灯常亮，红色指示灯缓慢闪烁，GNSS 设备的差分指示灯亮，如图 2.98 所示，表示移动站已经和自建基准站进行了通信，可以提高实时差分精确定位信息，自建基准站连接成功，这时无人车可以接收厘米级精度的定位信号。

图 2.97　移动站设备

图 2.98　移动站和自建基准站进行通信

7. 千寻公司 CORS 系统的使用

上述 6 个步骤完成了自建基准站的配置和使用，本步骤利用千寻公司 CORS 系统进行定位实验。在本实验中，不需要自建基准站，利用千寻公司在全国大部分地区已经建立的定位网络作为自己的基准站即可，这种方式简便易行。首先需要按月或年购买千寻公司的千寻知寸-FindCM 账号，然后直接对移动站的 DTU 进行参数修改。

按照步骤 4 中的操作连接计算机和移动站 DTU，打开专用软件 dtucfg.exe，其他设置保持不变，将数据中心域名由 www.chuankoutong.com 更改为 rtk.ntrip.qxwz.com，数据中心端口由 5034 更改为 8001，并在相应位置输入所购买的账号和密码。最后重新启动 DTU 即可完成配置。

在完成无人车的配置后，重复步骤 6 即可验证使用千寻公司 CORS 系统获得精确定位的效果。

2.9.6 实验结果与分析

按照以上实验步骤完成自建基准站的建立、配置和测试以及千寻公司 CORS 系统的应用测试，并完成实验报告。

2.9.7 实验内容扩展

(1)基准站和移动站的通信方式有多种，可以尝试使用直通电台的方式进行配置和实验。

(2)一个基准站可以为多个移动站提供服务，可以尝试将多个移动站接入实验。

(3)移动站和基准站的通信受地理环境和距离的影响，可以测试周边园区环境的 RTK 状态图。

2.10 差分定位系统解析

2.10.1 实验背景与原理

精确定位是无人车的核心技术之一，全球导航卫星系统(包括美国的 GPS、俄罗斯的 GLONASS、欧洲的 Galileo、中国的北斗卫星导航系统以及相关的增强系统)在无人车定位中担负着相当重要的责任。GPS 系统包括太空中的 32 颗 GPS 卫星、地面上的 1 个主控站、3 个数据注入站和 5 个监测站以及作为用户端的 GPS 接收机。当车载 GPS 捕获到 4 颗以上卫星的信号时就可以进行定位，接收到的卫星数越多，解码出的位置越准确。

第 4 代旋风 4 座智能车采用的差分导航接收机是联适 R60S-U 北斗/GNSS 接收机，如图 2.99 所示。该接收机采用兼容北斗、GPS 和 GLONASS 的多星座 RTK 接收机，可单独通过北斗进行 RTK 定位。

联适 R60S-U 北斗/GNSS 接收机具备以下特点：

(1)内置无线通信模块，支持多种通信协议(如透明传输、TT450S、SOUTH 协议等)。

图 2.99　联适 R60S-U 北斗/GNSS 接收机

(2)具有标准的以太网通信接口，方便数据的高速网络传输。

(3)具有正负反接保护电路，支持宽电压供电，电压范围为 9～36V。

(4)主机与天线分体设计，有安装底座。

(5)支持多个指示灯显示主机状态，操作简单且直观。

(6)可配置为基站或移动站，支持多种工作模式。

R60S-U 北斗/GNSS 接收机为双天线接收机，通常习惯使用移动站模式。接收机两个天线为圆盘天线，用于接收卫星信号。其中后天线为定位天线，前天线为定向天线。R60S-U 北斗/GNSS 接收机的数据接收方式为串口(232)，波特率为 115200。其连接方式如图 2.100 所示。

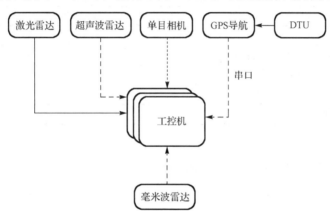

图 2.100　R60S-U 北斗/GNSS 接收机连接方式

1. 差分导航输出报文协议

联适公司导航数据常用输出报文协议模式为 GPGGA+GPVTG+PSAT,HPR，其数据消息描述如表 2.8 所示。

表 2.8　数据消息

消 息 包	描 　述
GPGGA	GPS 位置信息
GPVTG	地面速度和航向信息
PSAT,HPR	时间及姿态信息

(1)GPGGA

GPGGA 消息包含详细的 GNSS 定位数据，消息格式为

```
$GPGGA,HHMMSS.SS,DDMM.MMMM,S,DDDMM.MMMM,S,N,QQ,PP.P,SAAAAA.AA,M,±XXXX.X
X,M,SSS,AAAA*CC<CR><LF>
```

GPGGA 消息各组成部分的响应含义如表 2.9 所示。

表 2.9　GPGGA 消息各组成部分的响应含义

字　段	描　述
HHMMSS.SS	UTC 时间(时、分、秒格式)
DDMM.MMMM	纬度(度、分格式)
S	纬度区域:N(北纬)、S(南纬)
DDDMM.MMMM	经度(度、分格式)
S	经度区域:E(东经)、W(西经)
N	GPS 定位标识:0=无定位,1=单点定位,2=差分定位(SBAS,DGPS,LBAND,E-Dif),4=RTK 固定,5=RTK 浮点
QQ	用于定位的卫星数目
PP.P	HDOP=0.0~9.9
SAAAAA.AA	天线海拔高度
M	天线海拔高度单位(米)
±XXXX.XX	海平面分离度
M	海平面分离度单位(米)
SSS	差分校正时延(单位:秒)
AAAA	参考站 ID
*CC	校验和
<CR><LF>	回车换行符

(2)GPVTG

GPVTG 消息包含速度和航向信息,消息格式为

```
$GPVTG,TTT,C,TTT,C,GGG.GG,U,GGG.GG,U*CC<CR><LF>
```

GPVTG 消息各组成部分的响应含义如表 2.10 所示。

表 2.10　GPVTG 消息各组成部分的响应含义

字　段	描　述
TTT	以真北为参考基准的地面航向(0~359°)
C	航向标志位,通常 C=T
TTT	以磁北为参考基准的地面航向(0~359°)
C	航向标志位,通常 C=M
GGG.GG	地面速率(0~999 节)
U	速率单位,U=N=海里/小时
GGG.GG	地面速率(000~999 千米/小时)
U	速率单位,U=K=千米/小时
*CC	校验和
<CR><LF>	回车换行符

(3)PSAT,HPR

PSAT,HPR 消息包含时间和姿态信息,消息格式为

```
$PSAT,HPR,hhmmss.ss,HHH.HH,PPP.PP,RRR.RR,Q*CC<CR><LF>
```

PSAT,HPR 消息各组成部分的响应含义如表 2.11 所示。

表 2.11　PSAT,HPR 消息各组成部分的响应含义

字　段	描　述
hhmmss.ss	UTC 时间(时、分、秒格式)
HHH.HH	航向角(单位为°，与正北方向夹角，由主天线指向副天线。GNSS 定向时，由 GNSS 提供；GNSS 失锁、陀螺有效时，由陀螺提供)
PPP.PP	俯仰角(单位为°， GNSS 定向时，由 GNSS 提供；GNSS 失锁、倾斜传感器有效时，由倾斜传感器提供)
RRR.RR	横滚角(单位为°，由倾斜传感器提供)
Q	定向标识，N=卫星定向，G=陀螺定向
*CC	校验和
<CR><LF>	回车换行符

2．大地主题解算

实际上，GPS 的测量数据只有 4 项：B、L、H 和 T(大地经度、大地纬度、大地高和时间)，各导航厂家对软硬件进行二次开发后才能得出更多的功能和数据，其中大地主题解算是关键性技术，直接决定着 GPS 导航定位的精度和可靠性。

从解析意义上讲，大地主题的正算和反算问题就是大地极坐标和大地坐标间的相互转换问题。

在椭球大地测量中，经常会遇到这样两类问题：一类是已知大地线一个端点 P_1 的大地坐标 $(L_1，B_1)$，P_1 至 P_2 的大地线长 S 及大地方位角 A_{12}，计算 P_2 点的大地坐标 $(L_2，B_2)$ 以及大地线在 P_2 点的反方位角 A_{21}，这类问题称为大地主题正算；另一类是已知 P_1 和 P_2 点的大地坐标 $(L_1，B_1)$ 和 $(L_2，B_2)$，计算 P_1 至 P_2 的大地线长 S 及其正、反方位角 A_{12} 和 A_{21}，这类问题称为大地主题反算。大地主题的正反算问题统称为大地主题解算。其中椭球面上点的大地经度 L、大地纬度 B、两点间的大地线长 S 及其正反大地方位角 A_{12}、A_{21} 统称为大地元素，如图 2.101 所示。

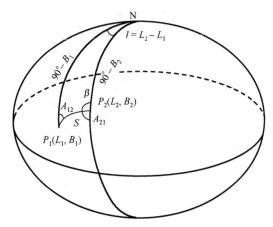

图 2.101　大地坐标示意图

由此可见，椭球面上两控制点的大地坐标、大地线长及方位角的正算和反算问题同平

面直角坐标系中两控制点的坐标、距离及方位角的正反算是相似的，只不过大地主题解算是在椭球面上进行的。由于受椭球扁率的影响，椭球面上的大地问题解算要比平面上的计算复杂得多。

2.10.2 实验目的

通过本实验使学生掌握无人车差分 GNSS 系统的串口数据解析方法，并利用已经建立的基准站系统获取精确的定位信息。

2.10.3 实验环境

1. 硬件设备

第 4 代旋风 4 座智能车 1 台：标配联适 RTK 导航设备 R60S。

2. 软件环境

Ubuntu 16.04。
ROS Kinetic。
PyQt5。

2.10.4 实验内容

本实验要求学生通过编程实现对无人车上的 RTK 导航设备进行数据解析，具体任务如下。

(1)对联适 RTK 导航设备 R60S 串口数据进行解析。

(2)将解析后的实时经纬度、航向角、速度以及 RTK 状态等信息保存为地图文件，并在采集过程中为具有不同特征的道路赋予相应的属性值。

要求在学习上述实验内容的基础上，自行编写 Demo 软件，连接 GNSS 设备，应用在无人车上，可实时读取 GNSS 提供的精确坐标，并保存无人车沿途坐标为地图文件。基本功能要求如下：

参数设置区：可设置连接 GNSS 的串口号及波特率等参数。

数据显示区：具体如表 2.12 所示。

表 2.12 数据显示区

字　　段	描　　述
Time	
Longitude	
Latitude	
Altitude	
RTK	
Sate num	
Delay	
Velocity	
Heading angle	

地图采集区：地图采集与存储。

实验指导区：显示实验指导书。

2.10.5 实验步骤

本实验中通过人工驾驶车辆在实验场地中行驶，并通过计算机对导航串口数据的解析，实时获取车辆当前的经纬度、高度、航向角、速度、RTK 状态和搜星数等信息，为无人车的安全行驶提供判断依据。同时可人工对当前行驶路线进行地图采集，为后续路径规划软件提供实时的位置信息和全局地图。从内容上，可将本实验分为导航串口数据的解析和地图采集两部分。总体系统框图如图 2.102 所示。

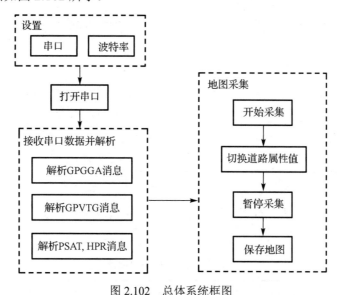

图 2.102　总体系统框图

1. 导航串口数据解析

首先要对导航数据进行解析。在选择正确的串口和波特率后，采用正确的方法读取串口数据，并按照协议依次解析出当前位置的经纬度、高度、速度、航向角、RTK 状态、搜星数及差分延时等信息。

（1）打开串口

串口设置与打开的示例代码如代码 2.21 所示。

代码 2.21　串口设置与打开

```
If (start_flag)                        //设置正确的串口和波特率并打开串口
{
   try
   {
      std::cout <<"Serial star initialize" << std::endl;
      ser.setPort(serialport);           //设置正确的串口
      ser.setBaudrate(baudrate);         //设置正确的波特率
      serial::Timeout to = serial::Timeout::simpleTimeout(1000);
```

```
            ser.setTimeout(to);
            ser.open();                          //打开串口
        }
        catch (serial::IOException& e)           //打开失败
        {
            std::cout <<"Unable to open port" << std::endl;
            ROS_ERROR_STREAM(baudrate);          //波特率设置错误
            ROS_ERROR_STREAM(serialport);        //串口设置错误
            ROS_ERROR_STREAM(gpsDeviceName);     //导航设备设置错误
        }
        if (ser.isOpen())                        //串口打开成功
        {
            std::cout <<"Serial port initialized successfully!" << std::endl;
        }
        else
        {
            std::cout <<"Serial port failed!" << std::endl;  //串口打开失败
            return;
        }
    }
}
```

(2) 读取串口数据并解析

成功打开串口后，按照导航设备的输出报文协议读取串口数据并解析，示例代码如代码 2.22 所示。

代码 2.22　解析串口数据

```
void gpsparse::receiveData(unsigned char *str, int len) //解析串口数据
{
  for (int i = 0; i < len; ++i) {
    TempDataArray[ReceiverCurrentByteCount] = str[i];
    ReceiverCurrentByteCount++;
    if (ReceiverCurrentByteCount > 2) {
      if (TempDataArray[ReceiverCurrentByteCount - 2] == 0X0D &&
          TempDataArray[ReceiverCurrentByteCount - 1] == 0X0A) {
        if (ReceiverCurrentByteCount > 6) {
          if (gpsDeviceName == 1) {
            if (TempDataArray[0] == '$' && TempDataArray[1] == 'G' &&
                TempDataArray[2] == 'P' && TempDataArray[3] == 'G') {
              parseGpgga(); //解析经纬度、高度、RTK状态、搜星数和差分延时
              sendCount = (sendCount + 1) % 3;
            } else if (TempDataArray[0] == '$' && TempDataArray[1] == 'G' &&
                       TempDataArray[2] == 'P' && TempDataArray[3] == 'V') {
              parseGpvtg();           //解析速度
              sendCount = (sendCount + 1) % 3;
            } else if (TempDataArray[0] == '$' && TempDataArray[1] == 'P' &&
```

```
                    TempDataArray[2] == 'S' && TempDataArray[3] == 'A') {
            parseGphpr();              //解析航向角
            sendCount = (sendCount + 1) % 3;
          }
        }
      }
      ReceiverCurrentByteCount = 0; // clear zero
    }
  }
}
```

解析 GPGGA 消息，获得无人车实时的经纬度、高度、RTK 状态、搜星数和差分延时信息，示例代码如代码 2.23 所示。

代码 2.23   解析 GPGGA 消息

```
void gpsparse::parseGpgga() //解析经纬度、高度、RTK 状态、搜星数和差分延时
{
  int strnum = 0;
  int DouNum = 0;
  string temp;
  double lon = 0;
  double lat = 0;
  int inter = 0;
  for (int i = 0; i < ReceiverCurrentByteCount; ++i) {
    if (TempDataArray[i] == ',') {
      strnum++;
      stringstream stream;
      stream << temp;
      switch (strnum) {
      case 3:
        stream >> lat;
        inter = (int)(lat) / 100;
        lat = lat - inter * 100;
        lat = lat / 60.0 + inter;
        rp.lat = lat;                //无人车实时的纬度信息
        stream.str("");
        temp = "";
        break;
      case 5:
        stream >> lon;
        inter = (int)(lon) / 100;
        lon = lon - inter * 100;
        lon = lon / 60.0 + inter;
        rp.lon = lon;                //无人车实时的经度信息
        stream.str("");
        temp = "";
```

```
                              break;
                     case 7:
                       stream >> rp.status;          //无人车实时的 RTK 状态信息
                       stream.str("");
                       temp = "";
                       break;
                     case 8:
                       stream >> rp.satenum;         //无人车实时的搜星数信息
                       stream.str("");
                       temp = "";
                       break;
                     case 10:
                       stream >> rp.alt;             //无人车实时的高度信息
                       stream.str("");
                       temp = "";
                       break;
                     case 14:
                       stream >> rp.delay;           //无人车实时的差分延时信息
                       stream.str("");
                       temp = "";
                       break;
                     default:
                       stream.str("");
                       temp = "";
                       break;
                   } //end switch
                 }   //end if
                 else {
                   temp += TempDataArray[i];
                 }
               } //end for
           }
```

解析 GPVTG 消息，获得无人车实时的速度信息，示例代码如代码 2.24 所示。

代码 2.24　解析 GPVTG 消息

```
void gpsparse::parseGpvtg()          //解析速度
{
  int strnum = 0;
  int DouNum = 0;
  string temp;
  for (int i = 0; i < ReceiverCurrentByteCount; ++i) {
    if (TempDataArray[i] == ',') {
      strnum++;
      stringstream stream;
      stream << temp;
      switch (strnum) {
      case 8:
```

```
      stream >> rp.velocity;    //无人车实时的速度信息
      stream.str("");
      temp = "";
      break;
    default:
      stream.str("");
      temp = "";
      break;
    }
  } else {
      temp += TempDataArray[i];
  }
  }
}
```

解析 PSAT,HPR 消息，获得无人车实时的航向角信息，示例代码如代码 2.25 所示。

代码 2.25　解析 PSAT,HPR 消息

```
void gpsparse::parseGphpr()      //解析航向角
{
  int strnum = 0;
  int DouNum = 0;
  string temp;
  for (int i = 0; i < ReceiverCurrentByteCount; ++i) {
    if (TempDataArray[i] == ',') {
      strnum++;
      stringstream stream;
      stream << temp;
      switch (strnum) {
      case 4:
        try {
          stream >> rp.heading;    //无人车实时的航向角信息
          stream.str("");
          temp = "";
        } catch (int i) {
          i = 0;
          rp.heading = i;          //度数转换为弧度
        }
        break;
      default:
        stream.str("");
        temp = "";
        break;
      }
    } else {
```

```
        temp += TempDataArray[i];
    }
  }
}
```

2. 地图采集

解析车辆的实时定位信息后，可将无人车行驶路线的逐点定位信息保存为相应的地图文件，从而为后续的路径规划软件提供全局路径参考。

（1）大地坐标转换为平面直角坐标

进行地图采集操作前，需要对获得的实时经纬度信息进行降采样处理，以防止出现由于数据量过大或车辆中途停车而重复采样所造成的处理速度过慢等问题。本实验采取每间隔 0.2m 保存一个点的策略来筛选过密点。若想要对两点间的距离进行计算，则需要利用 UTM 投影（通用横轴墨卡托投影）算法将车辆位置信息的经纬度坐标转换为平面直角坐标。UTM 投影示意图如图 2.103 所示。

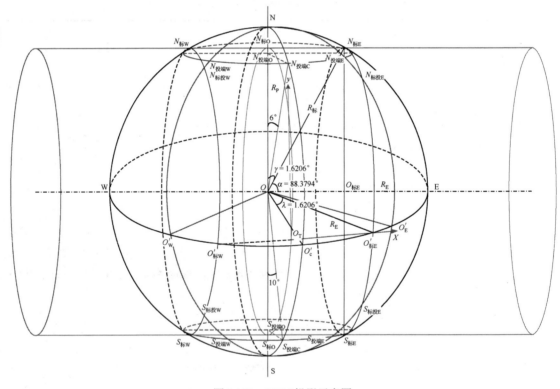

图 2.103　UTM 投影示意图

UTM 投影正解的计算公式为

$$X = \mathrm{FN} + k_0 \left\{ M + N \tan B \left[\frac{A^2}{2} + (5 - T + 9C + 4C^2) \frac{A^4}{24} \right] + (61 - 58T + T^2 + 600C - 330e'^2) \frac{A^6}{720} \right\} \tag{2.10}$$

$$Y = \text{FE} + k_0 N\left[A + (1 - T + C)\frac{A^3}{6} + (5 - 18T + T^2 + 72C - 58e'^2)\frac{A^5}{120}\right] \quad (2.11)$$

式中：

$$T = \tan^2 B, \quad C = e'^2\cos^2 B, \quad A = (L - L_0)\cos B \quad (2.12)$$

$$M = a\left[\left(1 - \frac{e^2}{4} - \frac{3e^4}{64} - \frac{5e^6}{256}\right)B - \left(\frac{3e^2}{8} + \frac{3e^4}{32} + \frac{45e^6}{1024}\right)\sin 2B \right.$$
$$\left. + \left(\frac{15e^4}{256} + \frac{45e^6}{1024}\right)\sin 4B - \frac{35e^6}{3072}\sin 6B\right] \quad (2.13)$$

$$N = \frac{a}{\sqrt{1 - e^2\sin^2 B}} \quad (2.14)$$

上述转换公式都是基于椭球体的。其中 L 为计算点经度；B 为计算点纬度；a 为椭球体长半轴长度；b 为椭球体短半轴长度；e 为椭球体第一偏心率，$e = \sqrt{1 - (b - a)^2}$；e' 为椭球体第二偏心率，$e' = \sqrt{(a/b)^2 - 1}$；N 为卯西圈曲率半径；L_0 为中央子午线经度；FE 为东纬偏移，一般规定 FE = 500000m；FN 为北纬偏移，北半球一般规定 FN 为 0，南半球一般规定 FN = 10000000m；k_0 为投影比例因子，UTM 投影中 k_0 = 0.9996。

UTM 投影示例代码如代码 2.26 所示。

代码 2.26　UTM 投影

```
Point2D gpsparse::BLH2XYZ(double B, double L, double H)
//经纬度转换为UTM平面坐标
{
    double N, E, h;
    double L0 = GetL0InDegree(L); //根据经度求中央子午线经度
    Point2D pt2d;
    double a = 6378245.0;
    double F = 298.257223563;
    double iPI = 0.0174532925199433;
    double f = 1 / F;
    double b = a * (1 - f);
    double ee = (a * a - b * b) / (a * a);
    double e2 = (a * a - b * b) / (b * b);
    double n = (a - b) / (a + b), n2 = (n * n), n3 = (n2 * n), n4 = (n2 * n2),
        n5 = (n4 * n);
    double al = (a + b) * (1 + n2 / 4 + n4 / 64) / 2;
    double bt = -3 * n / 2 + 9 * n3 / 16 - 3 * n5 / 32;
    double gm = 15 * n2 / 16 - 15 * n4 / 32;
    double dt = -35 * n3 / 48 + 105 * n5 / 256;
    double ep = 315 * n4 / 512;
    B = B * iPI;
    L = L * iPI;
    L0 = L0 * iPI;
```

```
double l = L - L0, cl = (cos(B) * l), cl2 = (cl * cl), cl3 = (cl2 * cl),
    cl4 = (cl2 * cl2), cl5 = (cl4 * cl), cl6 = (cl5 * cl),
    cl7 = (cl6 * cl), cl8 = (cl4 * cl4);
double lB = al * (B + bt * sin(2 * B) + gm * sin(4 * B) + dt * sin(6 * B) +
                ep * sin(8 * B));
double t = tan(B), t2 = (t * t), t4 = (t2 * t2), t6 = (t4 * t2);
double Nn = a / sqrt(1 - ee * sin(B) * sin(B));
double yt = e2 * cos(B) * cos(B);
N = lB;
N += t * Nn * cl2 / 2;
N += t * Nn * cl4 * (5 - t2 + 9 * yt + 4 * yt * yt) / 24;
N += t * Nn * cl6 * (61 - 58 * t2 + t4 + 270 * yt - 330 * t2 * yt) / 720;
N += t * Nn * cl8 * (1385 - 3111 * t2 + 543 * t4 - t6) / 40320;
E = Nn * cl;
E += Nn * cl3 * (1 - t2 + yt) / 6;
E += Nn * cl5 * (5 - 18 * t2 + t4 + 14 * yt - 58 * t2 * yt) / 120;
E += Nn * cl7 * (61 - 479 * t2 + 179 * t4 - t6) / 5040;
E += 500000;
N = 0.9999 * N;
E = 0.9999 * (E - 500000.0) + 250000.0; //Get y
pt2d.x = E;
pt2d.y = N;
h = H;
return pt2d;
}
```

（2）地图保存

得到实时定位信息的平面直角坐标值后，计算两点间距离并进行过密点筛选，对筛选后的位置点进行保存。依据不同的道路特征切换不同的属性值，形成最终的地图文件。地图保存示例代码如代码 2.27 所示。

代码 2.27　地图保存

```
if (sendCount == 0) {
  rpcar = rp;
  rp.mode1 = addattr.roadattr1;                   //道路属性值
  Point2D pNow = BLH2XYZ(rp.lat, rp.lon, 0);        //UTM 投影正解
  Point2D pLast = BLH2XYZ(lastRp.lat, lastRp.lon, 0);  //UTM 投影正解
  bool isRecode = false;
  if (getDist2(pNow, pLast) >= 0.2)     //筛选过密点，每隔 0.2m 保存一个点
  {
    isRecode = true;
  }
    if (isSaveFile == 1)                 //单击"保存地图"按钮
    {
      saveMap(rp);                       //保存地图
    }
    lastRp = rp;
```

```
    }
}
void gpsparse::saveMap(sGpsPoint rp)        //保存采集的地图
{
    fp = fopen(savePath.c_str(), "a");
    fprintf(fp, "%s,%.8lf,%.8lf,%.8lf,%d,%d,%d,%.8lf\n", str, rp.lon, rp.lat,
            rp.heading, rp.model, rp.status, rp.velocity);
                        //保存时间、经纬度、航向角、道路属性、RTK 状态和速度信息
    fclose(fp);
}
```

2.10.6 实验结果与分析

本实验有 Demo 软件可供参考,配合第 4 代旋风 4 座智能车和测试环境即可进行运行和演示。软件环境安装与配置请参考本书 2.1.1 节 "ROS 环境安装及相关配置" 的相关内容。

1. 软件编译

执行下列命令进行软件编译:

```
% cd GPSParse_Projection
% catkin_make
```

2. 运行 Demo 软件

执行下列命令运行 Demo 软件:

```
% cd GPSParse_Projection
% source devel/setup.bash
% roslaunch xfgps_parse gps_parse.launch
```

3. 软件操作说明

Demo 软件主界面如图 2.104 所示。右侧数据区域滚动显示解析车辆的实时定位数据,包括经度、纬度、高度、航向角、RTK、搜星数和速度。底部数据项区域显示当前时刻的车辆定位数据,包括经度、纬度、航向角、RTK 状态和速度。

在设置区域中,选择正确的串口和波特率后单击 "开始" 按钮,会看到解析的实时定位数据。本实验用到的串口为 COM4,波特率为 115200。若串口或波特率选择不正确,则会弹出相应的错误提示,如图 2.105 所示。

进行地图采集时,单击 "开始" 按钮,安全员人工驾驶车辆在道路上低速行驶,实验员可根据不同的道路特征切换不同的属性值,若当前道路为宽阔的长直道,则选择属性值 0 并切换。若当前道路处于左转弯区域,则选择属性值 8 并切换。若当前道路处于右转弯区域,则选择属性值 9 并切换。若当前道路为狭窄的直道,则选择属性值 15 并切换。完成采集后,单击 "暂停" 按钮即可。单击 "保存地图" 按钮可对采集的路径文件进行保存,默认的保存路径为当前工程中的 map 文件夹,默认文件名为 map.txt,如图 2.106 所示。

图 2.104 Demo 软件主界面

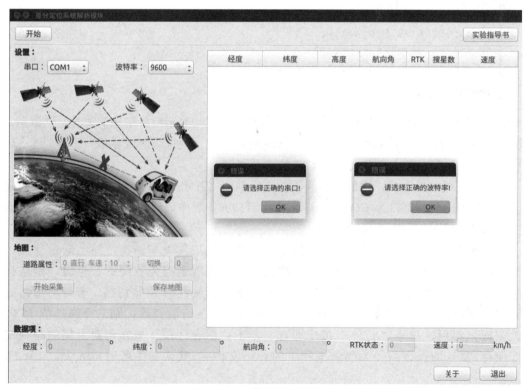

图 2.105 串口设置错误提示

图 2.106　地图采集并保存

2.11　差分导航规划

2.11.1　实验背景与原理

路径规划用于在已经获得精确定位的基础上解决无人车从起点到终点走什么路径的问题。规划的总体要求是遵守交通规则，避免撞到障碍物，保证无人车自身、其可能相遇的车辆和行人的安全。在此基础上，再去依次追求车体平稳、乘坐舒适和路径最短等。根据对环境信息的掌握程度可将路径规划分为基于先验完全信息的全局路径规划和基于传感器信息的局部路径规划。其中，从获取的障碍物信息是静态的或是动态的角度出发，全局路径规划属于静态规划（又称离线规划），局部路径规划属于动态规划（又称在线规划）。全局路径规划需要掌握所有的环境信息，根据地图的所有环境信息进行路径规划。局部路径规划只需要由传感器采集实时环境信息，并了解环境地图，然后确定所在地图的位置及其局部的障碍物分布情况，从而选出从当前节点到某一子目标节点的最优路径。

1．导航地图路径规划方法

导航地图路径规划如图 2.107 所示，其中 α_1 为车体航向角（航向角就是车的航向与正北方向之间的夹角），α_2 为地图中点与车身所形成的直线与航向角所在方向之间的夹角，α_3 为地图中点与车身所形成的直线与正北方向之间的夹角（注意：α_3 的计算是在 p_0，p_1 为经纬度点的情况下进行的），由图 2.107 可得到式（2.15）。

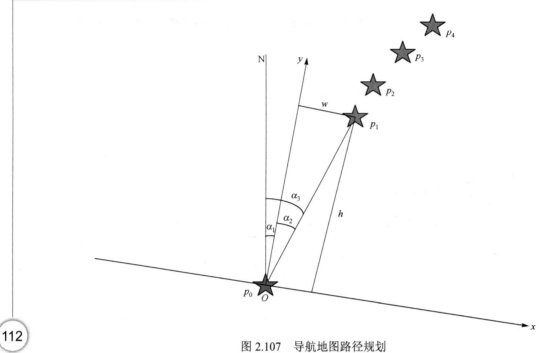

图 2.107　导航地图路径规划

$$\alpha_2 = \alpha_3 - \alpha_1 \tag{2.15}$$

得到 α_2 后，可以根据不同的路况要求，按不同的方法选取预存地图中的导航点。本实验采用的做法是选取车身左右 10 米，前方 50 米矩形范围内所有的点供路径规划使用［由式(2.16)和式(2.17)确认的一系列点 (h_i, w_i)］，如图 2.108 所示，默认车前的点为 $(0,0)$。

$$h = \left|\overrightarrow{p_0 p_1}\right|\cos\alpha_2 \tag{2.16}$$

$$w = \left|\overrightarrow{p_0 p_1}\right|\sin\alpha_2 \tag{2.17}$$

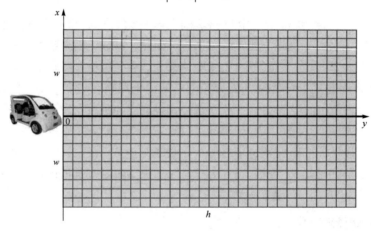

图 2.108　导航栅格图

2. 大地主题反算求解

根据已知两点的经纬度求球面距离和方位角(与正北方向的夹角)，此类问题称为大地主题解算中的反算问题。由上述导航地图路径规划方法可知，求解一次规划的路径点，需要在两点坐标均为经纬度坐标的条件下，计算地图中的点与车身所形成的直线与正北方向之间的夹角，如图 2.109 所示。

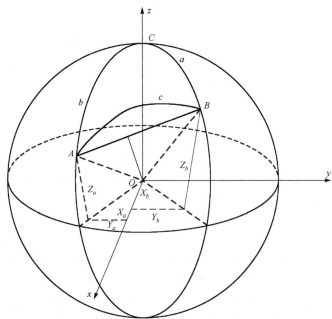

图 2.109　求经纬度坐标系下的两点与正北方向夹角示意图

假设车身点 A 的经纬度为 $(\text{lat}_A, \text{lon}_A)$，地图中点 B 的经纬度为 $(\text{lat}_B, \text{lon}_B)$。$A$、$B$ 两点在笛卡儿坐标系下的投影为 $A'(X_a, Y_a, Z_a)$，$B'(X_b, Y_b, Z_b)$。其中：

$$Z_a = R\sin\left(\frac{\text{lat}_A}{180}\pi\right) \tag{2.18}$$

$$X_a = R\cos\left(\frac{\text{lat}_A}{180}\pi\right)\cos\left(\frac{\text{lon}_A}{180}\pi\right) \tag{2.19}$$

$$Y_a = R\cos\left(\frac{\text{lat}_A}{180}\pi\right)\sin\left(\frac{\text{lon}_A}{180}\pi\right) \tag{2.20}$$

同理，可得 X_b, Y_b, Z_b。

$$\overrightarrow{OA} \cdot \overrightarrow{OB} = \left|\overrightarrow{OA}\right|\left|\overrightarrow{OB}\right|\cos\langle\overrightarrow{OA}, \overrightarrow{OB}\rangle = X_a X_b + Y_a Y_b + Z_a Z_b \tag{2.21}$$

$$R^2 \cos\langle\overrightarrow{OA}, \overrightarrow{OB}\rangle = X_a X_b + Y_a Y_b + Z_a Z_b \tag{2.22}$$

$$\overset{\frown}{AB} = \csc\left(\frac{X_a X_b + Y_a Y_b + Z_a Z_b}{R^2}\right)（\overset{\frown}{AB}\text{ 对应圆心角的度}） \tag{2.23}$$

$$\overset{\frown}{AC} = \frac{(90° - \text{lat}A)}{180\pi}（\overset{\frown}{AC}\text{ 对应圆心角的度}） \tag{2.24}$$

$$\overset{\frown}{BC} = \frac{(90° - \text{lat}B)}{180\pi}（\overset{\frown}{BC}\text{ 对应圆心角的度}） \tag{2.25}$$

$$p = \frac{\overset{\frown}{AB} + \overset{\frown}{AC} + \overset{\frown}{BC}}{2} \tag{2.26}$$

将 $\widehat{AB}$ 转换成距离(单位:km)得到 $\widehat{AB} \cdot R$(地球半径)。根据球面三角形的半角余弦:

$$\cos\frac{\angle CAB}{2} = \sqrt{\frac{\sin(p)\sin(p-\widehat{BC})}{\sin(\widehat{AC})\sin(\widehat{AB})}} \tag{2.27}$$

得到

$$\angle CAB = 2\csc\sqrt{\frac{\sin(p)\sin(p-\widehat{BC})}{\sin(\widehat{AC})\sin(\widehat{AB})}}\ (B\ \text{点相对于}\ A\ \text{点的方位角}) \tag{2.28}$$

本实验中的第 4 代旋风 4 座智能车用的就是以上推论,即如果 B 点在 A 点的东北方,那么夹角 β 的正切值 $\tan\beta = [111 \times 经度差 \times \cos(B\ 的纬度)]/(110 \times 纬度差)$,$\arctan\beta$ 就是所求夹角。如果 B 点在 A 点的东南方,也按照上式求出 β,然后用 $180°$ 减去 β 就是所求的夹角。如果 B 点在 A 点的西南方,求出的 β 加上 $180°$ 就是所求的夹角。如果 B 点在 A 点的西北方,用 $360°$ 减去求出的 β 就是所求的夹角。

3. UTM 投影

已知两经纬度点的方位角后,还需要求出地图中的导航点在车体坐标系中的位置,即两经纬度点之间的距离,此时需要用到 UTM 投影。

UTM 投影的全称为"通用横轴墨卡托投影"(Universal Transverse Mercator Projection)。从几何意义上讲,UTM 投影属于横轴等角割椭圆柱体投影。设想用一个圆柱横割地球与南纬 $80°$ 和北纬 $84°$ 的两条等高圈,并且相近相切于中央经线。按照投影带中央经线为直线及赤道投影为直线的条件,将中央经线两侧一定经差范围内的球面正形投影于圆柱体面,然后将圆柱体面沿着过南北极的母线剪开展平,即可获得 UTM 投影平面,如图 2.110 所示。投影后两条相割线没有变形。

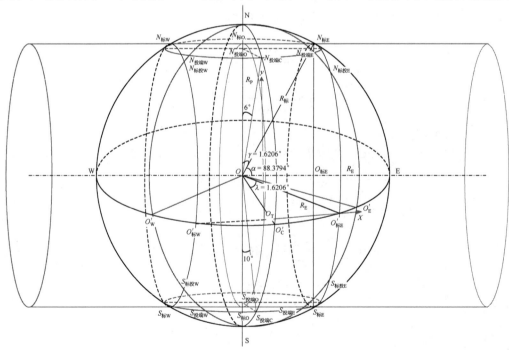

图 2.110　UTM 投影示意图

UTM 投影正解的公式如下：

$$X_N = \text{FN} + k_0 \left\{ M + N \tan B \left[\frac{A^2}{2} + (5 - T + 9C + 4C^2) \frac{A^4}{24} \right] + (61 - 58T + T^2 + 600T - 330e'^2) \frac{A^5}{720} \right\}$$

$$(2.29)$$

$$Y_E = \text{FE} + K_0 N \left[A + (1 - T + C) \frac{A^3}{6} + (5 - 18T + T^2 + 72C - 58e'^2) \frac{A^5}{120} \right] \quad (2.30)$$

式中：

$$T = \tan^2 B , \quad C = e'^2 \cos^2 B , \quad A = (L - L_0) \cos B$$

$$M = a \left[\left(1 - \frac{e^2}{4} - \frac{3e^4}{64} - \frac{5e^6}{256} \right) B - \left(\frac{3e^2}{8} + \frac{3e^4}{32} + \frac{45e^6}{1024} \right) \sin 2B + \left(\frac{15e^4}{256} + \frac{45e^6}{1024} \right) \sin 4B - \frac{35e^6}{3072} \sin 6B \right]$$

$$(2.31)$$

$$N = \frac{a}{\sqrt{1 - e^2 \sin^2 B}} = \frac{a^2/b}{\sqrt{1 - e'^2 \cos^2 B}} \quad (2.32)$$

以上转换公式基于椭圆体，其中 a 为椭圆体长半轴；b 为椭圆体短半轴；f 为扁率 $(a-b)/a$；e 为第一偏心率，$e = \sqrt{1 - (b-a)^2}$；e' 为第二偏心率，$e' = \sqrt{(a/b)^2 - 1}$；N 为卯酉圈曲率半径；B 为计算点纬度；L 为计算点经度；X_N 为纵直角坐标；Y_E 为横直角坐标；东纬偏移 $\text{FE} = 500000$ m；北纬偏移 FN 在北半球$=0$，FN 在南半球$=10000000$m；UTM 投影比例因子 $k_0 = 0.9996$。

2.11.2 实验目的

本实验可分为在线和离线两种模式，通过实验使学生掌握差分导航定位的基本原理、大地主题反算求解及 UTM 投影算法，从而实现基于差分导航的无人车的一次路径规划。

2.11.3 实验环境

1. 硬件设备

第 4 代旋风 4 座智能车 1 台：标配联适 RTK 导航设备 R60S。

2. 软件环境

Ubuntu 16.04。
ROS Kinetic。
PyQt5。

2.11.4 实验内容

本实验要求学生掌握导航规划的基本方法，主要内容如下。

将上个实验中差分定位系统解析采集的地图文件作为全局地图，然后根据无人车实时的当前位置与地图中的点进行坐标转换与匹配，采用导航地图路径规划算法进行规划，最终获得前方 10～30 米范围内的一次规划路径。

要求在学习上述实验内容的基础上，自行编写 Demo 软件，包括数据操作模块(可进行地图加载、绘制以及路径规划等操作)，数据显示模块(可显示车辆实时的定位数据，包括 RTK 状态、速度、航向角和规划路径的点数)，路径显示模块(可显示采集的全局地图路径和实时规划的前方一次路径)，实验指导模块(可显示实验指导书)。

2.11.5　实验步骤

本实验要求学生利用所掌握的无人车一次路径规划的基本算法，实现基于导航地图的无人车实时路径规划。从内容上，本实验可分为两部分：加载全局地图文件和基于导航地图的一次路径规划，总体系统框图如图 2.111 所示。

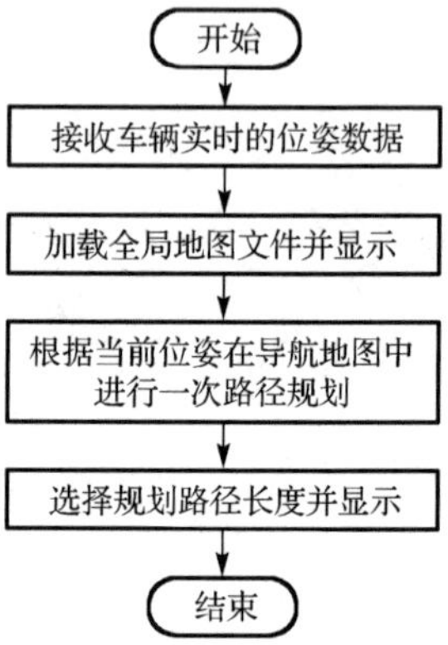

1. 加载全局地图文件

加载在差分定位系统解析实验中预先采集的全局地图文件，获取各个地图点的位置信息，示例代码如代码 2.28 所示。

图 2.111　总体系统框图

代码 2.28　加载全局地图文件

```cpp
int gpsplanner::loadmap(std::string routemap)        //加载全局地图文件
{
    xfpath_plan::globalpoints map_points;
    memset(&roadPoints, 0, sizeof(roadPoints));
    std::ifstream fin(routemap.c_str());
    std::string line, temp;
    while (getline(fin, line))
    {
        temp = "";
        xfpath_plan::sensorgps rp;
        memset(&rp, 0, sizeof(rp));
        int strnum = 0;
        xfpath_plan::globalpoint map_point;
        for (unsigned int i = 0; i < line.size(); ++i)    //获取地图点信息
        {
            if (line[i] == ',')
            {
                std::stringstream stream;
                stream << temp;
                switch (strnum)
                {
                    case 1:
                        stream >> rp.lon;               //地图点的经度
                        stream.str("");
                        temp = "";
                        break;
                    case 2:
```

```
            stream >> rp.lat;          //地图点的纬度
            stream.str("");
            temp = "";
            break;
        case 4:
            stream >> rp.mode1;        //地图点的道路属性
            rp.mode1 -= '0';
            stream.str("");
            temp = "";
            break;
        case 6:
            stream >> rp.status;       //地图点的 RTK 状态
            rp.status -= '0';
            stream.str("");
            temp = "";
            break;
            break;
        case 3:
            stream >> rp.heading;      //地图点的航向角
            stream.str("");
            temp = "";
            break;
        default:
            stream.str("");
            temp = "";
            break;
        }
        strnum++;
    }
    else
    {
        temp += line[i];
    }
}
map_point.lon=rp.lon;
map_point.lat=rp.lat;
roadPoints.push_back(rp);  //roadpoint 为保存的地图中的点
map_points.global_points.push_back(map_point);
}
fin.close();
pub_map.publish(map_points);  //将获取的地图中的点发送到界面上并显示
return roadPoints.size();
}
```

2. 基于导航地图的一次路径规划

根据车辆实时位置信息与全局地图进行匹配，并在找到正确匹配位置后规划出前方10~30米范围内的局部路径，示例代码如代码 2.29 所示。

代码 2.29　路径规划

```cpp
void gpsplanner::rasterization(sGpsPoint pt)//路径规划
{
    xfpath_plan::globalpoints path_points;
    xfpath_plan::globalpoints current_points;

    Point2D nowPosition = BLH2XYZ(pt.lat, pt.lon, 0);//当前点
    Point2D tempPosition,lasttempPosition;
    double distance;
    double distanceline = 0;
    double angle;
    double x;
    double y;
    bool flag = true;
    short pointx,pointy;
    short findpoint_goal = 0;
    short failfinfroad = 0;
    int dis = 30;       //左右 10 米，前方 30 米的路径
    for (unsigned int i = LastIndex; i < roadPoints.size(); ++i)
    //规划前方 20 米的路径
    {
        tempPosition =BLH2XYZ(roadPoints[i].lat, roadPoints[i].lon, 0);
        //地图中的点
        distance = getDist2(nowPosition, tempPosition);
        angle = getAngle(pt.lon, pt.lat, roadPoints[i].lon, roadPoints[i].lat);
        angle = 90-angle+pt.heading;  //角度之差，将航向角当做正前方
        if(findpoint_goal<3)
        //找到前三个点才认为找到了前方的路径，如果只找到一个点，其可能是噪点
        {
            x = distance * cos(angle * M_PI / 180.0);
            y = distance * sin(angle * M_PI / 180.0);
            if (fabs(x) <= 10 && y >= 0 && y <= dis && (fabs(pt.heading-
roadPoints[i].heading)>=290 || fabs(pt.heading-roadPoints[i].heading)<=70))
            {
                xfpath_plan::globalpoint current_point;
                LastIndex = i;
                if (flag)
                {
                    If (y > 2)
                        LastIndex = 0;
                    StartIndexRader = LastIndex;
                    flag = false;
                    findpoint_goal++;
                }
                else
                {
```

```
                findpoint_goal++;
                //send
                current_point.lon=roadPoints[i].lon;    //当前点的经度
                current_point.lat=roadPoints[i].lat;    //当前点的纬度
                current_points.global_points.push_back(current_point);
            }
        }//end if
    }//end if
    else if (findpoint_goal >= 3 && distanceline < plandis)
    //找到点后取前方20米处的点
    {
        xfpath_plan::globalpoint path_point;

        findpoint_goal++;
        //send
        path_point.lon = roadPoints[i].lon;    //地图点的经度
        path_point.lat = roadPoints[i].lat;    //地图点的纬度
        path_points.global_points.push_back(path_point);
        //distanceline
        if (findpoint_goal > 4)
        {
            Distanceline += getDist2(lasttempPosition, tempPosition);
            //规划路径的长度
            lasttempPosition = tempPosition;
        }
        else
        {
            lasttempPosition = tempPosition;
        }
    }//end else if
    else if (findpoint_goal >= 3 && distanceline >=30)
    {
        failfinfroad++;
        if (failfinfroad > 3)
        {
            failfinfroad = 0;
            break;
        }
    }//end else if
}//end for
if (current_points.global_points.size() > 0)
{
    pub_current.publish(current_points);
}
if (path_points.global_points.size() > 0)
{
    pub_path.publish(path_points);
```

```
        }
        LastIndex = StartIndexRader;                    //为下一次循环做准备
        if (LastIndex + 35 > roadPoints.size())
        {
            LastIndex = 0;
        }
        StartIndexRader = 0;
    }
```

2.11.6 实验结果与分析

本实验有 Demo 软件可供参考, 配合第 4 代旋风 4 座智能车和测试环境即可进行无人车实际路径规划和离线仿真运行与演示。软件环境安装与配置请参考本书 2.1.1 节 "ROS 环境安装及相关配置" 的相关内容。

1. 软件编译

执行下列命令进行软件编译:

```
% cd PathPlanning_Projection
% catkin_make
```

2. 运行 Demo 软件

执行下列命令运行 Demo 软件:

```
% cd PathPlanning_Projection
% source devel/setup.bash
```

在线运行命令如下:

```
% roslaunch xfpath_plan path_plan_online.launch
```

离线运行命令如下:

```
% roslaunch xfpath_plan path_plan_offline.launch
```

3. 软件操作说明

Demo 软件主界面如图 2.112 所示, 其中左侧为数据操作及显示区域, 可进行地图加载、绘制以及路径规划等操作, 数据显示区域可显示车辆实时的定位数据, 包括 RTK 状态、速度、航向角和规划路径点数。右侧为路径显示区域, 显示采集的全局地图路径及实时规划的前方一次路径。

在主界面中, 首先单击 "开始" 按钮, 然后单击 "加载地图" 按钮进行全局地图的加载, 显示所加载文件的路径, 单击 "绘制地图" 按钮进行地图路线的绘制, 如图 2.113 所示, 其中 global_path 表示预采集的全局路径。

选择规划路径距离, 然后单击 "路径规划" 按钮规划当前位置前方对应距离的局部路径。如图 2.114 所示, 其中 current_point 表示车辆实时位置, plan_path 表示规划的前方局部路径。

彩色图

图 2.112　Demo 软件主界面

彩色图

图 2.113　显示全局地图路线的绘制

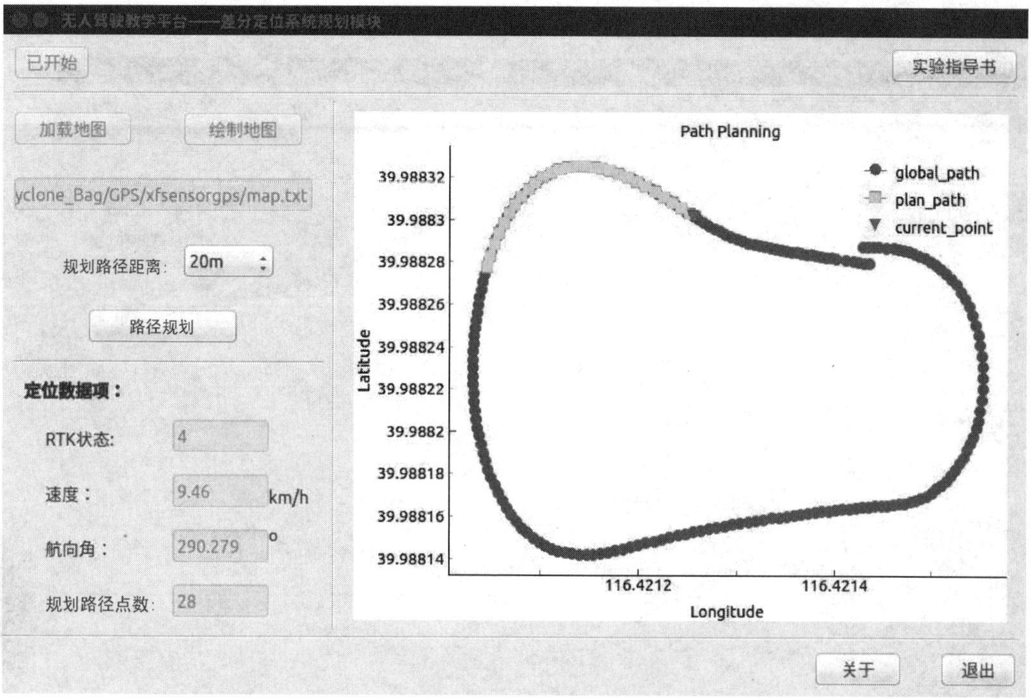

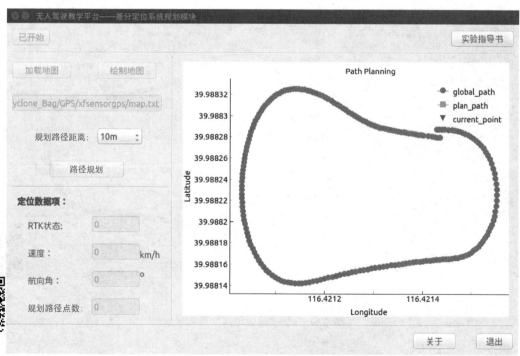

更换规划路径距离，再次单击"路径规划"按钮重新绘制局部路径，可以看到规划的前方路径和规划路径点数发生变化，如图 2.115 所示。

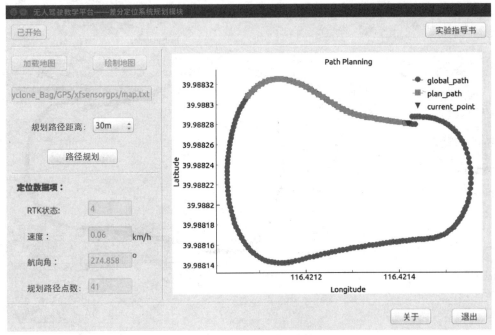

图 2.114　规划路径并显示

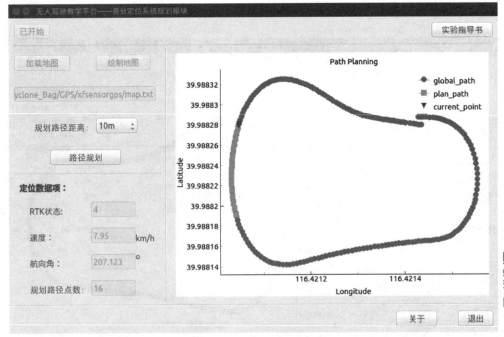

图 2.115　切换路径距离并重新规划

2.12 IMU 的安装与标定

2.12.1 实验背景与原理

1. IMU 基础知识

精确测量方向在很多领域中起着关键作用，包括航空航天、机器人、导航、人体运动分析和机器交互。虽然已经存在多种技术能够测量方位，但基于惯性的感知系统具有独特优点，其完全独立，测量实体既不受运动限制，也不受任何特定环境或位置的限制。IMU 的全称是 Inertial Measurement Unit，即惯性测量单元，通常由陀螺仪、加速度计和算法处理单元组成，通过对加速度和旋转角度的测量得出自身的运动轨迹。由传统的 IMU 与车身、GNSS 等信息融合的结果组合而成的系统称为广义的针对无人驾驶的 IMU。IMU 能够跟踪旋转和平移运动。为了进行三维测量，需要由三个相互正交的敏感轴组成三轴传感器，也称为自由度(DoF)。三轴陀螺仪和三轴加速度计集成的 IMU 称为 6DoF IMU。而包含三轴磁强计的 MARG(磁性，角速度和加速度)传感器是一种混合 IMU，也称为 9 轴 IMU(或者 9DoF IMU)。普通 6DoF IMU 只能测量相对于重力方向的姿态，但这对于许多应用来说是足够的。而 9DoF IMU 也称为 AHRS(姿态航向参考系统)，能够提供相对于重力方向和地球磁场方向的完整测量。在无人车复杂的工况中，IMU 以其超高的置信度和完全无须外部依赖的特性，以及强大的抗干扰能力，为无人车的定位系统提供最后一道安全保障。

2. IMU 实物介绍

本实验中所使用的低成本 IMU 实物如图 2.116 所示，其型号为深圳维特智能科技有限公司的 JY901(高精度 10 轴姿态角度传感器，带温度补偿)。

其参数特性如下。

(1)集成高精度的陀螺仪、加速度计和地磁场

图 2.116　IMU 实物

传感器，采用高性能的微处理器、先进的动力学解算以及卡尔曼动态滤波算法，能够快速求解出模块当前的实时运动姿态。

(2)采用先进的数字滤波技术，能够有效降低测量噪声，提高测量精度。

(3)模块内部集成姿态解算器，配合动态卡尔曼滤波算法，能够在动态环境下准确输出模块的当前姿态，姿态测量精度为 0.05°，稳定性极高。

(4)模块内部自带电压稳定电路，工作电压为 3.3～5V，引脚电平兼容 3.3V/5V 的嵌入式系统。

(5)支持串口和 IIC 两种数字接口，方便用户选择最佳的连接方式。串口速率 2400bps～921600bps 可调。

(6)数据输出频率最高为 200Hz，输入内容可以任意选择。

3．IMU 性能参数

电压：TTL（5V）。

电流：<40mA。

体积：55mm×36.8mm×24mm。

测量维度：加速度 3 维，角速度 3 维，磁场 3 维，角度 3 维。

量程：加速度±3g，角速度±2000°/s，角度 X、Z 轴±180°；Y 轴±90°。

稳定性：加速度 0.01g，角速度 0.05°/s。

测量误差：X、Y 轴 0.05°，Z 轴 1°（磁场校准正确，且没有被磁场干扰）。

数据输出内容：时间、加速度、角速度、角度、磁场、气压、高度。

4．通信方式

数据协议：串口通信协议。

数据接口：串口［TTL/RS232 电平，波特率支持 2400、4800、9600（默认）、19200、38400、57600、115200、230400、460800、921600bps］。

2.12.2 实验目的

本实验的目的是使学生掌握 IMU 设备的安装与标定方法，其标定所使用的软件在 Windows 系统下运行。

2.12.3 实验环境

1．硬件设备

计算机 1 台：CPU 采用 Intel i7 芯片、8GB 内存。

IMU1 个：型号 JY901。

USB 转串口模块 1 个：型号 CH340。

2．软件环境

Windows 10。

IMU 标定软件 MiniIMU。

2.12.4 实验内容

本实验要求学生完成 IMU 的安装与标定工作，具体实验内容如下：

（1）连接 IMU 与计算机。

（2）加速度计校准。

（3）磁场校准。

（4）高度置零。

（5）陀螺仪自动校准。

（6）设置通信波特率。

2.12.5 实验步骤

1. 连接设备

在本实验中，计算机使用 USB 转串口模块(CH340)通过串口和 IMU 模块(JY901)进行通信，IMU 模块的 VCC、TXD、RXD 和 GND 接口分别与 USB 转串口模块的 5V/3V3、RXD、TXD 和 GND 对应相接。注意 TXD 和 RXD 需要交叉相接，即 TXD 接 RXD，RXD 接 TXD，如图 2.117 所示。

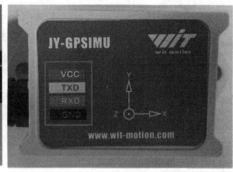

图 2.117 模块对应相接示意图

将 JY901 和计算机通过串口连接起来并水平放置，如图 2.118 所示，然后在计算机的设备管理器中查询对应的端口号，如图 2.119 所示。

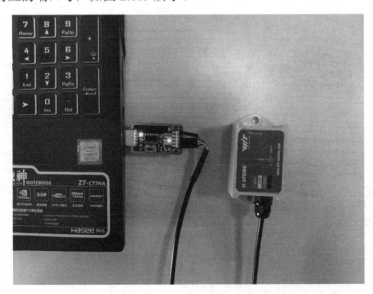

图 2.118 连接实物图

2. 启动标定软件

在所连接的计算机中打开 MiniIMU.exe 软件，波特率选择为 9600bps，端口号选择为图 2.119 中查询到的端口号(本例中为 COM10)。选择完成后，单击"打开"按钮，上位机软件上即可出现数据，如图 2.120 所示，软件界面中包括主界面、加速度、陀螺仪、角度、磁场、数据和原始数据 7 个选项卡。

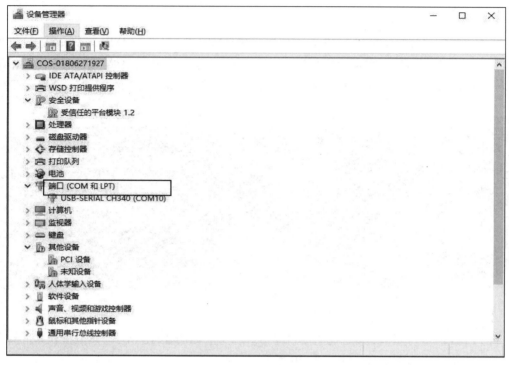

图 2.119　查询端口号

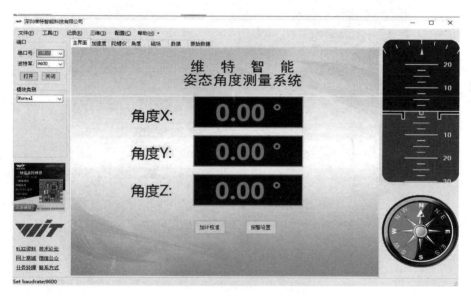

图 2.120　成功打开软件界面

3. 恢复出厂设置

在软件的主界面中选择"配置"菜单后，单击"恢复设置"按钮即可恢复出厂设置，如

图 2.121 所示。恢复出厂设置后，需对 IMU 重新上电。应用此方法需要提前知道模块的波特率，如果波特率不匹配，那么命令将无法生效。

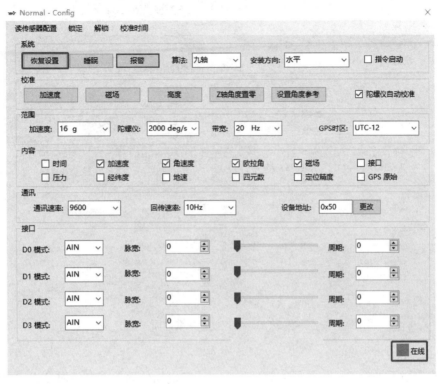

图 2.121　恢复出厂设置[①]

4. 校准

使用模块前，需要对模块进行校准。IMU 模块的校准包括加速度计校准和磁场校准。模块校准和配置需要在上位机配置栏右下角显示"在线"的状态下进行，如图 2.121 所示，若显示"离线"，则说明上位机没有控制到模块。

（1）加速度计校准

加速度计校准用于去除加速度计的零偏误差，传感器在出厂时都会有不同程度的零偏误差，需要手动进行校准后，测量才会准确。加速度计校准界面如图 2.122 所示。

● 首先将 IMU 模块正确连接到计算机上并保持水平静止，单击校准栏里的"加速度"按钮，会弹出一个"校准"窗口。

● 勾选"自动计算"选项，上位机会自动计算加速度零偏值，然后单击"写入参数"按钮。

单击上位机"数据"选项卡可以看到角度数据界面如图 2.123 所示。1～2 秒后模块加速度计三个轴向的值会分别在 0，0 和 1 左右，X 和 Y 轴角度在 0° 左右，校准后 X 和 Y 轴角度达到精确值。

注意：Z 轴水平静止时存在 $1g$ 的重力加速度。

---

① 软件截图中，"通讯"的正确写法应为"通信"。

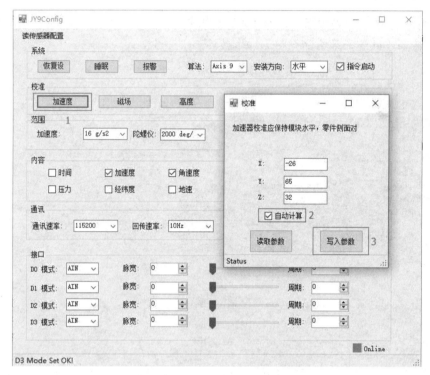

图 2.122　加速度计校准界面①

（2）磁场校准

磁场校准用于去除磁场传感器的零偏误差。通常磁场传感器在制造时会有较大的零偏误差，如果不进行校准，将会带来很大的测量误差，影响航向角 Z 轴角度测量的准确性。磁场校准界面如图 2.124 所示。

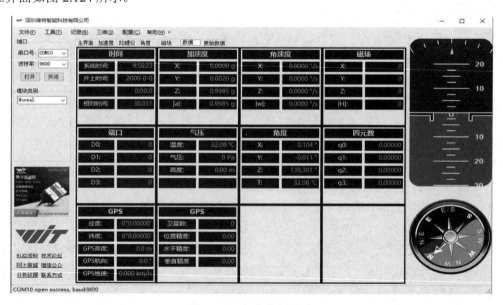

图 2.123　角度数据界面

---

① 软件截图中，"加速器"即为"加速度计"；X、Y、Z 对应 X 轴、Y 轴、Z 轴角度；窗口中部分文字由于显示区域有限未显示完全。

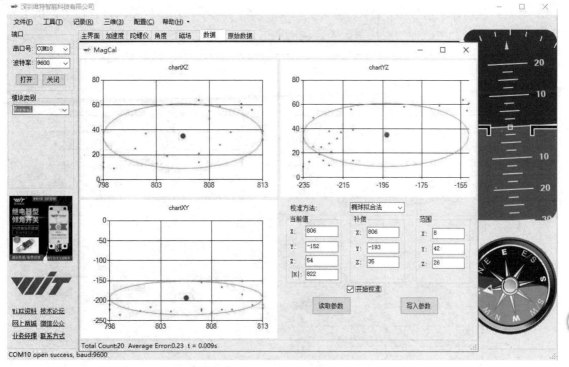

图 2.124　磁场校准界面

- 校准时，首先连接好 IMU 模块和计算机，将 IMU 模块放置于远离磁场干扰的地方（远离磁和铁等物质 20cm 以上），然后打开上位机软件。
- 单击校准栏下的"磁场"按钮，进入磁场校准模式，此时弹出 MagCal 窗口，在此窗口下勾选"开始校准"选项。
- 缓慢围绕三个轴转动模块，在三个平面内画点。可以多转几圈，等画出比较规则的椭圆后，再停止校准。校准完成后，单击"写入参数"按钮，完成磁场校准，如图 2.125 所示。

注意：数据点尽量在椭圆内侧，不能在椭圆外侧。如果不能画出椭圆，请远离磁场干扰，再参考校准视频，将 IMU 模块放在地球磁场南北轴线上缓慢转圈。

（3）高度置零

高度置零是对 IMU 模块输出的高度进行归零的操作。模块的输出高度是根据气压计算得到的，高度置零操作就是将当前气压值作为零高度位置气压值进行计算。操作方法是单击校准栏里的"高度"按钮。

（4）陀螺仪自动校准

陀螺仪自动校准是指校准角速度，传感器默认是进行校准的。只有在模块匀速旋转的情况下，才可以不进行陀螺仪的自动校准。

（5）设置通信波特率

IMU 模块支持多种波特率，默认波特率为 9600bps。模块波特率需要在软件与 IMU 模块正确连接的基础上设置，在通信栏里的"通信速率"下拉框中选择需要更改的波特率，如图 2.126 所示。

注意：波特率更改以后，IMU 模块在原来的波特率下不再输出数据，只有在上位机主界面中重新选择已经更改好的波特率后才会输出数据。

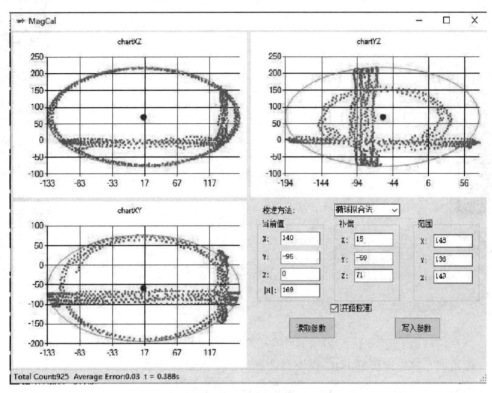

图 2.125　完成磁场校准

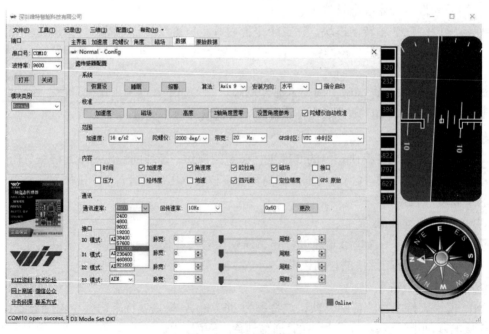

图 2.126　波特率选择

5. 安装方向

IMU 模块的默认安装方向为水平方向，Y 轴为运动正方向，Z 轴垂直指向地面。垂直安装时，需要将模块绕 X 轴旋转 $90°$ 后垂直放置，如图 2.127 所示。在系统栏里的"安装方向"下拉框中选择"垂直"选项，如图 2.128 所示。设置完成后需要进行校准才能安装使用。

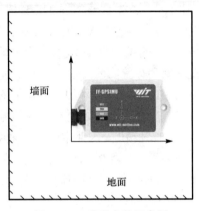

图 2.127　垂直安装示意图

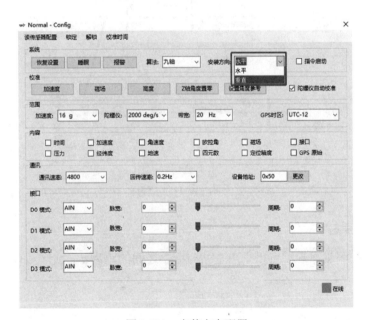

图 2.128　安装方向配置

▽ 2.13　UWB 的安装与测试

2.13.1　实验背景与原理

目前，在园区环境内，无人车的定位与导航通常依靠 GNSS+RTK 定位系统、惯性导航以及激光雷达等多传感器的融合定位方法，但在园区内的地下车库和仓库内等室内环境中，由于

GNSS 信号遮挡等原因会造成定位精度差甚至无法定位。在此背景下，为满足无人车在全天候和全方位的环境下实现高精度的自主定位，应在如地下车库和仓库等室内环境内安装 UWB(Ultra Wide Band，超宽带)定位系统，以解决高精度定位问题。该系统是一种依靠新型无线通信技术的测距定位系统，相较于 GNSS 定位系统，可以自主提供局部区域内的绝对坐标。

掌握 UWB 定位系统的使用方法，首先需要掌握 UWB 基站与标签之间的测距原理以及 UWB 定位系统的定位原理。本实验旨在讲述 UWB 的安装方法及其基本测距原理。UWB 定位系统通常使用 TOF(Time of Flight，时间飞行)测距技术，测距至少需要一个空间基站和一个标签(车载标签)，通过计算信号在基站和标签间的传输时间差来确定两者之间的相对距离，与全球定位系统中的伪距定位技术类似。TOF 测距技术的优点是不依赖于基站与标签的时间同步，因此没有时钟同步偏差带来的误差。TOF 测距技术通过发射信号与接收信号的时间差来确定基站和标签之间的距离，其时间取决于时钟精度。因此本课程中采用异步 TW-TOF(Two Way-Time of Flight，双向时间飞行)方法，其测量模型如图 2.129 所示。该方法不需要基站和标签通信双方的时间同步，根据数据交互产生的时间差，可以计算出基站和标签之间的距离，从而消除 TOF 测距技术中由于时钟精度偏移引起的误差。

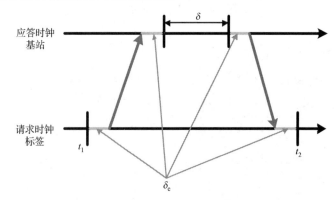

图 2.129　TW-TOF 测量模型

1. UWB 测距原理

根据 TW-TOF 测量原理，可以求出基站与标签之间的距离 $d_{\text{TW-TOF}}$，如式 (2.33) 所示。

$$d_{\text{TW-TOF}} = c\frac{t_2 - t_1 - \delta - \delta_{\text{e}}}{2} \tag{2.33}$$

其中，c 是电磁波在真空中传播速度的近似常数 $3 \times 10^8 \text{m/s}$。t_1 和 t_2 分别为请求时钟起始时刻和应答时钟终止时刻。δ 为响应时钟周期，一般为固定参数，δ_{e} 为总的系统时延(大多由温度和传播介质等因素决定)，其误差分布符合高斯白噪声 $N(0, Q)$ 分布。

由于环境的复杂性，UWB 在测距过程中经常存在由于障碍物遮挡等原因引起的 NLOS (Non Line of Sight，非视距)误差 d_{NLOS}，NLOS 误差呈现非高斯分布。基于 TW-TOF 测距模型的表达式如式 (2.34) 所示。

$$d_i = d_{\text{TW-TOF}} - d_{\text{NLOS}} \tag{2.34}$$

其中，d_i 表示标签距第 i 个基站的距离。

UWB 测距是一种基于信号类的测距方法，在测距过程中，由于系统误差和非视距误差的存在，不可避免地会产生测距误差。实验表明，在开阔无遮挡的环境下，UWB 测距误差一般小于 10cm。

2. UWB 产品介绍

本实验所使用的 UWB 产品是大连浩如科技有限公司开发的高精度实时定位系统 HR-RTLS，该系统由 ULM1 定位基站/标签一体化模块组成，集 UWB 超宽带通信、TW-TOF 测距和三边测距算法三大核心技术为一体，提供具有高稳定性和可靠性的测距定位开发套件。ULM 基站/标签一体化模块的参数如表 2.13 所示。

图 2.130 所示为 ULM1 基站/标签一体化模块，该模块是组成 HR-RTLS 定位系统的最小单元，可通过拨码开关配置为基站或标签。板上配有 OLED 显示器，可以实时显示与其他基站或标签的测距值。

表 2.13　ULM1 基站/标签一体化模块的参数

项　　目	参　　数
模块型号	ULM1
电源	DC5V（USB）
测距距离	50m
主控 MCU（微控制单元）	STM32F103.9
板载显示器	0.96 寸 OLED
模块尺寸	50mm×60mm
测距精度	10cm
工作温度	−20～80℃

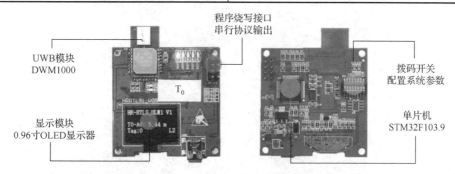

图 2.130　ULM1 基站/标签一体化模块示意图

整体 HR-RTLS 定位系统参数如表 2.14 所示。

表 2.14　整体 HR-RTLS 定位系统参数

项　　目	参　　数
系统型号	HR-RTLS1
定位精度	10cm
最大支持标签数	100 只
定位模式	TWR（双向测距）
定位范围	40m×40m

该定位系统是在 ULM1 测距模块的基础上组成的定位系统，由至少 3 个 UWB 基站(3 基站)和至少 1 个 UWB 标签(1 标签)组成。其中 UWB 基站为固定端，UWB 标签为移动端(基站和标签可以通过 ULM1 模块的拨码开关配置成不同的模式)。同时该定位系统采用 TW-TOF 测距方法，定位信息的获取采用三边定位算法。

HR-RTLS 定位系统拨码开关配置如表 2.15 所示。

表 2.15　HR-RTLS 定位系统拨码开关配置

ON/OFF	S1	S2(通信特征)	S3(发射功率)	S4(角色)	S5～S7(设备地址)	S8(卡尔曼滤波)
ON	预留	6.8M 15tags 150ms	30dBm	基站	000～111	开启
OFF	预留	110K 4tags 112ms	20dBm	标签		关闭

HR-RTLS 定位系统至少由 4 个 ULM1 模块组成，即 3 基站+1 标签。后续可以通过购买标签和基站实现该系统标签和基站的数量扩展。本实验 Demo 软件最大支持 4 基站+15 标签的 ULM1 模块。

注意：系统出厂时默认将通信特征设置为 110K 4tags 112ms，发射功率设置为 20dBm，并开启卡尔曼滤波。其中，20dBm 模式下的通信距离约为 35m，30dBm 模式下的通信距离约为 50m。

3. UWB 设备电气要求

UWB 基站套装如图 2.131 所示。

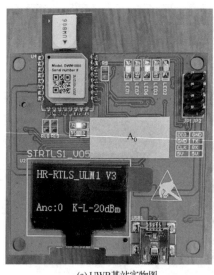

(a) UWB基站实物图　(c) USB供电设备

(b) UWB供电转接头

图 2.131　UWB 基站套装

UWB 基站的供电连接接口为 Mini-USB，其中 USB 端的供电要求为直流 5V/1A。UWB 基站可用充电宝供电，10000mAh、2A 输出的充电宝可维持基站不间断工作 24 小时。如果需要长时间供电，则需要使用 USB-5V 插头(普通手机 5V 充电头)供电。在本实验中，UWB 基站仅需在连接电源并检测正常工作后，按照后续 UWB 基站的安装教程在合适的位置安装即可。充电宝为 UWB 基站供电示意图如图 2.132 所示。

UWB 标签的供电连接接口同样为 Mini-USB，其中 USB 端的供电要求为直流 5V/1A。其供电方式可以根据使用状态分为两种：如果单纯用 UWB 标签测量与 UWB 基站之间的距离并在板载 OLED 上显示测距信息，则其供电方式和 UWB 基站的供电方式相同。如果要对 UWB 标签的测距信息进行采集并进行定位解算，则使用 USB 数据延长线连接工控机或者计算机的 USB 接口给 UWB 标签供电，同时进行数据接收。UWB 标签套装如图 2.133 所示。

图 2.132　充电宝为基站供电示意图

(a) UWB标签实物图

(b) UWB供电/数据转接头

(c) USB数据延长线

图 2.133　UWB 标签套装

注意：UWB 标签被安装在无人车上(或者一个固定高度的移动 PC 上)接收基站信息，属于信息的接收端，故其供电和数据传输共用一个 Mini-USB 接口，接口为标准 USB 接口，通信协议为 USB 串口通信协议。

接口线序定义如下。

1：VCC(5V)。

2：USB_D−。

3：USB_D+。

4：悬空。

5：GND。

UWB 标签数据输出为 USB 串口输出，可以通过 USB 串口方式读取。

串口设置如下。

校验位：无。

数据位：8bit。

停止位：1bit。

波特率：115200bps。

显示模式：字符显示。

UWB 标签供电与数据传输安装示意图如图 2.134 所示。

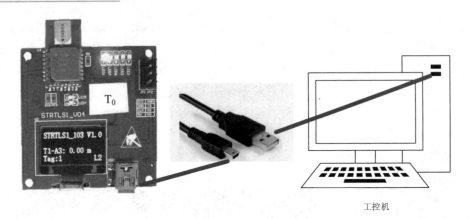

图 2.134　UWB 标签供电与数据传输安装示意图

2.13.2　实验目的

通过本实验的练习，使学生初步掌握 UWB 设备的测距原理，掌握 UWB 自身参数设置方法，并在合适的室内环境下设计 UWB 的安装、测试方法，然后验证安装效果。

2.13.3　实验环境

1．硬件设备

计算机 1 台：CPU 酷睿 i5 及以上，内存 8GB 及以上。

激光测距仪或卷尺。

UWB 设备(大连浩如 ULM1 定位基站/标签一体化模块 5 个)。

2．软件环境

Windows 10。

Excel / MATLAB(用于校正数据)。

2.13.4　实验内容

本实验的具体实验内容如下：

(1)UWB 设备测距原理的理解。

(2)设计 UWB 设备测试方案并完成 UWB 设备的安装和测试。

2.13.5　实验步骤

1．UWB 标签与基站安装要求

UWB 标签安装要求如下。

相比于 UWB 基站的安装，UWB 标签的安装相对简单。UWB 标签的安装位置主要是移

动的无人车或者其他移动的需要获取位置信息的物体上。安装方式主要考虑其信号接收的可靠性与稳定性，即天线安装的位置与朝向。当 UWB 标签安装在无人车内部时（推荐安装在无人车外部），应尽量避免导电材料的包裹，与导电材料的间距应大于 10cm。最理想的安装方式是安装在无人车外部，并且天线朝向天花板所在平面，即竖直朝上。UWB 基站与标签模块天线如图 2.135 所示。

UWB 基站安装要求如下。

UWB 基站呈三角形布置，每个房间最少布置 3 个，尽量不要遮挡（遮挡会导致非视距误差），如图 2.136 所示。在实验中，以 4 个基站的安装为例，在定位算法上与使用 3 个基站的方案一致。采用 4 个基站的优点是可以做传感器冗余和多次计算，从而减小误差。

图 2.135　UWB 基站与标签模块天线

注意：UWB 基站与 UWB 标签之间应尽量存在高度差，一般情况下高度差在 1～2m 时 [图 2.136(b) 中，$1m \leqslant l_1 \leqslant 2m$] 效果较好。UWB 基站安装后应避免周围有导电材料，若有导电材料在基站周围，应将基站与导电材料隔开 10cm 以上。

UWB 基站安装时应将天线朝向无人车运动所在平面：

● 若无人车在地板上工作，基站挂在无人车上方墙壁或天花板上（基站高于无人车），则天线朝向地板所在平面。

● 若无人车在地板上工作，基站安装位置和无人车等高或者低于无人车，则天线朝向天花板所在平面。

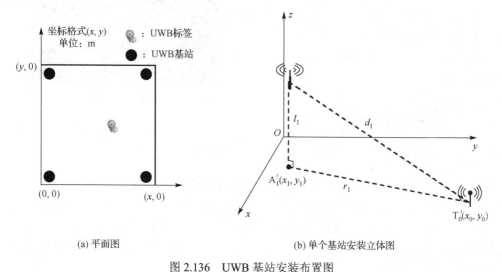

(a) 平面图　　　　　　　　　　　　(b) 单个基站安装立体图

图 2.136　UWB 基站安装布置图

2．UWB 设备的安装与测试流程

在掌握 UWB 标签和 UWB 基站的安装要求后，便可以根据以下步骤进行 UWB 设备的安装和测试。

● 首先寻找合适的实验场地，测量实验场地尺寸并绘制实验场地的平面图。使用激光测距仪对室内环境进行场景测量，并使用绘图软件将地图按照比例记录存档，如图 2.136(a) 所示。注意在记录地图大小时应多次测量，避免存在测量误差。

- 然后根据实验场地的特点以及 UWB 基站信号覆盖特点，记录适合安装 UWB 基站的空间坐标，格式为基站 $A_0(x_0, y_0, z_0)$，$A_1(x_1, y_1, z_1)$，$A_2(x_2, y_2, z_2)$，$A_3(x_3, y_3, z_3)$。
- 再将 UWB 基站用支架或者双面胶粘贴在之前记录的安装位置上。UWB 基站上的标号 $A_0 \sim A_3$ 与测量所得的安装位置 $A_0 \sim A_3$ 对应，同时接通电源以便测试。
- 安装好 UWB 基站后，便可以在 UWB 基站信号覆盖的区域中，根据实际情况使用 UWB 标签进行测试(可手持或者安装在无人车上)，此时只需满足其供电功能即可。
- 在上述步骤完成后，仔细观察 UWB 基站和 UWB 标签的电源状态，如果指示灯正常，且板载 OLED 显示正常，则进行下一项操作；如果显示不正常，则检查系统的电源是否完好。
- 在 UWB 设备供电正常的基础上，观察 UWB 标签板载 OLED 上的测距信息，如图 2.137 所示，标签 T_0 距离基站 A_0 的距离为 1.55m。以此类推，记录 T_0 与 A_1、A_2、A_3 之间的距离信息。
- 使用激光测距仪或卷尺测量实际上 UWB 标签与各个 UWB 基站之间的直线距离，并记录实际的测距信息。
- 对比 UWB 设备测量的距离信息与实际测量的距离信息，如果在视距环境(无遮挡环境)下距离的绝对误差≤10cm，则安装成功且不需要校正。如果距离的绝对误差>10cm，则需要根据实际情况进行校正，校正方式请参考 2.13.6 节"实验内容扩展"中的 UWB 定位系统校正。

测试无误后，UWB 定位系统的安装与测试至此完成。

图 2.137　UWB 标签板载 OLED 上的测距信息

2.13.6　实验内容扩展

UWB 定位系统校正

在正常的使用中，UWB 测量的距离值与实际测量的距离值之间的绝对误差在 10cm 以内是正常的，但是由于使用的现场环境不同，受到经纬度、空气质量、环境温度和海拔等因素的影响，会导致测距误差增大。所以在首次使用的过程中，必要时需要对模块进行校正。通常只需要在 UWB 定位设备安装的现场进行一次校正，通过 1 个基站和 1 个标签的测距，得到修正后的数据即可。

具体流程如下：

- 设定至少 20 组(根据实际情况可以增加测试点)待测数据。将实际距离设置为 1000~20000mm，以 1000mm 为步长进行测量，共测量 20 组。
- 固定 UWB 基站的位置为 0mm(起始位置)，将 UWB 标签分别移动到设置好的 20 组测量点上，水平测量 UWB 标签与 UWB 基站之间的距离，并记录对应的数值。

- 将两组数据进行数据拟合并生成拟合公式。拟合公式根据实际情况自行选择，图 2.138 所示是使用线性方程 $y=0.9972x-613.42$ 进行拟合的结果。拟合工具可以选择 MATLAB 或者 Excel 软件。

- 将拟合的方程应用于 UWB 测距代码中。修改代码，主要修改的是最终的测距结果。将 UWB 原始测距结果代入方程中，输出的测距结果即为校正后的测距信息。

- 代码修改分为硬件端测距代码的修改和软件端测距代码的修改两部分。由于 2.14 节将介绍的 UWB 三边定位解析算法的实验平台为 Ubuntu 16.04，其接收 UWB 串口数据并进行 UWB 定位系统的位置解算，因此推荐读者将测距的校正方程代码添加到 2.14 节的 UWB 数据解析部分。

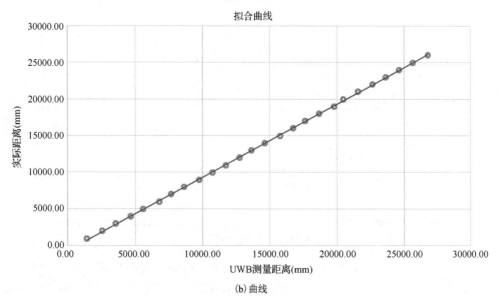

UWB测量距离	实际距离
1390.00	1000.00
2550.00	2000.00
3540.00	3000.00
4660.00	4000.00
5570.00	5000.00
6780.00	6000.00
7670.00	7000.00
8620.00	8000.00
9750.00	9000.00
10750.00	10000.00
11740.00	11000.00
12770.00	12000.00
13650.00	13000.00
14650.00	14000.00
15780.00	15000.00
16750.00	16000.00
17650.00	17000.00
18660.00	18000.00
19780.00	19000.00
20460.00	20000.00
21550.00	21000.00
22600.00	22000.00
23600.00	23000.00
24610.00	24000.00
25660.00	25000.00
26800.00	26000.00

(a) 数据（单位：mm）

(b) 曲线

图 2.138　线性方程拟合结果图

注意：如果熟悉单片机编程，读者可以尝试在 UWB 标签的 MCU（微控制单元）中添加校正代码，有需要的读者可以参考产品手册进行修改。

2.14 UWB 的数据解析及定位

2.14.1 实验背景与原理

完成上述 UWB 设备安装与测试实验后，读者便掌握了 UWB 定位系统的基本工作原理以及如何搭建一个 UWB 室内定位系统，从而实现无人车在室内环境下的 UWB 定位功能。

但是想要实现利用 UWB 定位系统对无人车位置信息进行获取，只完成 UWB 测距以及 UWB 定位系统的安装是无法满足要求的，后续还需要用无人车的车载工控机去获取 UWB 标签的数据，并完成三边定位算法，才能最终获得车辆的位置信息。接下来的内容将讲述如何用 UWB 标签通过串口通信的方式获取 UWB 设备的测距信息，并对 UWB 标签传输的数据进行解析，进而使用 UWB 设备的测距信息完成三边定位算法。

本实验内容涉及 Ubuntu 16.04 操作系统下 ROS 机器人操作系统的串口数据接收与解析，以及 UWB 三边定位算法的实现。

UWB 平面定位是指利用至少 3 个固定位置的 UWB 基站和 1 个 UWB 移动标签来实现 UWB 标签的定位。已知 UWB 基站的坐标，测得 UWB 标签到 UWB 基站距离后，通过三点定位法画 3 个圆，交点即 UWB 定位标签的位置，如图 2.139 所示。

注意：原理说明中使用 3 个 UWB 基站的定位系统，本实验实际采用 4 个 UWB 基站，以提高系统的鲁棒性和定位精度。

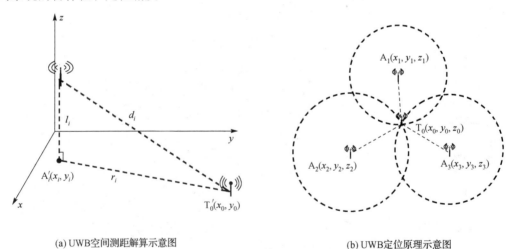

(a) UWB空间测距解算示意图   (b) UWB定位原理示意图

图 2.139 UWB 定位原理

如图 2.139(a) 所示，$r_i = \sqrt{d_i^2 - l_i^2}$，$i = 1,2,3$，其中，$d_i$ 表示 UWB 标签与第 i 个 UWB 基站之间的测量距离，l_i 表示 UWB 基站 z 轴坐标与 UWB 标签 z 轴坐标之间的距离值，即 $z_i - z_0$。

如图 2.139(b) 所示，UWB 基站的坐标分别为 $A_1(x_1, y_1, z_1), A_2(x_2, y_2, z_2), A_3(x_3, y_3, z_3)$，基站 A_1, A_2, A_3 在安装部署时位置固定且坐标已知，所求 UWB 定位标签的坐标为 $T_0(x_0, y_0, z_0)$，

其中 z_0 为已知标签高度。设定 r_1, r_2, r_3 分别为 3 个 UWB 基站与 UWB 定位标签 T_0 之间通过信号传播时间计算出的相对距离，d_1, d_2, d_3 分别为 A_1 到 T_0、A_2 到 T_0 以及 A_3 到 T_0 的测量距离，每个 UWB 基站以相对距离为半径画 1 个圆形轨迹。利用 3 个圆形轨迹方程能够计算出唯一的交点，计算公式如式 (2.35) 所示。

$$
\begin{cases}
\sqrt{(x_0 - x_1)^2 + (y_0 - y_1)^2} = r_1 \\
\sqrt{(x_0 - x_2)^2 + (y_0 - y_2)^2} = r_2 \\
\sqrt{(x_0 - x_3)^2 + (y_0 - y_3)^2} = r_3
\end{cases}
\tag{2.35}
$$

最后由式 (2.36) 可以求解出 T_0 在二维平面上的坐标 (x_0, y_0)：

$$
\begin{bmatrix} x_0 \\ y_0 \end{bmatrix} =
\begin{bmatrix} 2(x_1 - x_3) & 2(y_1 - y_3) \\ 2(x_2 - x_3) & 2(y_2 - y_3) \end{bmatrix}^{-1}
\begin{bmatrix} x_1^2 - x_3^2 + y_1^2 - y_3^2 + r_3 - r_1 \\ x_2^2 - x_3^2 + y_2^2 - y_3^2 + r_3 - r_2 \end{bmatrix}
\tag{2.36}
$$

至此，已经完成对 UWB 定位系统的测距和定位原理的基本介绍。根据其原理，接下来需要在完成 UWB 设备的安装与测试的基础上，将 UWB 解算所得的位置信息提供给无人车进行定位与导航。

2.14.2 实验目的

通过本实验的练习，使学生初步完成以下任务。

(1) 熟悉并掌握 UWB 设备的定位原理。

(2) 掌握三边定位算法原理，并用该算法进行 UWB 定位解算。

(3) 掌握 ROS 操作系统下 UWB 定位系统的三边定位算法。

2.14.3 实验环境

1. 硬件设备

计算机 1 台：CPU 酷睿 i5 及以上，内存 8GB 及以上。

UWB 设备 (大连浩如 ULM1 定位基站/标签一体化模块 55 个)。

2. 软件环境

Ubuntu 16.04。

ROS Kinetic。

PyCharm。

PyQt5。

2.14.4 实验内容

本实验要求学生在搭建好的 UWB 测试系统中，完成 UWB 数据的解析并实现定位，具体实验内容如下。

(1) UWB 原始数据的串口接收。

（2）UWB 原始数据的解析。

（3）UWB 三边定位算法的实现。

要求在完成上述实验内容的基础上，自行编写 Demo 软件，包括但不限于以下模块：参数设置模块（UWB 串口通信的端口选择以及串口通信波特率选择），UWB 基站信息配置模块（输入安装时测量所得的 UWB 基站位置），标签信息显示模块（测距信息和 UWB 标签位置信息的数据显示），图形化显示模块（图形化显示当前 UWB 标签与基站之间的位置关系）和实验指导模块（显示实验指导书）。

2.14.5 实验步骤

本实验完成 ROS 操作系统下 UWB 数据接收与解析、UWB 三边定位算法的实现以及基于 PyQt5 开发界面程序。在 UWB 定位系统的二次开发中，解析部分可以参考本实验中的解析逻辑。整体实验包含两部分内容，第一部分为 ROS 操作系统下 UWB 原始数据的接收解析以及三边定位算法的实现，第二部分为用 PyQt5 编写界面程序，用于直观感受 UWB 定位信息的获取。

1. 串口通信相关配置

本实验中的数据接收部分采用 ROS 串口通信库实现，并且在接收数据前确保串口驱动安装完成，且串口权限开放。

（1）安装 ROS 串口通信库

ROS 串口通信库是基于 ROS 操作系统的串口通信基本库，有常用的串口配置和数据接收与数据发送接口，非常适合初学者使用。安装方法是在 ROS 操作系统安装完成的基础上进行接口添加。本实验使用的 ROS 为 Kinetic 版本，ROS 串口通信库安装方法是在 Ubuntu 终端中输入命令：

```
sudo apt-get install ros-kinetic-serial
```

结果如图 2.140 所示。

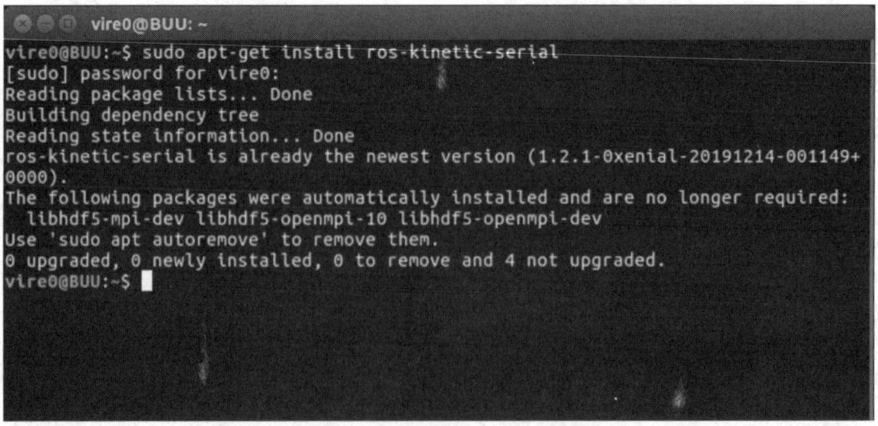

图 2.140 安装 ROS 串口通信库

（2）添加 UWB 串口工作权限

在添加 UWB 串口工作权限前，首先需要将 UWB 标签的串口数据发送端通过 USB 传输线与工控机的 USB 接口相连，并且检查串口驱动是否正常。本实验使用 Ubuntu 16.04 操作系统，系统默认装有串口驱动，UWB 可以直接连接使用。检查方法为在 Ubuntu 终端中输入命令：

```
ls -l /dev |grep ttyUSB
```

然后按回车键查看是否有 UWB 串口设备存在。如图 2.141 所示，ttyUSB0 设备即为 UWB 串口设备。连接好设备后，还需要给 UWB 串口提供对应的操作权限，工控机才能正常接收 UWB 串口数据。添加方法为在 Ubuntu 终端中输入命令：

```
sudo chmod 777 /dev/ttyUSB0
```

然后按回车键输入密码，提供权限。

注意：用此方法进行串口工作权限的添加，每次插拔 UWB 设备时都需要重新授权。

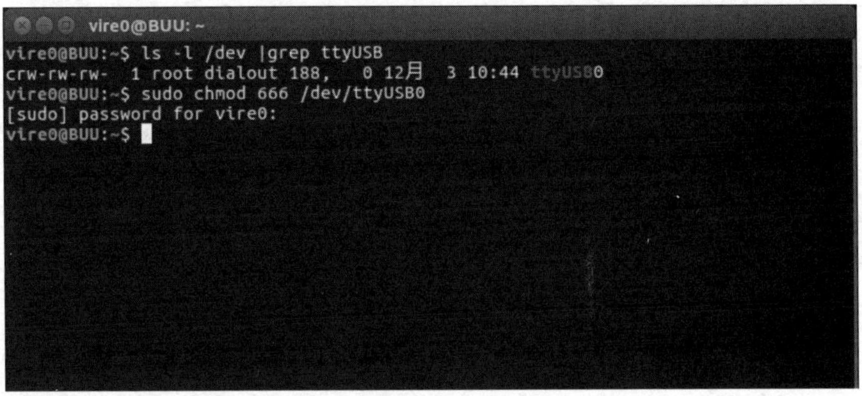

图 2.141　添加串口工作权限

2. UWB 数据的接收与解析

（1）UWB 数据的接收

在完成上述基本配置后，接下来需要实现 UWB 数据的接收。数据的接收需要使用 ROS 串口通信库来实现。

● 步骤 1：创建 ROS 工程。

在工程的 src 目录下创建串口接收程序，创建名为 uwb_serial_node.cpp 的源文件。

● 步骤 2：导入相关头文件，如代码 2.30 所示。

代码 2.30　导入相关头文件

```
#include <serial/serial.h>       //串口 serial 库头文件
#include <std_msgs/string.h>     //消息类型为 string 的头文件
```

在文件中导入相关头文件，包括串口 serial 库的头文件以及消息类型为 string 的头文件。本实验采用字符串消息类型作为接收类型，故采用 string 类型的消息文件。

● 步骤 3：实例化一个串口对象，如代码 2.31 所示。

代码 2.31　实例化一个串口对象

```
//创建一个 serial 类对象
serial::Serial ser;
```

使用 ROS 串口通信库进行串口数据的接收，需要先实例化一个串口对象，用于调用串口类中的函数，从而完成数据的接收。

● 步骤 4：串口配置，如代码 2.32 所示。

在串口配置步骤中，根据串口通信的特点配置端口号，即 UWB 串口设备对应的工控机端的设备名称，本实验的端口号为 "/dev/ttyUSB0"。与此同时，还需要满足两端的通信波特率，由于 UWB 标签设备的串口通信波特率为 115200bps，因此工控机的串口通信波特率也需要设置为 115200bps。除此之外，在一般的串口通信中，还需要配置通信超时以及异常检测功能，最后打开串口进行串口通信。

代码 2.32　串口配置

```
try{
    ser.setPort("/dev/ttyUSB0");        //设置要打开的串口名称
    ser.setBaudrate(115200);            //设置串口通信的波特率
    serial::Timeout to = serial::Timeout::simpleTimeout(1000);
                                        //创建串口通信超时
    ser.setTimeout(to);                 //设置串口通信 timeout 超时
    ser.open();                         //打开串口
}
catch (serial::IOException& e){         //捕获异常并给出提示
    ROS_ERROR_STREAM("Unable to open port ");
    return -1;
}
if(ser.isOpen()){                       //判断串口是否正常打开
    ROS_INFO_STREAM("Serial Port initialized");
}else{
    return -1;
}
```

● 步骤 5：完成数据接收，如代码 2.33 所示。

代码 2.33　数据接收

```
if(ser.waitReadable ())                          //等待一帧数据接收完的信号
{
    ROS_INFO_STREAM("Reading from UWB");   //输出调试信息，提示读取到 UWB 数据
    std_msgs::String result;                //保存读取数据初始化
    result.data = ser.readline();           //读取一帧数据并赋值
    ROS_INFO_STREAM("Read: " << result.data);   //控制台打印接收的数据
}
```

在串口数据接收阶段，需要给待接收的数据提供一个存储空间，并判断数据是否存在以及是否完成一帧数据的接收，从而最终完成串口数据接收，并用于后续的数据解析以及 UWB 三边定位算法的实现。

(2)UWB 数据的解析

对串口接收到的数据，只有根据对应的协议进行解析，才能让工控机理解接收到的数据

的含义，从而为 UWB 三边定位算法提供可靠的测量数据。

● 步骤 1：UWB 串口通信协议解析。

UWB 串口数据的消息类型为字符串类型，例如：mc 0f 00000663 000005a3 00000512 000004cb 095f c1 0 t0:0，该字符串的说明如表 2.16 所示。

注意：在从标签 T_0 处读取数据时，接收方式是交替接收两种格式的数据。第一种数据为上述串口通信协议数据，第二种数据为"$T0,1.55,2.33,2.13,4.31"格式的数据，其中，$T0 表示帧头，1.55 表示 RANGE0（单位：m），以此类推。其特点为直观，但测距精度没有第一种协议高。在三边定位算法的实现中，本实验采用第一种数据作为 UWB 三边定位算法的输入数据。

表 2.16　串口通信协议说明

内　容	例　子	功　　能
HEAD	mc	消息头，固定为 mc
MASK	0f	表示 4 个测距值中哪几个是有效的；例如，mask=0x07(0000 0111)表示 RANGE0,1,2 有效
RANGE0	00000663	标签到基站 A_0 的距离（字符串 HEX 格式），单位：mm
RANGE1	000005a3	标签到基站 A_1 的距离（字符串 HEX 格式），单位：mm
RANGE2	00000512	标签到基站 A_2 的距离（字符串 HEX 格式），单位：mm
RANGE3	000004cb	标签到基站 A_3 的距离（字符串 HEX 格式），单位：mm
NRANGES	095f	消息流水，不断累积增加
RSEQ	c1	Range number，不断累积增加
DEBUG	0	预留，调试用
rIDt:IDa	t0:0	r 为当前角色，a 为基站，t 为标签，IDt 为标签地址，IDa 为基站地址

● 步骤 2：根据 UWB 串口通信协议，依次解析获取的数据。

在三边定位算法中，只需要知道各基站到标签 T_0 之间的距离以及有效的基站数量即可，即上述协议中的 RANGE0～RANGE3 和 MASK。基于此背景，只需要判断这一帧数据的帧头是否满足 HEAD 所表示的数据，即可依次根据数据位置进行数据的解析，具体操作包括字符串的分割和写入等。因此，首先需要导入 string 库（包含字符串分割和写入等方法），如代码 2.34 所示。

代码 2.34　导入 string 库

```
#include <string.h>          //导入 string 相关头文件
#include <string>
```

接下来，根据协议逐步解析，首先判断帧头是否为 mc，若帧头为 mc，则其是需要解析的数据帧。然后对此数据帧分别提取 MASK 和 RANGE0～RANGE3 等数据，如代码 2.35 所示。

代码 2.35　协议解析

```
std::string dataStr;              //存放接收的数据
std::string dataTemp;             //存放待解析的数据
std::string mask, range[4];       //存放解析好的数据
char maskStr[3],rangeStr[4][9];   //缓存变量
dataStr = msg->data.data();       //复制原始数据到 string 类型变量中，便于后期处理
std::string dataHead = dataStr.substr(0,2); //分割字符串，将帧头提取出来
if(dataHead == "mc")              //判断帧头是否为"mc"
```

```
{
    int result;                    //存放定位状态数据
    int count = 4;                 //存放基站 anc 数量
    int ancNum,ancTotag[4];        //最终可解析的数据,ancTotag[4]存放基站到标签的距离

    dataTemp = dataStr;            //将符合帧头为"mc"的数据存储到 dataTemp 中

    mask = dataTemp.substr(3,2);      //分割字符串,提取掩码数据
    strcpy(maskStr,mask.data());      //复制数据到 char*类型变量中
    sscanf(maskStr,"%x",&ancNum);     //解析掩码并存成 int 型变量

    range[0] = dataTemp.substr(6,8);     //分割字符串,提取 anc0-tag0 距离值
    strcpy(rangeStr[0],range[0].data());//复制数据到 char*类型变量中
    sscanf(rangeStr[0],"%x",&ancTotag[0]); //解析 anc0 到 tag0 的距离并存成 int 型变量

    range[1] = dataTemp.substr(15,8);    //分割字符串,提取 anc1-tag0 距离值
    strcpy(rangeStr[1],range[1].data());//复制数据到 char*类型变量中
    sscanf(rangeStr[1],"%x",&ancTotag[1]);//解析 anc1 到 tag0 的距离并存成 int 型变量

    range[2] = dataTemp.substr(24,8);    //分割字符串,提取 anc2-tag0 距离值
    strcpy(rangeStr[2],range[2].data());//复制数据到 char*类型变量中
    sscanf(rangeStr[2],"%x",&ancTotag[2]);//解析 anc2 到 tag0 的距离并存成 int 型变量

    range[3] = dataTemp.substr(33,8);    //分割字符串,提取 anc3-tag0 距离值
    strcpy(rangeStr[3],range[3].data());//复制数据到 char*类型变量中
    sscanf(rangeStr[3],"%x",&ancTotag[3]); //解析 anc3 到 tag0 的距离并存成 int 型变量
}
```

至此，UWB 三边定位算法所需要的各 UWB 基站与 UWB 标签之间的距离已经通过协议解析完成。

3. UWB 三边定位算法的实现

三边定位算法的原理已经在 2.14.1 节中介绍过了，故此处不再赘述。此处提供算法的具体实现步骤以供读者参考。

● 步骤 1：根据 UWB 基站的安装位置提供对应基站基于地图的坐标，如代码 2.36 所示。

代码 2.36　地图坐标

```
vec3d anchorArray[4];    //声明 4 个基站坐标的变量
//根据实际情况赋值基站坐标
_ancArray[0].x = 0.000; //anchor0.x uint:m
_ancArray[0].y = 0.000; //anchor0.y uint:m
_ancArray[0].z = 2.000; //anchor0.z uint:m

_ancArray[1].x = 0.000; //anchor1.x uint:m
_ancArray[1].y = 5.000; //anchor1.y uint:m
_ancArray[1].z = 2.000; //anchor1.z uint:m
```

```
_ancArray[2].x = 5.000; //anchor2.x uint:m
_ancArray[2].y = 5.000; //anchor2.y uint:m
_ancArray[2].z = 2.000; //anchor2.z uint:m

_ancArray[3].x = 5.000; //anchor3.x uint:m
_ancArray[3].y = 0.000; //anchor3.y uint:m
_ancArray[3].z = 2.000; //anchor3.z uint:m
```

UWB 基站安装在一个 5m×5m 空间的 4 个顶点上，且高度为 2m。此时，根据已知的 UWB 基站位置信息以及各 UWB 基站与 UWB 标签的距离值，可以通过三边定位算法进行解算，具体的代码将在 Demo 软件中体现。

● 步骤 2：使用三边定位算法求解 UWB 标签位置，如代码 2.37 所示。

代码 2.37　三边定位算法求解

```
int result = 0;            //定位状态返回值
vec3d report;             //UWB 标签定位坐标
int Range_deca[4];        //UWB 标签和 4 个基站之间的测量距离
//以下赋值为实际 UWB 标签和基站之间的测距值
Range_deca[0] = 5784;     //tag to A0 distance uint:mm
Range_deca[1] = 7021;     //tag to A1 distance uint:mm
Range_deca[2] = 5995;     //tag to A2 distance uint:mm
Range_deca[3] = 2000;     //tag to A3 distance uint:mm
//GetLocation(vec3d *solution,int use4thAnchor,vec3d* ancArray,int *disArray)
//vec3d *solution 表示定位解算向量值
//int use4thAnchor 表示是否用 4 个基站，原理上使用 3 个基站便可以进行定位解算
//vec3d *ancArray 表示当前 4 个基站的坐标向量
//int *disarray 表示当前标签距离 4 个基站的距离
result = GetLocation(&report, 1, &anchorArray[0], &Range_deca[0]);
//定位解算
//打印结果
printf("result = %d\r\n",result);
printf("tag.x=%.3f\ntag.y=%.3f\ntag.z=%.3f\n",report.x,report.y,report.z);
```

注意：GetLocation 函数的实现在 Demo 软件中体现。

2.14.6　实验结果与分析

本实验提供实现 UWB 定位解算的 Demo 软件，软件环境安装与配置请参考本书 2.1.1 节 "ROS 环境安装及相关配置"的相关内容。

1. 软件编译与运行

打开工程并编译软件，具体命令如下：

```
#打开用户目录控制台终端程序，根据实际情况找到工程目录
cd ~/xfxiaoAI_UWB_test/        #打开工程目录 xfxiaoAI_UWB_test
catkin_make                    #编译工程
```

编译成功的状态如图 2.142 所示。

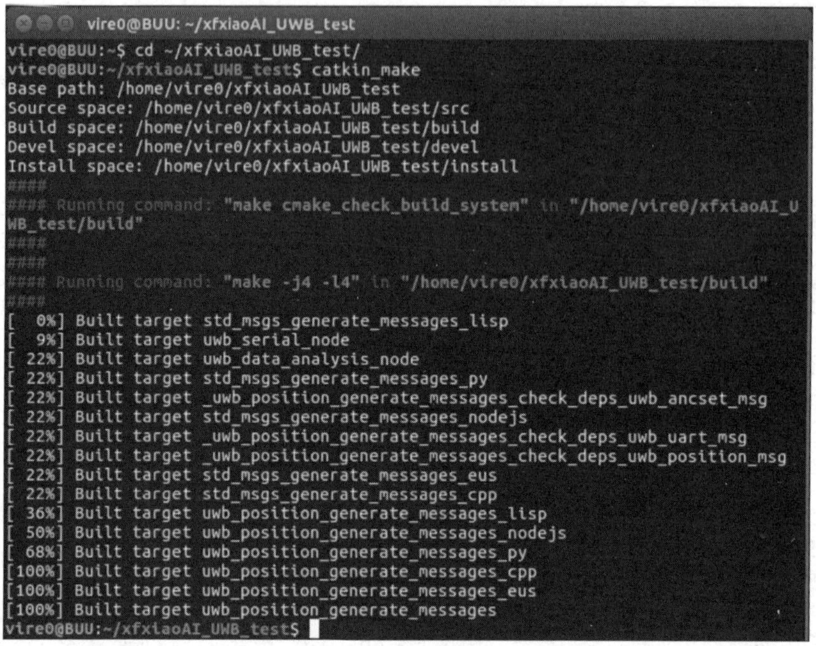

```
vire0@BUU: ~/xfxiaoAI_UWB_test
vire0@BUU:~$ cd ~/xfxiaoAI_UWB_test/
vire0@BUU:~/xfxiaoAI_UWB_test$ catkin_make
Base path: /home/vire0/xfxiaoAI_UWB_test
Source space: /home/vire0/xfxiaoAI_UWB_test/src
Build space: /home/vire0/xfxiaoAI_UWB_test/build
Devel space: /home/vire0/xfxiaoAI_UWB_test/devel
Install space: /home/vire0/xfxiaoAI_UWB_test/install
####
#### Running command: "make cmake_check_build_system" in "/home/vire0/xfxiaoAI_U
WB_test/build"
####
####
#### Running command: "make -j4 -l4" in "/home/vire0/xfxiaoAI_UWB_test/build"
####
[  0%] Built target std_msgs_generate_messages_lisp
[  9%] Built target uwb_serial_node
[ 22%] Built target uwb_data_analysis_node
[ 22%] Built target std_msgs_generate_messages_py
[ 22%] Built target _uwb_position_generate_messages_check_deps_uwb_ancset_msg
[ 22%] Built target std_msgs_generate_messages_nodejs
[ 22%] Built target _uwb_position_generate_messages_check_deps_uwb_uart_msg
[ 22%] Built target _uwb_position_generate_messages_check_deps_uwb_position_msg
[ 22%] Built target std_msgs_generate_messages_eus
[ 22%] Built target std_msgs_generate_messages_cpp
[ 36%] Built target uwb_position_generate_messages_lisp
[ 50%] Built target uwb_position_generate_messages_nodejs
[ 68%] Built target uwb_position_generate_messages_py
[100%] Built target uwb_position_generate_messages_cpp
[100%] Built target uwb_position_generate_messages_eus
[100%] Built target uwb_position_generate_messages
vire0@BUU:~/xfxiaoAI_UWB_test$
```


图 2.142　软件编译成功示意图

运行 Demo 软件，具体命令如下：

```
#找到编译好的文件位置，更新 bash 窗口后执行
cd ～/xfxiaoAI_UWB_test                        #找到工程目录
source devel/setup.bash                        #更新 bash 窗口
roslaunch uwb_position uwb_node.launch         #执行程序
```

具体流程如图 2.143 所示。

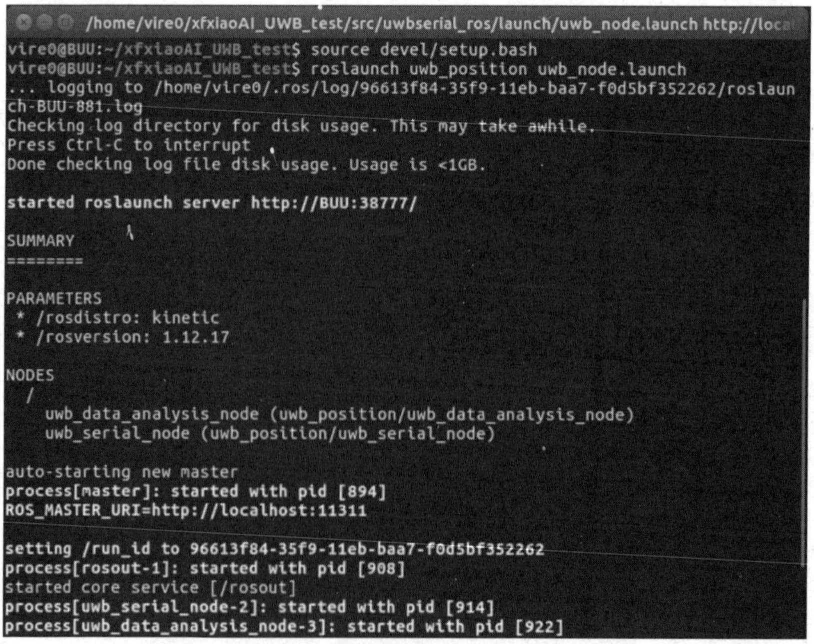

```
/home/vire0/xfxiaoAI_UWB_test/src/uwbserial_ros/launch/uwb_node.launch http://loca
vire0@BUU:~/xfxiaoAI_UWB_test$ source devel/setup.bash
vire0@BUU:~/xfxiaoAI_UWB_test$ roslaunch uwb_position uwb_node.launch
... logging to /home/vire0/.ros/log/96613f84-35f9-11eb-baa7-f0d5bf352262/roslaun
ch-BUU-881.log
Checking log directory for disk usage. This may take awhile.
Press Ctrl-C to interrupt
Done checking log file disk usage. Usage is <1GB.

started roslaunch server http://BUU:38777/

SUMMARY
========

PARAMETERS
 * /rosdistro: kinetic
 * /rosversion: 1.12.17

NODES
  /
    uwb_data_analysis_node (uwb_position/uwb_data_analysis_node)
    uwb_serial_node (uwb_position/uwb_serial_node)

auto-starting new master
process[master]: started with pid [894]
ROS_MASTER_URI=http://localhost:11311

setting /run_id to 96613f84-35f9-11eb-baa7-f0d5bf352262
process[rosout-1]: started with pid [908]
started core service [/rosout]
process[uwb_serial_node-2]: started with pid [914]
process[uwb_data_analysis_node-3]: started with pid [922]
```

图 2.143　运行 Demo 软件示意图

2. 软件操作说明

Demo 软件主界面如图 2.144 所示，主界面顶部是配置信息，主要包括 UWB 串口通信的端口选择以及串口通信波特率选择。基站信息配置区域用于输入安装时测量所得的基站位置，标签数据显示区域用于测距信息和标签位置信息的数据显示，主界面右侧的空白区域用于图形化显示当前时刻标签与基站之间的位置关系。

图 2.144　Demo 软件主界面

选择正确的端口和波特率后单击"开始"按钮，则会显示解析的实时定位数据，本实验用到的串口为"ev/ttyUSB0"，波特率为 115200bps。若端口或波特率选择不正确，则会弹出相应的错误提示。

在单击"开始"按钮前，需要根据 UWB 定位设备安装时确定的 4 个基站的位置，将对应位置坐标值填写到基站信息配置区域对应的文本框中，填写完成后，在工控机端对 UWB 设备的串口进行授权，在配置好端口和波特率后单击"开始"按钮。根据 UWB 标签测距数据解析和三边定位算法的实现原理，最终在如图 2.145 所示的界面上获得 UWB 定位信息以及图形化显示。

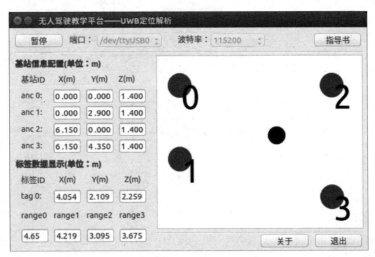

图 2.145　UWB 定位信息及图形化显示

第 3 章　线控车辆控制应用实验

3.1　线控车辆技术概述

第 2 章主要讲解了无人车感知层的基本实验方法，本章主要实现线控车辆控制的相关实验。实验主体基于已经改造好的线控车辆，可以通过 CAN（Controller Area Network）总线控制车辆转向、换挡、加减速、制动以及辅助信号。CAN 的中文全称为控制器局域网络，是一种 ISO 国际标准化的用于实时应用的串行通信协议，可以使用双绞线来传输信号。CAN 总线是世界上应用最广泛的现场总线之一，因具有高性能和高可靠性的通信机制，目前已被广泛应用在汽车电子领域。CAN 协议能够用于汽车中各种不同元件之间的通信，以此取代昂贵而笨重的配电线束，无人车上的某些传感器（如毫米波雷达）的信号传递也是通过 CAN 总线实现的。在本章实验所用到的线控车辆中，车辆转向、换挡、加减速、制动以及辅助信号的控制均通过 CAN 总线实现。

3.1.1　线控车辆的基本结构

对于无人车整体来讲，控制系统是无人车运行过程中的核心部分，控制系统是否灵活，直接影响无人车的运行效果。广义的无人车控制系统主要分为上层规划系统与底层控制系统两个子系统，如图 3.1 所示。

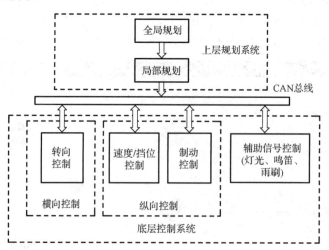

图 3.1　无人车控制系统

上层规划系统的主要任务是无人车行驶过程中的全局规划与局部规划。在全局规划时，系统对传感器采集到的周围环境信息进行分析，确定车辆相对位置及周边环境信息并发送给决策模块。决策模块根据车辆当前的位置信息，结合存储模块内存储的数据，通过一定的计算方法，得到并给出车辆横向和纵向控制的具体要求，最后将这两个控制要求输入局部规划中去执行。在局部规划时，横向模块接收全局规划的横向控制要求，通过分析计算得出具体命令，如方向盘转角。纵向模块接收全局规划的纵向控制要求，一般为速度要求，通过分析计算得出车辆所需的加速度或减速度大小以及对油门控制或制动控制的具体命令。

底层控制系统类似于驾驶员的"手"和"脚"，是无人车控制系统的最终执行者，其执行效果直接影响无人车能否准确并实时地完成上层规划系统的控制命令。底层控制系统的主要任务是根据上层规划系统的具体命令对车辆速度和方向进行实际控制，要求控制精确且快速。底层控制系统一般包括转向控制、速度/挡位控制、制动控制及辅助信号控制四个子系统。其中转向控制属于横向控制，速度/挡位控制和制动控制属于纵向控制，在四个子系统内又分别有独立的反馈系统。子系统接收命令，获得一个期望值，结合真实信息通过一种控制算法形成一个闭环系统，从而实现对无人车的精确和实时控制。

3.1.2 CAN 总线通信基本知识

CAN 总线归属于工业现场总线的范畴，通常称为 CAN bus。CAN 总线最早出现在汽车工业中，是 20 世纪 80 年代由德国 BOSCH 公司最先提出的，最初的动机是解决现代汽车中庞大的电子控制装置之间的通信问题，减少不断增加的信号线。1993 年，CAN 进入国际标准 ISO11898（高速应用）和 ISO11519（低速应用）。CAN 的规范从 CAN 1.2 规范（标准格式）发展为兼容 CAN 1.2 规范的 CAN 2.0 规范（CAN 2.0A 为标准格式，CAN 2.0B 为扩展格式）。CAN 总线标准涉及物理层和数据链路层，其中数据链路层定义了不同的信息类型、总线访问的仲裁规则以及故障检测与故障处理的方式。CAN 总线不分主从，报文以标识符分为不同的优先级，可满足不同的实时性要求。物理层主要通过 CAN 收发器来实现其功能。

1. CAN 收发器

CAN 收发器安装在 CAN 控制器内部，负责逻辑信号和电信号的转换，也就是信息的收发。其负责将逻辑信号转换为电信号并送入传输线，或者将传输线上的电信号转换为逻辑信号。传输线与电线一样，分为一高一低两条线，即 CAN_H 和 CAN_L。

2. CAN 报文

CAN 报文有 5 种类型，分别是数据帧、远程帧、错误帧、过载帧和帧间隔。

数据帧有标准帧和扩展帧两种格式。以标准帧为例，其结构如图 3.2 所示。

图 3.2　标准帧结构

标准帧和扩展帧的内容如表 3.1 和表 3.2 所示。

表 3.1　标准帧

帧起始	仲裁段		控制段			数据段	CRC 段		ACK 段		帧结束
1bit	报文标识	远程传输请求	标识符拓展位	预留位 r0	数据长度代码	—	循环冗余校验	循环冗余校验界定符	确认槽	确认界定符	结束位
1bit	11bit	1bit	1bit	1bit	4bit	0～8 字节	15bit	1bit	1bit	1bit	7bit

表 3.2　扩展帧

帧起始	仲裁段				控制段			数据段	CRC 段		ACK 段		帧结束
1bit	报文标识	代替远程请求	标识符拓展位	扩展标识符	远程传输请求	预留位 r0	预留位 r1	数据长度代码	—	循环冗余校验	循环冗余校验界定符	确认槽	确认界定符	结束位
1bit	11bit	1bit	1bit	18bit	1bit	1bit	1bit	4bit	0～8 字节	15bit	1bit	1bit	1bit	7bit

帧起始：由单个显性位 0 组成，表示总线激活。

仲裁段：标准帧仲裁段由报文标识（Message Identifier）和远程传输请求位组成。报文标识占 11bit，并通过报文标识来规定数据帧的优先级。对于远程传输位，远程帧此位为 1，数据帧此位为 0。

控制段：标准帧控制段由标识符拓展位（IDE）、预留位和数据长度代码组成。

数据段：标准帧数据段长 0～8 字节。

CRC（循环冗余校验）段：CRC 值存在此段。

ACK 段：当一个接收节点接收的从帧起始到 CRC 段之间的内容没有发生错误时，将在 ACK 段发送一个显性电平。

帧结束：每个数据帧和远程帧均由 7 个隐性位 1 来标志该帧结束。

3．CAN 数据帧

CAN 数据帧字节序定义如表 3.3 所示。

表 3.3　CAN 数据帧字节序定义

Motorola 模式																									
CAN 帧字节	字节 0								字节 1								字节 2								...	字节 7
字节比特序	7	6	5	4	3	2	1	0	7	6	5	4	3	2	1	0	7	6	5	4	3	2	1	0	...	7...0
数据比特序	7	6	5	4	3	2	1	0	15	14	13	12	11	10	9	8	23	22	21	20	19	18	17	16	...	63...56

应用举例：

表 3.4 所示的数据帧中传输了 3 个数据，其中 Data1 为 0x4（十六进制数），存储在字节 0 内，起始位为 4，长度为 3bit。Data2 为 0xD，存储在字节 1 内，起始位为 12，长度为 4bit。Data3 为 0x23，跨字节存储在字节 1 和字节 2 内，起始位为 20，长度为 6bit。

表 3.4　CAN 数据帧举例

CAN 帧字节	字节 0								字节 1								字节 2								...	字节 7
																									Motorola 模式	
字节比特序	7	6	5	4	3	2	1	0	7	6	5	4	3	2	1	0	7	6	5	4	3	2	1	0	...	7...0
示例	1 0 0 MSB ← LSB Data1								1 1 0 0 MSB ← LSB Data2								1 0 0 0 1 1 MSB ← LSB Data3									
数据比特序	7	6	5	4	3	2	1	0	15	14	13	12	11	10	9	8	23	22	21	20	19	18	17	16	...	63...56

3.1.3　CAN 总线通信协议实例

以本章实验中所使用的 CAN 总线通信协议为例进行分析，其他车辆的协议可参考其方法使用。本实例中包含多种控制和反馈帧，包括车辆授权、车辆配置、车辆定速巡航控制、车辆运动控制、电源管理、灯光管理、车辆状态 1 和车辆状态 2 等 15 个帧。下面以车辆运动控制帧、车辆定速巡航控制帧、车辆状态帧为例进行讲解，其他使用到的帧将在后续章节中讲解。

1.　车辆运动控制帧

如表 3.5 所示，车辆运动控制帧的报文标识(Message Identifier，以下称为帧 ID)为 0x0C08D1D0，传输周期为 50ms，是车载工控机发送给底层车辆控制器(BAU)的数据帧，其数据帧第 0 字节主要是控制模式，包括车辆控制模式(长度为 2bit，分为手动模式、部分自动模式、完全自动模式)、转向控制模式(长度为 1bit，分为手动模式和自动模式)、制动控制模式(长度为 1bit，分为手动模式和自动模式)、挡位控制模式(长度为 1bit，分为手动模式和自动模式)、油门控制模式(长度为 1bit，分为手动模式和自动模式)、驻车控制模式(长度为 1bit，分为手动模式和自动模式)和灯光控制模式(长度为 1bit，分为手动模式和自动模式)。数据帧第 1 字节包括目标挡位(长度为 4bit，包括空挡、前进挡和后退挡)和目标驻车(长度为 4bit，包括释放驻车和使能驻车)，数据帧第 2 字节为目标油门(长度为 8bit)，数据帧第 3、4 字节为目标方向盘转角(长度为 16bit)。数据帧第 5 字节为目标方向盘转速(长度为 8bit)。数据帧第 6 字节为目标制动(长度为 8bit)。

表 3.5　车辆运动控制帧

报文名称	车辆运动控制								
帧 ID	0x0C08D1D0			帧类型			扩展帧		
报文长度	8 字节			参数组编号			2048		
发送节点	工控机			接收节点			BAU		
传输周期	50ms								
数据域	信号名称	起始字节	起始位	长度(bit)	数据类型	精度	偏移量	单位	描述
	车辆控制模式	0	0	2	unsigned	1	0	–	0x0-手动模式 0x1-部分自动模式 0x3-完全自动模式；其他值无效
	转向控制模式	0	2	1	unsigned	1	0	–	0x0-手动模式；0x1-自动模式
	制动控制模式	0	3	1	unsigned	1	0	–	0x0-手动模式；0x1-自动模式

	信号名称	起始字节	起始位	长度(bit)	数据类型	精度	偏移量	单位	描述
数据域	挡位控制模式	0	4	1	unsigned	1	0	–	0x0-手动模式；0x1-自动模式
	油门控制模式	0	5	1	unsigned	1	0	–	0x0-手动模式；0x1-自动模式
	驻车控制模式	0	6	1	unsigned	1	0	–	0x0-手动模式；0x1-自动模式
	灯光控制模式	0	7	1	unsigned	1	0	–	0x0-手动模式；0x1-自动模式
	目标挡位	1	8	4	unsigned	1	0	–	0x0-空挡 0x1-前进挡 0x2-后退挡；其他值无效
	目标驻车	1	12	4	unsigned	1	0	–	0x0-释放驻车 0x1-使能驻车；其他值无效
	目标油门	2	16	8	unsigned	1	0	%	数据范围：0~100；其他值无效 说明：油门有效范围为[0%, 100%]
	目标方向盘转角	3	24	16	signed	0.1	0	°	数据范围：−7100~7100 其他值无效
	目标方向盘转速	5	40	8	unsigned	2	0	°/s	数据范围：0~250 其他值无效 说明：转速范围为[0°/s, 500°/s]
	目标制动	6	48	8	unsigned	0.5	0	MPa	数据范围：0~15 其他值无效 说明：制动压力范围为[0Mpa, 7.5Mpa]

2. 车辆定速巡航控制帧

如表 3.6 所示，车辆定速巡航控制帧的帧 ID 为 0x0C07D1D0，传输周期为 50ms，是车载工控机发送给底层车辆控制器的数据帧。数据帧第 0 字节为定速巡航使能（长度为 8bit，分为定速巡航关闭和定速巡航使能）；数据帧第 1、2 字节为定速巡航目标车速（长度为 16bit）。

表 3.6　车辆定速巡航控制帧

报文名称	车辆定速巡航控制								
帧 ID	0x0C07D1D0			帧类型			扩展帧		
报文长度	8 字节			参数组编号			1792		
发送节点	工控机			接收节点			BAU		
传输周期	50ms								
	信号名称	起始字节	起始位	长度(bit)	数据类型	精度	偏移量	单位	描述
数据域	定速巡航使能	0	0	8	unsigned	1	0	–	0x00-定速巡航关闭 0x01-定速巡航使能 其他未定义 说明：定速巡航仅在无人驾驶模式下有效
	定速巡航目标车速	1	8	16	signed	0.1	0	km/h	数据域：[0, 100] 表示范围：[0km/h, 10.0km/h] 其他值无效

3. 车辆状态帧

如表 3.7 所示，车辆状态帧的帧 ID 为 0x18F015D1，传输周期为 50ms，是底层车辆控制器反馈给车载工控机的数据帧。数据帧第 0 字节表示挡位开关状态（长度为 4bit，分为空挡、前进挡、后退挡）和实时挡位状态（长度为 4bit，分为空挡、前进挡和后退挡）；数据帧第 1 字节表示油门踏板状态（长度为 8bit）；数据帧第 2 字节表示实时油门状态（长度为 8bit）；数据帧第 3、4 字节表示方向盘转角（长度为 16bit）；数据帧第 5 字节表示方向盘转速（长度为 8bit）；数据帧第 6 字节表示方向盘扭矩（长度为 8bit）。

表 3.7　车辆状态帧

报文名称	车辆状态							
帧 ID	0x18F015D1			帧类型			扩展帧	
报文长度	8 字节			参数组编号			61461	
发送节点	BAU			接收节点			工控机	
传输周期	50ms							
数据域	信号名称	起始字节	起始位	长度(bit)	数据类型	精度	偏移量	单位	描述
	挡位开关状态	0	0	4	unsigned	1	0	–	0x0-空挡；0x1-前进挡；0x2-后退挡 其他值无效
	实时挡位状态	0	4	4	unsigned	1	0	–	0x0-空挡；0x1-前进挡；0x2-后退挡 其他值无效
	油门踏板状态	1	8	8	unsigned	1	0	%	数据范围：0～100；其他值无效 说明：油门踏板有效范围为[0%, 100%]
	实时油门状态	2	16	8	unsigned	1	0	%	数据范围：0～100；其他值无效 说明：油门有效范围为[0%, 100%]
	方向盘转角	3	24	16	unsigned	0.1	0	°	数据范围：–7100～7100；其他值无效 说明：角度分辨率 0.1° 角度范围为[–710°, 710°]
	方向盘转速	5	40	8	unsigned	4	0	°/s	数据范围：0～250；其他值无效 说明：转速范围为[0°/s, 500°/s]
	方向盘扭矩	6	48	8	signed	0.1	0	Nm	数据范围：–127～127；其他值无效 说明：扭矩范围为[–12.7Nm, 12.7Nm] 向左转为正值，向右转为负值
	循环计数校验	7	60	4	unsigned	1	0	–	自动累加，从 0 开始加到 15，然后循环

3.1.4　CAN 模块的选择和使用方法

由于普通的计算机（工控机）不自带 CAN 接口，而通用线控车辆均使用 CAN 总线传输命令与数据，因此需要在无人车的车载工控机上外装 CAN 模块来实现数据的传输，常用 CAN 模块包括 USB 接口 CAN 模块、以太网接口 CAN 模块、串口转 CAN 模块、Wi-Fi 转 CAN 模块和 PCIe 接口 CAN 模块等，其参数特点如表 3.8 所示。

表 3.8　CAN 模块的种类和参数特点

CAN 模块种类	参数特点（示例产品）	示例照片
USB 接口 CAN 模块	一端为 USB 接口(可直接连接计算机)，另一端为 CAN 通道(1～8 路可选)，数据接收能力为 14000 帧/秒，数据发送能力为 4000 帧/秒，支持 Windows 和 Linux 系统驱动	
以太网接口 CAN 模块	具有 1 路 10M/100M/1000M 自适应以太网接口，2 路 CAN 接口，通信最高波特率为 1Mbps，具有 TCP、Server、TCP Client 和 UDP 等多种工作模式	

CAN 模块种类	参数特点(示例产品)	示例照片
串口转 CAN 模块	可将 RS232/485/422 通信设备连接到 CAN(FD)-BUS 现场总线上,支持 1200bps~921600bps 串口波特率,40kbps~5Mbps 的 CAN(FD)-BUS 通信速率,同时支持透明转换、透明带标识转换、格式转换和 Modbus 转换 4 种转换模式	
Wi-Fi 转 CAN 模块	具备 2.4G、5.8G WLAN 接口,符合 IEEE 802.11a/b/g/n/ac 标准。并且具有 1 路 10M/100M 自适应以太网接口,1 路 CAN(FD)接口通信最高波特率为 5Mbps,具有 TCP Server、TCP Client 和 UDP 等多种工作模式	
PCIe 接口 CAN 模块	集成 1~2 路 CANFD 接口,支持 ISO 标准 CANFD 与 BoschCANFD 标准。每个接口具备独立的 2500VDC 电气隔离保护电路,支持 Windows 和 Linux 系统驱动。PC 可通过 PCIExpress x1 端口连接 PCIeCANFD 接口卡,从而能与 CAN(FD)网络进行数据收发,构成 CAN(FD)-BUS 控制节点	

本实验采用的 CAN 模块设备为广州致远电子有限公司的以太网接口 CAN 模块(CANET-2E-U),CAN 模块的工作协议为 UDP(User Datagram Protocol,用户数据报协议)通信协议。

3.1.5 CAN 模块的安装方法

本实验主要采用 UDP 协议通过 CAN 总线进行通信。车载 CANET-2E-U 设备的 IP 地址设置为 192.168.1.178,端口设置为 4001。CANET-2E-U 设备与 IP 地址为 192.168.1.4 的设备进行通信。因此,在实验开始前,需设置车载工控机的 IP 地址为 192.168.1.4。CANET-2E-U 设备的具体安装方法可以参考广州致远电子有限公司的产品手册。

3.1.6 UDP 通信协议

UDP 是一个无连接的简单的面向数据报的传输层协议。UDP 不提供可靠性,它只是将应用程序传给 IP 层(网络层)的数据报发送出去,但是并不能保证其能到达目的地。由于 UDP 在传输数据报前不用在客户端和服务器之间建立连接,且没有超时重发等机制,因此传输速度很快。

UDP 中每个数据报都是一个独立的信息,包括完整的源地址或目的地址,它在网络上以任何可能的路径被传往目的地,因此能否到达目的地,到达目的地的时间以及内容的正确性都是不能保证的。

UDP 传输数据时有大小限制,每个被传输的数据报大小必须限定在 64KB 之内。UDP 是一个不可靠的协议,发送方所发送的数据报并不一定以相同的次序到达收方。由于 UDP 操作简单,且仅需要较少的维护,因此通常用于局域网中高可靠性分散系统中的 client/server(客户端/服务器)应用程序。

3.1.7 线控底盘实验平台介绍

如图 3.3 所示,本章的所有实验均在线控底盘实验平台上进行,实验平台包括线控车辆、举升机和控制台三部分。线控车辆是改造好的、可通过 CAN 总线对其转向、油门、换挡、制动和辅助信号进行控制的电动车辆。举升机安装在车辆底部，在实验时负责举升车辆，从而实现原地的加速和制动等实验。控制台包括监控设备和工控机。通过 CAN 总线连接线控车辆。使用该实验平台可在实验室环境下实现线控车辆的所有实验，安全可靠。

图 3.3　线控底盘实验平台

3.2　CAN 总线调试实验

3.2.1　实验背景与原理

无人车路径规划等驾驶决策是由决策系统根据传感器感知的实际道路交通情况而得出的。根据具体路径规划结果，底层车辆控制器(BAU)通过线控车辆底盘实现对车辆行驶轨迹的控制。如 3.1.7 节所述，本实验涉及的线控底盘实验平台主要有五大系统，分别为线控转向、线控油门、线控换挡、线控制动和线控辅助信号。实验所用工控机可通过 CAN 总线向线控底盘发送命令，并从 CAN 总线中解析出所需的传感器和车辆信息。

本实验使用 CAN 协议，主要有车辆授权帧、车辆状态 1 帧、车辆状态 2 帧、车辆状态 3 帧和车辆辅助信号状态帧五个帧。车辆授权帧是工控机发给 BAU 的，用于取得自动控制权限，其他帧都是通过解析底层反馈回来的数据获得的车辆的实时状态。

车辆授权帧如表 3.9 所示，其帧 ID 为 0x0C00D1D0。其第 0 字节为授权命令(长度：8bit)，第 2~7 字节为授权码(长度：48bit，每辆无人车所特有的授权码，本实验中以 0x24,0x92,0xAB,0x41,0x79,0x5F 为例)，授权码通常在程序开始启动时发送。

表 3.9　车辆授权帧

报文名称	车辆授权							
帧 ID	0x0C00D1D0		帧类型				扩展帧	
报文长度	8 字节		参数组编号				0	
发送节点	工控机		接收节点				BAU	
传输周期	需要时							
数据域	信号名称	起始字节	起始位	长度(bit)	数据类型	精度	偏移量	单位	描述
	授权命令	0	0	8	unsigned	1	0	–	0x00-本地授权 0x01-取消本地授权 0x40-查询授权状态 0x41-获取车辆编号；其他值无效
	授权码	2	16	48	unsigned	1	0	–	6 字节授权码

车辆状态 1 帧的帧 ID 为 0x18F014D1，传输周期为 50ms，是 BAU 发送给工控机的车辆状态信息，数据主要包括车辆、转向、制动、挡位、油门、驻车和灯光的工作模式，还有车辆故障代码和车辆授权状态信息，如表 3.10 所示。

表 3.10　车辆状态 1 帧

报文名称	车辆状态 1#							
帧 ID	0x18F014D1		帧类型				扩展帧	
报文长度	8 字节		参数组编号				61460	
发送节点	BAU		接收节点				工控机	
传输周期	50ms							
数据域	信号名称	起始字节	起始位	长度(bit)	数据类型	精度	偏移量	单位	描述
	车辆工作模式	0	0	8	unsigned	1	0	–	0x00-断电模式 0x10-待机模式 0x20-工程模式 0x30-手动驾驶模式 0x40-无人驾驶模式 0x50-紧急停车模式；其他值无效
	转向工作模式	1	8	1	unsigned	1	0	–	0x0-手动控制模式；0x1-线控模式
	制动工作模式	1	9	1	unsigned	1	0	–	0x0-手动控制模式；0x1-线控模式
	挡位工作模式	1	10	1	unsigned	1	0	–	0x0-手动控制模式；0x1-线控模式
	油门工作模式	1	11	1	unsigned	1	0	–	0x0-手动控制模式；0x1-线控模式
	驻车工作模式	1	12	1	unsigned	1	0	–	0x0-手动控制模式；0x1-线控模式
	灯光工作模式	1	13	1	unsigned	1	0	–	0x0-手动控制模式；0x1-线控模式
	车辆故障代码	2	16	16	unsigned	1	0	–	详见车辆故障代码定义
	车辆授权状态	5	40	8	unsigned	1	0	–	0x00-未授权；0x01-已授权 其他未定义

车辆状态 2 帧的帧 ID 为 0x18F015D1，传输周期为 50ms，是 BAU 发送给工控机的车辆状态信息，数据主要包括挡位开关、实时挡位、油门踏板、实时油门状态以及方向盘转角、方向盘转速、方向盘扭矩和循环计数校验信息，如表 3.11 所示。

表 3.11　车辆状态 2 帧

报文名称		车辆状态 2#							
帧 ID		0x18F015D1		帧类型			扩展帧		
报文长度		8 字节		参数组编号			61461		
发送节点		BAU		接收节点			工控机		
传输周期		50ms							
数据域	信号名称	起始字节	起始位	长度(bit)	数据类型	精度	偏移量	单位	描述
	挡位开关状态	0	0	4	unsigned	1	0	–	0x0-空挡；0x1-前进挡；0x2-退挡其他值无效
	实时挡位状态	0	4	4	unsigned	1	0	–	0x0-空挡；0x1-前进挡；0x2-退挡其他值无效
	油门踏板状态	1	8	8	unsigned	1	0	%	数据范围：0～100；其他值无效说明：油门踏板有效范围为[0%，100%]
	实时油门状态	2	16	8	unsigned	1	0	%	数据范围：0～100；其他值无效说明：油门有效范围为[0%，100%]
	方向盘转角	3	24	16	unsigned	0.1	0	°	数据范围：–7100～7100；其他值无效说明：角度分辨率为 0.1°；角度范围为[–710°，710°]
	方向盘转速	5	40	8	unsigned	4	0	°/s	数据范围：0～250；其他值无效说明：转速范围为[0°/s，500°/s]
	方向盘扭矩	6	48	8	signed	0.1	0	Nm	数据范围：–127～127；其他值无效说明：扭矩范围为[–12.7Nm，12.7Nm]向左转为正值，向右转为负值
	循环计数校验	7	60	4	unsigned	1	0	–	自动累加，从 0 开始加到 15，然后循环

车辆状态 3 帧的帧 ID 为 0x18F016D1，传输周期为 50ms，是 BAU 发送给工控机的车辆状态信息，数据主要包括制动踏板状态、实时制动压力、驻车开关状态、实时驻车状态、钥匙开关状态、模式开关状态、启停开关状态、急停开关状态和工控机关机请求等，详见表 3.12。

表 3.12　车辆状态 3 帧

报文名称		车辆状态 3#							
帧 ID		0x18F016D1		帧类型			扩展帧		
报文长度		8 字节		参数组编号			61462		
发送节点		BAU		接收节点			工控机		
传输周期		50ms							
数据域	信号名称	起始字节	起始位	长度(bit)	数据类型	精度	偏移量	单位	描述
	制动踏板状态	0	0	8	unsigned	0.5	0	MPa	数据范围：0～15；其他值无效说明：制动踏板压力范围为[0Mpa，7.5Mpa]
	实时制动压力	1	8	8	unsigned	0.5	0	MPa	数据范围：0～15；其他值无效说明：制动压力范围为[0Mpa，7.5Mpa]
	驻车开关状态	2	16	4	unsigned	1	0	–	000-未使能；0x1-使能其他值无效
	实时驻车状态	2	20	4	unsigned	1	0	–	0x0-未驻车；0x1-已驻车其他值无效

	信号名称	起始字节	起始位	长度(bit)	数据类型	精度	偏移量	单位	描述
数据域	钥匙开关状态	5	40	2	unsigned	1	0	–	0x0-关闭;0x1-打开 其他值无效
	模式开关状态	5	42	2	unsigned	1	0	–	0x0-手动挡位;0x1-自动挡位 其他值无效
	启停开关状态	5	44	2	unsigned	1	0	–	0x0-停止;0x1-启动 其他值无效
	急停开关状态	5	46	2	unsigned	1	0	–	0x0-关闭;0x1-打开 其他值无效
	工控机关机请求	7	56	4	unsigned	1	0	–	0x0-无请求;0x1-请求关机 工控机接收到关机请求使能时,它开始进行关机,15秒后系统开始断电

车辆辅助信号状态帧的帧 ID 为 0x18F01CD1,传输周期为 50ms,是 BAU 发送给工控机的车辆辅助信号状态信息,数据主要包括左转向灯、右转向灯、远光灯、近光灯、危险报警闪光灯、倒车灯、刹车灯、喇叭、雨刷器、左转向灯开关和右转向灯开关的状态,如表 3.13 所示。

表 3.13　车辆辅助信号状态帧

报文名称	车辆辅助信号状态								
帧 ID	0x18F01CD1			帧类型		扩展帧			
报文长度	8 字节			参数组编号		61468			
发送节点	BAU			接收节点		工控机			
传输周期	200ms								
数据域	信号名称	起始字节	起始位	长度(bit)	数据类型	精度	偏移量	单位	描述
	左转向灯	0	0	2	unsigned	1	0	–	0x0-关闭;0x1-打开 其他值无效
	右转向灯	0	2	2	unsigned	1	0	–	0x0-关闭;0x1-打开 其他值无效
	远光灯	0	4	2	unsigned	1	0	–	0x0-关闭;0x1-打开 其他值无效
	近光灯	0	6	2	unsigned	1	0	–	0x0-关闭;0x1-打开 其他值无效
	危险报警闪光灯	1	8	2	unsigned	1	0	–	0x0-关闭;0x1-打开 其他值无效
	倒车灯	1	10	2	unsigned	1	0	–	0x0-关闭;0x1-打开 其他值无效
	刹车灯	1	12	2	unsigned	1	0	–	0x0-关闭;0x1-打开 其他值无效
	喇叭	1	14	2	unsigned	1	0	–	0x0-关闭;0x1-打开 其他值无效
	雨刷器	2	16	2	unsigned	1	0	–	0x0-关闭;0x1-打开 其他值无效
	左转向灯开关	4	32	2	unsigned	1	0	–	0x0-关闭;0x1-打开 其他值无效
	右转向灯开关	4	34	2	unsigned	1	0	–	0x0-关闭;0x1-打开 其他值无效

3.2.2　实验目的

通过本实验的练习,使学生初步掌握无人车底层协议的分析和应用方法,实现通过 CAN 总线完成车辆控制授权、状态显示和命令发送的功能,并提高学生综合运用所学理论知识和方法进行独立分析和解决问题的能力。

3.2.3 实验环境

1. 硬件设备

小旋风线控底盘实验平台。
CANET-2E-U。
路由器。
计算机。

2. 软件环境

Ubuntu 16.04。
ROS Kinect。
PyCharm。
PyQt5。

3.2.4 实验内容

本实验要求学生根据所学过的 CAN 总线知识编写 Python 程序，通过网络与 CAN 总线转接设备获取线控底盘实验平台的控制权，实现对线控底盘实验平台所有状态帧的实时读取与显示，并实现向车辆底层发送数据。具体内容如下。

(1) 完成控制台工控机通过 CAN 设备与线控底盘实验平台的物理连接。

(2) 编写程序，配置 IP 数据端口。

(3) 编写程序，读取车辆底层 CAN 总线数据，进行各帧数据的实时显示。

(4) 编写程序，解析车辆授权帧，获取车辆控制权，并发送控制命令。

3.2.5 实验步骤

本实验的整体步骤如图 3.4 所示，包括硬件连接、配置端口并获取控制权、解析底层数据并显示、向底层发送数据并显示等过程。

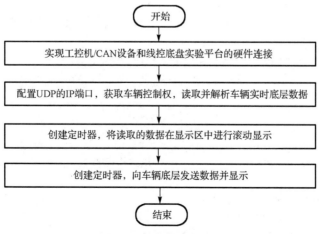

图 3.4　实验步骤流程图

本实验主要采用 UDP 协议，利用网络和 CAN 总线转接设备通过 CAN 总线进行通信。实验中 CANET-2E-U 设备的 IP 已设置为 192.168.1.178，端口已设置为 4001。实验开始前，将工控机的 IP 设置为 192.168.1.4。

1. 硬件连接

本实验的硬件连接如图 3.5 所示，通过网线将控制台工控机网口与 CANET-2E-U 网口连接在路由器上，将车辆的 CAN 接口的 CAN_H 与 CAN_L 分别与 CANET-2E-U 设备 CAN0 接口的 CAN_H 与 CAN_L 连接起来，CANET-2E-U 由 12V 直流电进行供电。

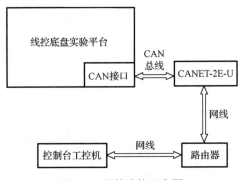

图 3.5　硬件连接示意图

2. 配置端口并获取控制权

确认本机 IP 与在软件主界面中输入的 IP 一致，绑定 IP 后与端口进行 UDP 通信，获取车辆控制权，示例代码如代码 3.1 所示。

代码 3.1　配置端口并获取控制权

```
def startEvent(self): #start 按钮事件
    if self.startButton.text() == "开始".decode('utf-8'):
        getIP = os.popen("ifconfig | grep 'inet addr' | grep -v '127.0.0.1'
| cut -d: -f2 |awk '{print $1}' | head -1").read()    #获取本机 IP
        receive_ip = str(self.ip_text.toPlainText()) + "\n"
        #获取软件 IP 文本框中的文本
        if getIP == receive_ip:    #判断本机 IP 与文本框中输入的文本是否一致
            self.ip_text.setDisabled(True)
            self.getControlRight() #获取车辆控制权
            self.timer1.timeout.connect(self.table_show) #定时器激活显示函数
            self.timer1.start(200)
            self.startButton.setText("暂停")
        else:
            QMessageBox.about(self, "错误","请输入正确的 IP。如果是与"车"连接,
请输入车的 IP: 192.168.1.4")              #输入错误的 IP 时弹出提示窗口
    else:
        self.timer1.stop()
        self.startButton.setText("开始")
        self.ip_text.setDisabled(False)
```

```
def getControlRight(self):    #发送获取控制权帧
    data_0 = "88"
    data_1 = "0c"
    data_2 = "00"
    data_3 = "d1"
    data_4 = "d0"
    data_5 = "00"
    data_6 = "00"
    data_7 = "24"
    data_8 = "92"
    data_9 = "ab"
    data_10 = "41"
    data_11 = "79"
    data_12 = "5f"
    data = data_0 + data_1 + data_2 + data_3 + data_4 + data_5 + data_6 +
data_7 + data_8 + data_9 + data_10 + data_11 + data_12
    udp_socket.sendto(data.decode('hex'), send_addr)  #创建 UDP 套字节发送消息
```

3. 解析底层数据并显示

创建 UDP 套字节，通过 UDP 通信实现对线控底盘数据的接收和显示，包括转向、制动、挡位、油门和辅助信号等车辆实时状态数据。

(1) UDP 通信接收数据

接收数据示例代码如代码 3.2 所示。

代码 3.2　接收数据

```
def receive():    #作为接收端进行 UDP 通信
    PORT = 4001  #端口号
    getIP = os.popen(
        "ifconfig | grep 'inet addr' | grep -v '127.0.0.1' | cut -d: -f2 |awk
'{print $1}' | head -1").read()
    IP = getIP[0:(len(getIP) - 1)]
    server_socket = socket.socket(socket.AF_INET, socket.SOCK_DGRAM)
    address = (IP, PORT)
    server_socket.bind(address)  #绑定通信 IP 与端口
    while True:
        receive_data, client_address = server_socket.recvfrom(1024)
        temp = re.findall(r'.{26}', receive_data)
        #返回字符串中所有包含 26 的数据
        for n in range(len(temp)):
            frame_data_line = ' '.join([temp[n][2 * i:2 * (i + 1)] for i in
range(len(temp[n]) / 2)]).split(" ")
            frame_handle(frame_data_line)
```

(2) 存储数据并发送

根据读取的帧 ID 信息对接收到的数据帧进行存储，并发送给数据显示处理程序，示例代码如代码 3.3 所示。

代码3.3　存储数据并发送

```
def frame_handle(receive_data):#存储数据并发送
    frame_head = '0x' + receive_data[0]
    frame_ID = '0x' + receive_data[1] + receive_data[2] + receive_data[3]
+ receive_data[4]
    frame_data = receive_data[5:]
    pub = rospy.Publisher("car_state", receive_msg, queue_size=10)
    #发布存储的消息
    rospy.init_node('state_pub', anonymous=True) #节点初始化
    state_receive = receive_msg()                    #存储接收到的消息
    if frame_ID == '0x1814d0d1':
        state_receive.authorization = frame_data
    elif frame_ID == '0x18f014d1':
        state_receive.state_one = frame_data
    elif frame_ID == '0x18f015d1':
        state_receive.state_two = frame_data
    elif frame_ID == '0x18f016d1':
        state_receive.state_three = frame_data
    elif frame_ID == '0x18f01ad1':
        state_receive.speedometer=frame_data
    elif frame_ID == '0x18f01cd1':
        state_receive.lamplight = frame_data
    elif frame_ID == '0x18f01ed1':
        state_receive.power = frame_data
    elif frame_ID == '0x18f020d1':
        state_receive.battery_one = frame_data
    elif frame_ID == '0x18f021d1':
        state_receive.battery_two = frame_data
    elif frame_ID == '0x18f024d1':
        state_receive.ultrasonic = frame_data
    pub.publish(state_receive)                    #发布存储的数据
```

（3）解析数据并显示

根据协议解析接收到的底层数据并显示，主要显示内容有当前时间、状态、帧 ID 及数据4 种，示例代码如代码 3.4 所示。

代码3.4　解析数据并显示

```
def listener_header(self):                    #回调函数,接收节点数据
    rospy.Subscriber("car_state", receive_msg, self.callback)
    #接收节点数据并触发回调函数
    rospy.init_node('state_sub', anonymous=True) #节点初始化
def callback(self, receive_msg):              #将实时接收数据存入列表
    global stateAut
    global controlRight
    global state2
    global state
```

```
        if receive_msg.authorization:              #判断接收到的授权状态消息
            state2.append('0x1814d0d1')            #存储帧 ID 到列表中
            state.append(receive_msg.authorization)  #存储授权状态帧数据
            controlRight = receive_msg.state_one    #存放实时授权状态帧数据
            stateAut = 1                            #成功授权状态标志

        #根据接收到的消息存储帧 ID 和数据
        if receive_msg.state_one:
            state2.append('0x18f014d1')
            state.append(receive_msg.state_one)
        if receive_msg.state_two :
            state2.append('0x18f015d1')
            state.append(receive_msg.state_two)
        if receive_msg.state_three:
            state2.append('0x18f016d1')
            state.append(receive_msg.state_three)
        if receive_msg.speedometer:
            state2.append('0x18f01ad1')
            state.append(receive_msg.speedometer)
        if receive_msg.lamplight:
            state2.append('0x18f01cd1')
            state.append(receive_msg.lamplight)
        if receive_msg.power:
            state2.append('0x18f01ed1')
            state.append(receive_msg.power)
        if receive_msg.battery_one:
            state2.append('0x18f020d1')
            state.append(receive_msg.battery_one)
        if receive_msg.battery_two:
            state2.append('0x18f021d1')
            state.append(receive_msg.battery_two)
        if receive_msg.ultrasonic:
            state2.append('0x18f024d1')
            state.append(receive_msg.ultrasonic)
def table_show(self):      #将在列表中读取的实时数据在控件中进行显示
    global state
    global state2
    str=""
    if len(state2)>0:                               #数据帧显示
        self.row = self.row + 1
        currentTime=time.strftime('%Y.%m.%d %H:%M:%S',time.localtime(
time.time()))
        for column in range(4):
            if column == 0:
                item=QStandardItem('%s'%(currentTime))     #显示当前时间
            elif column == 1:
```

```
            item = QStandardItem('receive')                    #显示状态
        elif column == 2:
            item = QStandardItem('%s'%(str.join(state2[len(state2)-1])))
                                                                #显示帧 ID
        elif column == 3:
            item = QStandardItem('%s'%(str.join(state[len(state)-1])))
            #显示接收到的实时数据
        self.model.setItem(self.row,column,item)
        self.tableView.scrollToBottom()
```

4．向底层发送数据并显示

通过软件主界面的文本框输入帧 ID 和帧数据，然后进行发送，并在显示区域显示，示例代码如代码 3.5 所示。

代码 3.5　向底层发送数据并显示

```
def send_frame(self): #发送控制数据
    global stateAut
    global controlRight
    if stateAut == 1: #判断是否获取控制权,若未获取,则一直发送获取控制权命令
        if (int(controlRight[5], 16) & 0x01 == 0): #判断是否获取控制权
            self.getControlRight()
    try:
        frameid = self.frameID.toPlainText()       #获取文本框中输入的帧 ID
        framedata = self.frameData.toPlainText()   #获取文本框中输入的帧数据

        #输入帧 ID 和帧数据
        data0="88"
        data1 = frameid.split(' ')[0]
        data2 = frameid.split(' ')[1]
        data3 = frameid.split(' ')[2]
        data4 = frameid.split(' ')[3]
        data5 = framedata.split(' ')[0]
        data6 = framedata.split(' ')[1]
        data7 = framedata.split(' ')[2]
        data8 = framedata.split(' ')[3]
        data9 = framedata.split(' ')[4]
        data10 = framedata.split(' ')[5]
        data11 = framedata.split(' ')[6]
        data12 = framedata.split(' ')[7]
        data_id = data1 + data2 + data3 + data4              #帧 ID
        data_frame = data5 + data6 + data7 + data8 + data9 + data10 + data11
+ data12                                                     #帧数据
        data = data0 + data_id+data_frame                    #校验和
        udp_socket.sendto(data.decode("hex"), send_addr)     #创建 UDP 套字节
        if data_id != "0c08d1d0":
            move = "880c08d1d0ff00000000000000"
```

```
            udp_socket.sendto(move.decode("hex"), send_addr)

        #帧数据显示
        if len(state2)!=0:
            currentTime = time.strftime('%Y.%m.%d %H:%M:%S', time.localtime
(time.time()))
            self.row+=1
            for column in range(4):
                if column == 0:
                    item = QStandardItem('%s' % (currentTime))
                elif column == 1:
                    item = QStandardItem('发送')
                elif column == 2:
                    item = QStandardItem('0x%s' % (data_id))
                elif column == 3:
                    item = QStandardItem('%s' % (data_frame))
                item.setBackground(QBrush(QColor(255,0,0)))
                self.model.setItem(self.row, column, item)
                self.tableView.scrollToBottom()

    except:
        self.timer2.stop()
        self.sendButton.setText("发送")        #控件显示文本
        self.frameID.setEnabled(True)           #文本框转为可操作状态
        self.frameData.setEnabled(True)
```

3.2.6 实验结果与分析

1. Demo 软件使用流程

本实验有 Demo 软件可供参考，软件环境安装与配置请参考本书第 2 章 2.1.1 节 "ROS 环境安装及相关配置" 的相关内容。

软件编译与运行步骤如下。

（1）按 Ctrl+Alt 键打开终端，建立工作空间并编译软件，具体命令如下：

```
% mkdir -p ~/catkin_ws/src
```

将 cancommunicate 包复制到 catkin_ws/src 中：

```
% cd catkin_ws/
% catkin_make
% sudo chmod -R 777 src
```

（2）运行 Demo 软件，具体命令如下：

```
% cd catkin_ws/
% source devel/setup.bash
% roslaunch canTest canTest.launch
```

2. Demo 软件展示——CAN 总线调试模块

Demo 软件主界面如图 3.6 所示，显示区域包括时间、状态、帧 ID 和数据 4 部分，主界面下方有输入发送控制帧数据的帧 ID 和帧数据的文本框。

图 3.6　Demo 软件主界面

在启动程序的同时获取车辆控制权，然后在主界面中输入 IP，需确保输入的 IP 与所用工控机的 IP 一致。在本实验中，需更改 IP 为 192.168.1.4，若输入的 IP 错误，则会弹出错误提示，如图 3.7 所示。输入正确的 IP 后，启动程序，单击"开始"按钮，可进行车辆数据的实时读取与显示，如图 3.8 所示。在实时显示状态下单击"暂停"按钮可停止数据读取与显示。

在主界面底部文本框中输入帧 ID 与帧数据，单击"发送"按钮，将以 100Hz 的频率向车辆底层发送数据并滚动显示。单击"暂停"按钮则会停止发送。帧 ID 包括 4 字节，如 18 f0 14 d1，帧数据包括 8 字节，如 00 11 22 33 44 55 66 77。若格式输入错误，"发送"按钮将不会变成"暂停"按钮，并且显示区域中不会显示数据。由于车辆无法辨识帧数据是否有效，因此只要格式正确，都可以向车辆底层发送信息。主界面中的显示时间为当前系统时间。状态主要有接收和发送两种(其中高亮状态为发送数据状态)，分别用于接收线控底盘的反馈数据和发送控制帧数据到线控底盘。帧 ID 是接收或发送数据的报文标识，帧数据是具体的控制数据。数据发送成功界面如图 3.9 所示。

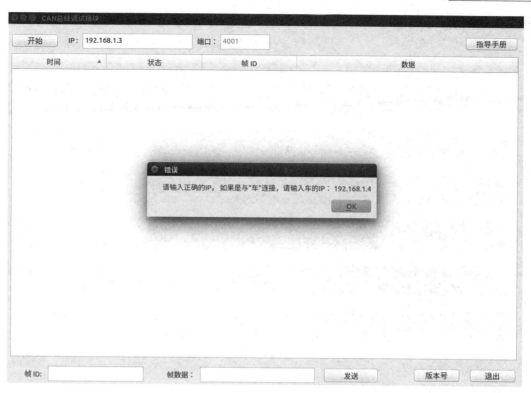

图 3.7 错误提示

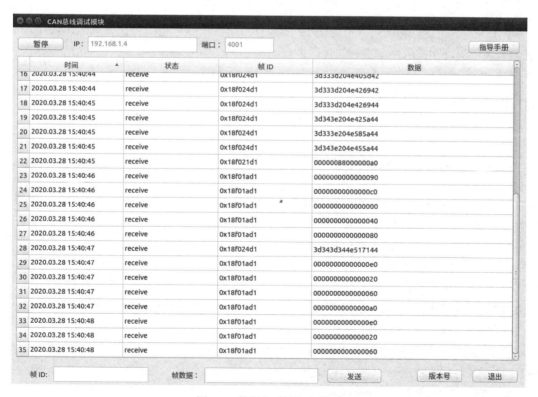

图 3.8 数据实时读取与显示

图 3.9　数据发送成功界面

单击"指导手册"按钮可打开 PDF 版实验指导书。单击"退出"按钮可退出程序。单击"版本号"按钮可在提示框中查看软件版本信息。

3.3　线控转向实验

3.3.1　实验背景与原理

线控转向是无人车实现路径跟踪与避障的关键技术，其性能直接影响无人车的安全驾驶、乘车体验。线控转向实验可在小旋风线控底盘实验平台上完成，也可扩展到其他线控车辆的转向实验中。本实验中，无人车的线控转向协议帧主要有车辆授权帧和车辆运动控制帧（目标方向盘转角和目标方向盘转速），其中车辆授权帧在 3.2.1 节中介绍过，如表 3.9 所示。车辆运动控制帧在 3.1.3 节中介绍过，如表 3.5 所示，其帧 ID 为 0x0C08D1D0，传输周期为 50ms，是工控机发送给线控底盘实验平台的控制命令，其第 0 字节为各种模式控制，第 1、2 字节为目标挡位、目标驻车、目标油门，第 3、4 字节为期望控制的目标方向盘转角，长度为 16bit，目标方向盘的转角范围为[–7100°，7100°]，其他值无效。第 5 字节为目标方向盘转速，长度为 8bit，目标方向盘的转速范围为[0°/s，250°/s]，其他值无效。

如 3.2.1 节中的表 3.11 所示，线控底盘实验平台能向工控机发送执行后的实时方向盘状态，帧 ID 为 0x18F015D1，传输周期为 50ms，是 BAU 发送给工控机的车辆状态信息，其第 3、4

字节为方向盘转角(长度：16bit，数据范围：–7100～7100，其他值无效，角度分辨率为 0.1°，角度范围为[–710°，710°])。其第 5 字节为方向盘转速(长度：8bit，数据范围：0～250，其他值无效，转速范围为[0°/s，500°/s])。其第 6 字节为方向盘扭矩(数据范围：–127～127，其他值无效，扭矩范围为[–12.7Nm，12.7Nm]，向左转为正值，向右转为负值)。

3.3.2　实验目的

在初步实现 CAN 总线调试的基础上，通过对小旋风线控底盘实验平台底层协议的分析，编写程序实现对车辆转向和转速的控制和实时数据监测，培养学生综合运用所学理论知识和方法进行独立分析和解决问题的能力。

3.3.3　实验环境

1．硬件设备

小旋风线控底盘实验平台。
CANET-2E-U。
路由器。
计算机。

2．软件环境

Ubuntu 16.04。
ROS Kinect。
PyCharm。
PyQt5。

3.3.4　实验内容

本实验要求学生根据所学 CAN 协议知识，编写 Python 程序，实现对无人车转向系统的控制和实时数据读取与显示。系统的硬件连接方式如 3.2.5 节中的图 3.5 所示，具体内容包括：

(1)完成控制台工控机通过 CAN 设备与线控底盘实验平台的硬件连接。

(2)编写程序，根据车辆授权帧，发送授权命令。

(3)通过无人车底层协议，控制车辆实现不同转角和转速。

(4)读取并显示线控底盘实验平台实时转角与转速状态。

3.3.5　实验步骤

本实验的整体步骤如图 3.10 所示，包括硬件连接、配置端口并获得控制权、解析底层数据并显示、向底层发送数据并显示等过程。

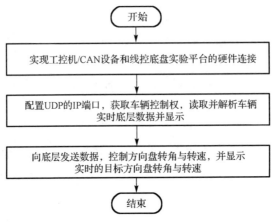

图 3.10　实验步骤流程图

本实验主要采用 UDP 协议通过 CAN 总线进行通信。CANET-2E-U 设备 IP 已设置为 192.168.1.178，端口已设置为 4001。由于 CANET-2E-U 设备可与 IP 为 192.168.1.4 的设备进行通信。因此，实验开始前，需确定工控机的 IP 为 192.168.1.4。

1. 硬件连接

硬件连接如 3.2.5 节中的图 3.5 所示。

2. 配置端口并获取控制权

确认本机 IP 与在主界面中输入的 IP 一致，绑定 IP 后与端口进行 UDP 通信，获取车辆控制权，示例代码实现详见 3.2.5 节中的代码 3.1。

3. 解析底层数据并显示

创建 UDP 套字节，通过 UDP 通信实现对底层数据的接收与读取，示例代码如代码 3.6 所示。

（1）UDP 通信接收数据

接收数据的示例代码如代码 3.6 所示。

代码 3.6　接收数据

```
def receive():                          #作为接收端进行 UDP 通信
    getIP = os.popen(
        "ifconfig | grep 'inet addr' | grep -v '127.0.0.1' | cut -d: -f2 |awk
'{print $1}' | head -1").read()         #获取本机 IP
    IP = getIP[0:(len(getIP) - 1)]      #获取软件 IP 文本框中的文本
    PORT = 4001                         #端口号
    server_socket = socket.socket(socket.AF_INET, socket.SOCK_DGRAM)
    #创建 UDP 套字节
    address = (IP, PORT)
    server_socket.bind(address)         #绑定接收端的 IP 与端口
    while True:
        receive_data, client_address = server_socket.recvfrom(1024)
        #UDP 通信接收底层数据
```

```
    temp = re.findall(r'.{26}', receive_data.encode("hex"))
    #返回字符串中所有包含 26 的数据
    for n in range(len(temp)):
        frame_data_line = ' '.join([temp[n][2 * i:2 * (i + 1)] for i in
range(len(temp[n]) / 2)]).split(" ")
        frame_handle(frame_data_line)
```

（2）存储数据并发送

接收从线控底盘实时传输来的方向盘转角和转速数据并在软件上显示，示例代码如代码 3.7 所示。

代码 3.7　存储数据并发送

```
def frame_handle(receive_data):                         #存储数据并发送
    frame_head = '0x' + receive_data[0]                     #存储数据帧头
    frame_ID = '0x' + receive_data[1] + receive_data[2] + receive_data[3]
+ receive_data[4]                                          #存储帧 ID
    frame_data = receive_data[5:]                          #存储帧数据
    pub = rospy.Publisher("car_state", receive_msg, queue_size=10)
    #发布存储的消息
    rospy.init_node('state_pub', anonymous=True)
    state_receive = receive_msg()                     #存储接收到的消息
    if frame_ID == '0x18f014d1':
        state_receive.state_one = frame_data
    elif frame_ID == '0x18f015d1':
        state_receive.state_two = frame_data
    pub.publish(state_receive)
```

（3）解析数据并显示

根据协议解析接收到的底层数据并显示，示例代码如代码 3.8 所示。

代码 3.8　解析数据并显示

```
def tableShow(self):                                   #实时状态数据显示
    global state
    global realDirection
    global realAngle
    global targetDirection
    global targetAngle
    global targetAngleSpeed
    global realSpeed
    #实时显示
    if state == 1:
        if realDirection == 0:
            self.real_direction.setText("左")
        else:
            self.real_direction.setText("右")
        self.real_angle.setText("%s"%(str(realAngle)))     #实时方向盘转角
```

```
        self.real_speed.setText("%s"%(str(realSpeed)))      #实时方向盘转速
    #目标显示
    if targetDirection == 0:
        self.target_direction.setText("左")
    else:
        self.target_direction.setText("右")
    showtargetAngle = abs(targetAngle)
    self.target_angle.setText("%s"%(str(showtargetAngle)))  #目标方向盘转角
    self.target_speed.setText("%s"%(str(targetAngleSpeed)))
                                                            #目标方向盘转速
```

4. 向底层发送数据并显示

发送目标方向盘转角与转速数据控制方向盘。转角变化控制模块分为 10、20、50 和 100 共 4 个挡位，选定一个挡位后，单击控制方向盘左转向的按钮（软件中的"左转向"按钮），累加相对应的方向盘转角。当累加的方向盘转角大于或等于 710°时，方向盘转角将不再累加。可通过不同的挡位调节方向盘的转速，转速范围为[0°/s，75°/s]，示例代码如代码 3.9 所示。

代码 3.9 向底层发送数据并显示

```
def left_turn(self):                    #turn_left 按钮控制方向盘左转向事件
    global targetAngle
    global targetDirection
    interAngle = 0
    if self.du10.isChecked():
        interAngle = 10
    elif self.du20.isChecked():
        interAngle = 20
    elif self.du50.isChecked():
        interAngle = 50
    elif self.du100.isChecked():
        interAngle = 100
    targetAngle = interAngle+targetAngle
    if targetAngle > 710:
        targetAngle = 710
    if targetAngle > 0:
        targetDirection = 0

def right_turn(self):                   #turn_right 按钮控制方向盘右转向事件
    global targetAngle
    global targetDirection
    interAngle = 0
    if self.du10.isChecked():
        interAngle = 10
    elif self.du20.isChecked():
        interAngle = 20
    elif self.du50.isChecked():
        interAngle = 50
    elif self.du100.isChecked():
        interAngle = 100
```

```python
        targetAngle = targetAngle-interAngle
        if targetAngle < -710:
            targetAngle = -710
        if targetAngle < 0:
            targetDirection = 1
    def acc_click(self):                          #accelerate 按钮增加方向盘转速步长
        global targetAngleSpeed
        interSpeed = 0
        if self.speed5.isChecked():
            interSpeed = 13
        elif self.speed10.isChecked():
            interSpeed = 25
        elif self.speed20.isChecked():
            interSpeed = 50
        elif self.speed30.isChecked():
            interSpeed = 75
        targetAngleSpeed = targetAngleSpeed+interSpeed
        if targetAngleSpeed > 250:
            targetAngleSpeed = 250
    def dec_click(self):                          #decelerate 按钮减小方向盘转速步长
        global targetAngleSpeed
        interSpeed = 0
        if self.speed5.isChecked():
            interSpeed = 13
        elif self.speed10.isChecked():
            interSpeed = 25
        elif self.speed20.isChecked():
            interSpeed = 50
        elif self.speed30.isChecked():
            interSpeed = 75
        targetAngleSpeed = targetAngleSpeed-interSpeed
        if targetAngleSpeed < 0:
            targetAngleSpeed = 0
    def angleControl(self):                       #设置帧，向底层发送数据
        global stateAut
        global controlRight
        global targetAngleSpeed
        global targetDirection
        global targetAngle
        self.getControlRight()                    #获取车辆控制权
        data_0 = "88"
        data_1 = "0c"
        data_2 = "08"
        data_3 = "d1"
        data_4 = "d0"
        data_5 = "ff"
        data_6 = "00"
        data_7 = "00"
        data_11 = "00"
        data_12 = "00"
        targetAngleControl = targetAngle*10
```

```
#根据协议解析数据并显示
if targetAngleControl>0:
    str8 = str(hex(targetAngleControl>>8))
    str9 = str(hex(targetAngleControl & (0xff)))
    data_8 = (4 - len(str8)) * "0" + str8[2:]
    data_9 = (4 - len(str9)) * "0" + str9[2:]
    data89=data_8+data_9
else:
    targetAngleControl = -targetAngleControl
    str89 = str(hex(int(0xffff)-int(targetAngleControl)))
    data89 = (6-len(str89))*"0"+str89[2:]
strdata10 = str(hex(targetAngleSpeed))
try:
    if strdata10[3]:
        data_10 = strdata10[2]+strdata10[3]
    else:
        data_10 = "0"+strdata10[2]
except:
    data_10 = "0"+strdata10[2]
data = data_0 + data_1 + data_2 + data_3 + data_4 + data_5 + data_6 +
data_7 + data89 + data_10 + data_11 + data_12
    udp_socket.sendto(data.decode("hex"), send_addr)      #UDP 通信发送数据
```

3.3.6 实验结果与分析

1. Demo 软件使用流程

本实验有 Demo 软件可供参考，软件环境安装与配置请参考本书 2.1.1 节 "ROS 环境安装及相关配置" 的相关内容。

（1）按 Ctrl+Alt 键打开终端，建立工作空间并编译，具体命令如下：

```
% mkdir -p ~/catkin_ws/src
```

将 angleControl 包复制到 catkin_ws/src 中：

```
% cd catkin_ws/
% catkin_make
% sudo chmod -R 777 src
```

（2）运行 Demo 软件，具体命令如下：

```
% cd catkin_ws/
% source devel/setup.bash
% roslaunch angleControl angleControl.launch
```

2. Demo 软件展示——线控转向模块

Demo 软件主界面如图 3.11 所示，主要由角度变化控制、速度变化控制和显示三个模块组成。

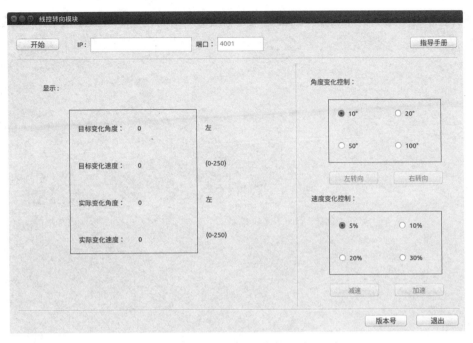

图 3.11　Demo 软件主界面

　　在启动程序的同时获取车辆控制权，然后在主界面中输入 IP，此时需确保输入的 IP 与所用工控机的 IP 一致。若与车辆连接，则需输入的 IP 为 192.168.1.4。然后单击"开始"按钮，可进行车辆数据的实时读取与显示(单击"开始"按钮后，按钮显示变为"暂停")。同时，软件打开定时器，发送授权帧与控制转向帧，默认转角与转速均为 0。单击"暂停"按钮可停止数据读取与显示，并停止发送转向信息。若输入的 IP 错误，则会弹出错误提示，如图 3.12 所示。若输入的 IP 正确，则启动成功，如图 3.13 所示。

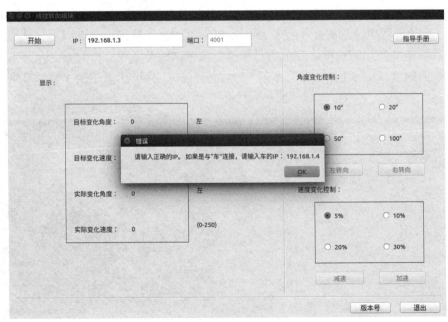

图 3.12　错误提示

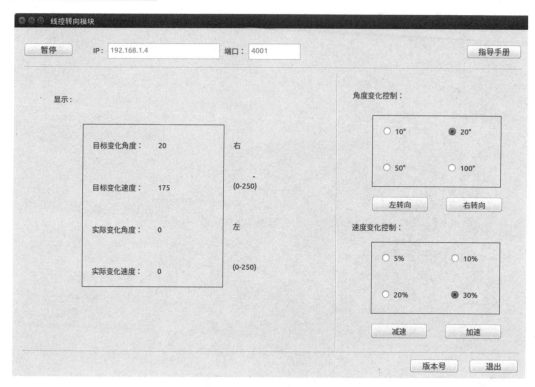

图 3.13　启动成功

主界面左边的"显示"模块中，"目标变化角度"和"实际变化角度"默认的朝向均为左，"目标变化速度"和"实际变化速度"显示值范围为 0～250，默认值为 0。主界面右边的模块中，角度变化控制分为 10°、20°、50° 和 100° 共 4 个挡位，实验过程中选择一个挡位后，若单击"左转向"按钮，则当前的转向角度值会往左变化相应的挡位角度值。若单击"右转向"，按钮则会往右变化相应的挡位角度值。速度变化控制分为 5%、10%、20% 和 30% 共 4 个挡位，实验过程中，选取一个挡位后，若单击"减速"按钮，则会减小方向盘转角从当前状态到目标角度变化的速度，若单击"加速"按钮，则会增大方向盘转角从当前状态到目标角度变化的速度。图 3.14 与图 3.15 分别为左转 10° 和 500° 状态下的主界面实时显示以及车辆的状态。

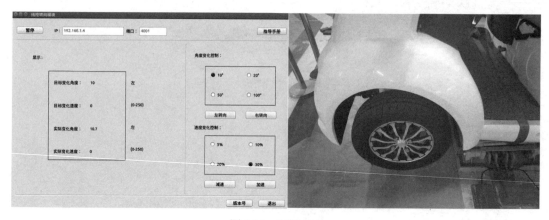

图 3.14　左转 10°

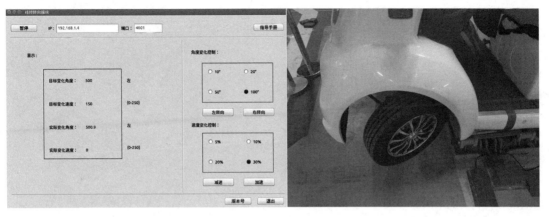

图 3.15　左转 500°

单击"指导手册"按钮可打开 PDF 版实验指导书。单击"退出"按钮可退出程序。单击"版本号"按钮可在提示框中查看软件版本信息。

3.4　线控挡位与速度实验

3.4.1　实验背景与原理

线控挡位与速度是无人车实现速度控制的关键部分，本实验主要通过控制线控底盘实验平台的目标挡位(N/R/D)和目标油门(0%～100%)实现对车辆行驶方向和速度的控制，并通过控制制动实现车辆减速。本实验中，控制无人车的速度和挡位的协议如下。

车辆授权帧见表 3.9，车辆运动控制帧见表 3.5。工控机向线控底盘实验平台发送数据，帧 ID 为 0x0C08D1D0，其第 1 字节为目标挡位控制(长度：4bit，分为空挡、前进挡和后退挡)；第 2 字节为目标油门(长度：8bit，数据范围：0～100)；第 6 字节为目标制动(长度：8bit，数据范围：0～15，其他值无效，说明：制动压力范围为[0Mpa，7.5Mpa])。车辆运行的实时状态可以通过表 3.10、表 3.11 和表 3.12 所示的数据帧得到。

3.4.2　实验目的

通过本实验使学生熟悉无人车智能线控挡位、油门控制和制动控制协议，并编写程序，通过 CAN 总线控制车辆挡位和速度变化，培养学生综合运用所学理论知识和方法进行独立分析和解决问题的能力。

3.4.3　实验环境

1. 硬件设备

小旋风线控底盘实验平台。

CANET-2E-U。

路由器。

计算机。

2. 软件环境

Ubuntu 16.04。

ROS Kinect。

PyCharm。

PyQt5。

3.4.4 实验内容

本实验要求学生根据所学 CAN 协议编写 Python 程序,实现对无人车挡位和速度的控制以及实时数据读取与显示。具体内容包括:

(1)完成控制台工控机通过 CAN 设备与线控底盘实验平台的硬件连接。

(2)确定车辆与本机 IP 地址并设置端口,为数据通信提供接口。

(3)通过读取车辆底层数据,对其进行解析,显示实时车辆制动信息。

(4)通过获取车辆授权帧,向车辆底层发送获取控制权命令。

(5)通过解析车辆控制帧,向车辆底层发送挡位(D/N/R)变换命令,并发送 2%、5%、10% 和 20%的加速命令,观察运行效果。

(6)在车辆行驶过程中,通过设置不同制动参数观察减速情况。

3.4.5 实验步骤

本实验的整体步骤如图 3.16 所示,包括硬件连接、配置端口并获取控制权、解析底层数据并显示、向底层发送数据并显示等过程。

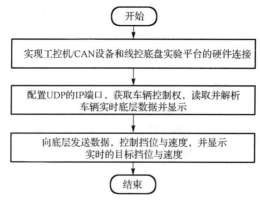

图 3.16　实验步骤流程图

本实验主要采用 UDP 协议通过 CAN 总线进行通信。CANET-2E-U 设备 IP 已设置为 192.168.1.178,端口已设置为 4001。由于 CANET-2E-U 设备可与 IP 为 192.168.1.4 的设备进行通信。因此,在实验开始前,需将工控机的 IP 设置为 192.168.1.4。

1. 硬件连接

硬件连接如图 3.5 所示。

2. 配置端口并获取控制权

确认本机 IP 与在主界面中输入的 IP 一致，绑定 IP 后与端口进行 UDP 通信，获取车辆控制权，示例代码如代码 3.10 所示。

代码 3.10　配置端口获取及控制权

```python
def startEvent(self):
    #start 按钮事件,进行各变量属性初始化,获取控制权,控制数据发送与定时器
    if self.startButton.text() == "开始".decode('utf-8'):
        getIP = os.popen("ifconfig | grep 'inet addr' | grep -v '127.0.0.1'
| cut -d: -f2 |awk '{print $1}' | head -1").read()   #获取本机 IP
        receive_ip = str(self.ip_text.toPlainText())+"\n"
                                        #获取软件 IP 文本框中的文本

        if getIP == receive_ip:
            self.ip_text.setDisabled(True)
            self.getControlRight()              #获取车辆控制权
            self.timer2.timeout.connect(self.sendControl)
            self.timer2.start(100)
            self.startButton.setText("暂停")
            self.accelerate_button.setDisabled(False)   #设置控件为不可操作状态
            self.decelerate_button.setDisabled(False)
            self.brakeSlider.setDisabled(False)
            self.brake_button.setDisabled(False)
            self.release_button.setDisabled(False)

        else:
            QMessageBox.about(self,"错误","请输入正确的 IP。如果是与"车"连接,请
输入车的 IP:192.168.1.4")                        #输入错误的 IP 时弹出提示窗口
    else:
        #初始化各控件和变量
        self.timer2.stop()
        self.movie.stop()
        self.startButton.setText("开始")
        self.accelerate_button.setDisabled(True)
        self.decelerate_button.setDisabled(True)
        self.brakeSlider.setDisabled(True)
        self.brake_button.setDisabled(True)
        self.release_button.setDisabled(True)
        targetGear = 0
        targetGas = 0
        targetBrake = 0
        self.brakeSlider.setValue(0)
        self.ip_text.setDisabled(False)
```

```
def getControlRight(self):                        #发送获取控制权帧
    data_0 = "88"
    data_1 = "0c"
    data_2 = "00"
    data_3 = "d1"
    data_4 = "d0"
    data_5 = "00"
    data_6 = "00"
    data_7 = "24"
    data_8 = "92"
    data_9 = "ab"
    data_10 = "41"
    data_11 = "79"
    data_12 = "5f"
    data=data_0 + data_1 + data_2 + data_3 + data_4 + data_5 + data_6 + data_7
+ data_8 + data_9 + data_10 + data_11 + data_12
    udp_socket.sendto(data.decode('hex'), send_addr)   #创建 UDP 套字节发送消息
```

3. 解析底层数据并显示

(1) UDP 通信接收数据

创建 UDP 套字节，通过 UDP 通信实现对底层数据的接收与显示，接收数据示例代码如代码 3.11 所示。

代码 3.11　接收数据

```
def receive():                                    #作为接收端进行 UDP 通信
    getIP = os.popen("ifconfig | grep 'inet addr' | grep -v '127.0.0.1' |
cut -d: -f2 |awk '{print $1}' | head -1").read()    #获取本机 IP
    IP = getIP[0:(len(getIP) - 1)]                  #获取软件 IP 输入文本框
    PORT = 4001                                      #端口号
    server_socket = socket.socket(socket.AF_INET, socket.SOCK_DGRAM)
    #创建 UDP 套字节
    address = (IP, PORT)
    server_socket.bind(address)                      #绑定接收端的 IP 与端口
    while True:
        receive_data, client_address = server_socket.recvfrom(1024)
        #UDP 通信接收底层数据
        temp = re.findall(r'.{26}', receive_data.encode("hex"))
        #返回字符串中所有包含 26 的数据
        for n in range(len(temp)):
            frame_data_line = ' '.join([temp[n][2 * i:2 * (i + 1)] for i in
range(len(temp[n]) / 2)]).split(" ")
            frame_handle(frame_data_line)
```

(2) 存储数据并发送

存储数据并发送的示例代码如代码 3.12 所示。

代码 3.12　存储数据并发送

```
def frame_handle(receive_data):              #存储数据并发送
    frame_head = '0x' + receive_data[0]  #存储数据帧头
    frame_ID = '0x' + receive_data[1] + receive_data[2] + receive_data[3]
+ receive_data[4]                            #存储帧 ID
    frame_data = receive_data[5:]            #存储帧数据
    pub = rospy.Publisher("car_state", receive_msg, queue_size=10)
    #发布存储的消息
    rospy.init_node('state_pub', anonymous=True)
    state_receive = receive_msg()            #存储接收到的消息
    if frame_ID == '0x18f014d1':
        state_receive.state_one = frame_data
    elif frame_ID == '0x18f015d1':
        state_receive.state_two = frame_data
    pub.publish(state_receive)
```

(3) 发送运动控制帧并显示

根据协议发送运动控制帧并显示。首先通过挡位选择模块选择挡位，与此同时在软件主界面中显示目标挡位；然后通过油门控制模块对油门进行控制，可选择 2%、5%、10%和 20%共 4 个挡位对油门进行控制，选择其中的一个挡位，单击"加速"按钮或"减速"按钮则可增加或减小相应的油门值，与此同时在主界面中显示目标油门。制动控制模块的调节范围为 0～15，拖拉滑动条选取制动压力值，单击"制动"按钮可进行制动，单击"释放"按钮可解除制动，与此同时在主界面中显示目标制动和当前制动状态，示例代码如代码 3.13 所示。

代码 3.13　发送运动控制帧并显示

```
def sendControl(self):                       #发送运动控制帧
    self.getControlRight()                   #获取车辆控制权
    if self.radioButton.isChecked():
        targetGear = "01"
        self.target_gear.setText("D")
    elif self.radioButton_2.isChecked():
        targetGear = "00"
        self.target_gear.setText("N")
    elif self.radioButton_3.isChecked():
        targetGear = "02"
        self.target_gear.setText("R")
    else:
        targetGear = "00"
        self.target_gear.setText("N")
    self.target_speed.setText(str(targetGas))
    self.target_brake.setText(str(targetBrake))
    self.show_brake.setText(str(targetBrake))
    data_0 = "88"
    data_1 = "0c"
    data_2 = "08"
```

```
                data_3 = "d1"
                data_4 = "d0"
                data_5 = "ff"
                data_6 = targetGear                              #目标挡位
                data_7 = str(hex(targetGas))                     #目标油门
                data_8 = "00"
                data_9 = "00"
                data_10 = "00"
                data_11 = "0" + str(hex(targetBrake))[2]         #目标制动
                data_12 = "00"
                if targetGas < 16:
                    data_7="0" + str(hex(targetGas))[2]
                else:
                    data_7 = str(hex(targetGas))[2] + str(hex(targetGas))[3]
                data = data_0 + data_1 + data_2 + data_3 + data_4 + data_5 + data_6 +
        data_7 + data_8 + data_9 + data_10 + data_11 + data_12
                udp_socket.sendto(data.decode('hex'), send_addr)   #UDP 通信发送数据

            def accelerateClick(self): #accelerate 按钮事件,油门相应增加选中值,限速 30
                global targetGas
                if self.speed_2.isChecked():
                    acc = 2
                elif self.speed_5.isChecked():
                    acc = 5
                elif self.speed_10.isChecked():
                    acc = 10
                elif self.speed_20.isChecked():
                    acc = 20
                else:
                    acc = 0
                targetGas += acc
                if targetGas > 30:
                    targetGas = 30
                if targetGear == 0 or targetBrake !=0:
                    targetGas = 0
                if targetGas > 0:
                    self.movie.start()                  #车辆运动
                else:
                    self.movie.stop()                   #车辆停止
            def decelerateClick(self):                  #decelerate 按钮事件,油门相应减小选中值
                global targetGas
                if self.speed_2.isChecked():
                    acc = 2
                elif self.speed_5.isChecked():
                    acc = 5
                elif self.speed_10.isChecked():
                    acc = 10
                elif self.speed_20.isChecked():
                    acc = 20
                else:
```

```
            acc = 0
        targetGas -= acc
        if targetGas < 0:
            targetGas = 0
        if targetGear == 0 or targetBrake !=0:
            targetGas = 0
        if targetGas > 0:
            self.movie.start()          #车辆运动
        else:
            self.movie.stop()           #车辆停止

    def brakeClick(self): #brake 按钮事件,给车辆发送滑动条数据对应的制动值,范围为1~15
        targetBrake = int(self.brakeSlider.value())
        if targetBrake > 0:
            targetGas = 0
            self.movie.stop()           #车辆停止
    def releaseClick(self):             #release 按钮事件,解除制动
        global targetBrake
        targetBrake = 0
        self.brakeSlider.setValue(0)
```

3.4.6 实验结果与分析

1. Demo 软件使用流程

本实验有 Demo 软件可供参考,软件环境安装与配置请参考本书 2.1.1 节 "ROS 环境安装及相关配置" 的相关内容。

(1)按 Ctrl+Alt 键打开终端,建立工作空间并编译,具体命令如下:

```
% mkdir -p ~/catkin_ws/src
```

将 carMoving 包复制到 catkin_ws/src 中:

```
% cd catkin_ws/
% catkin_make
% sudo chmod -R 777 src
```

(2)运行 Demo 软件,具体命令如下:

```
% cd catkin_ws/
% source devel/setup.bash
% roslaunch carMoving carMoving.launch
```

2. Demo 软件展示——线控油门制动模块

Demo 软件主界面如图 3.17 所示,主要由目标值(目标挡位、目标油门、目标制动、当前制动)、实时状态的显示、挡位选择、油门控制和制动控制几个模块组成。

在启动程序的同时获取车辆的控制权,然后在主界面中输入 IP,此时需确保输入的 IP 与所用工控机的 IP 一致。若与车辆连接,则输入的 IP 应为 192.168.1.4。单击 "开始" 按钮,可进行车辆数据的实时读取与显示。同时打开定时器,发送授权帧与车辆运动控制帧。

若输入的 IP 错误，则会弹出错误提示，如图 3.18 所示。若输入的 IP 正确，则启动成功，图 3.19 所示。

图 3.17　Demo 软件主界面

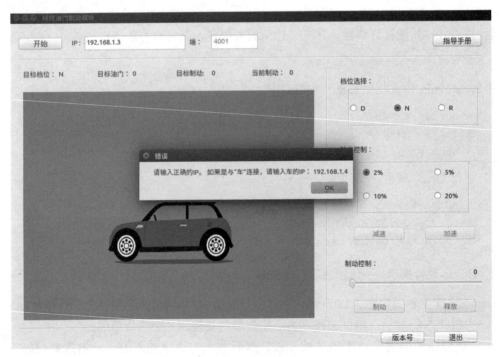

图 3.18　错误提示

图 3.19　启动成功

实验过程中，单击油门控制模块中的"加速"按钮，可使油门增大；单击"减速"按钮，可使油门减小。单击制动控制模块中的"制动"按钮，可读取滑动条数据，使车辆制动。单击"释放"按钮，可将滑动条归零。在有制动的情况下，油门自动设置为 0。

单击"指导手册"按钮可打开 PDF 版实验指导书。单击"退出"按钮可退出程序。单击"版本号"按钮可在提示框中查看软件版本信息。

3.5　线控辅助信号实验

3.5.1　实验背景与原理

车辆的辅助信号控制主要包括设备电源控制、灯光(转向灯、危险报警闪光灯、刹车灯和倒车灯等)控制以及喇叭控制等。线控辅助信号在无人车自动驾驶过程中能够指示车辆行驶方向，并引起其他车辆和行人的注意，从而提高车辆的安全性。线控辅助信号是无人车的关键组成部分，随着无人车智能化程度的逐渐提高，线控辅助信号在环境适应性、驾驶智能化以及可靠性方面均具有较大的影响。

本线控底盘实验平台辅助信号的车辆授权帧可通过表 3.9 所示的数据帧得到，车辆电源管理帧如表 3.14 所示，车辆电源状态帧如表 3.15 所示，车辆灯光管理帧如表 3.16 所示，车辆灯光状态帧如表 3.17 所示。

车辆电源管理帧是工控机发给线控底盘实验平台的控制信息，其帧 ID 为 0x0C09D1D0，分别可以控制激光雷达电源、RTK-GNSS 电源、超声波雷达电源、摄像头电源、显示器电源和交换机电源等。车辆电源状态帧的帧 ID 为 0x18F01ED1，是线控底盘实验平台发给工控机的状态反馈信息。车辆灯光管理帧的帧 ID 为 0x0C0AD1D0，是工控机发送给线控底盘实验平台的灯光、喇叭以及雨刷器的控制命令。车辆灯光状态帧的帧 ID 为 0x18F01CD1，是线控底盘实验平台发送给工控机的灯光、喇叭以及雨刷器的状态反馈信息。

表 3.14　车辆电源管理帧

报文名称	车辆电源管理							
帧 ID	0x0C09D1D0			帧类型			扩展帧	
报文长度	8 字节			参数组编号			2304	
发送节点	工控机			接收节点			BAU	
传输周期	需要时							
	信号名称	起始字节	起始位	长度(bit)	数据类型	精度	偏移量	单位	描述
数据域	激光雷达电源	0	0	2	unsigned	1	0	–	0x0-关闭；0x1-打开 其他值无效
	RTK-GNSS 电源	0	2	2	unsigned	1	0	–	0x0-关闭；0x1-打开 其他值无效
	超声波雷达电源	0	4	2	unsigned	1	0	–	0x0-关闭；0x1-打开 其他值无效
	摄像头电源	0	6	2	unsigned	1	0	–	0x0-关闭；0x1-打开 其他值无效
	显示器电源	1	8	2	unsigned	1	0	–	0x0-关闭；0x1-打开 其他值无效
	交换机电源	1	10	2	unsigned	1	0	–	0x0-关闭；0x1-打开 其他值无效
	预留电源 1	5	40	2	unsigned	1	0	–	0x0-关闭；0x1-打开 其他值无效

表 3.15　车辆电源状态帧

报文名称	车辆电源状态							
帧 ID	0x18F01ED1			帧类型			扩展帧	
报文长度	8 字节			参数组编号			61470	
发送节点	BAU			接收节点			工控机	
传输周期	500ms							
	信号名称	起始字节	起始位	长度(bit)	数据类型	精度	偏移量	单位	描述
数据域	电源系统模式	0	0	8	unsigned	1	0	–	0x00-断电模式 0x01-待机模式 0x02-标准模式 其他值无效
	激光雷达电源	1	8	2	unsigned	1	0	–	0x0-关闭；0x1-打开 其他值无效
	RTK GPS 电源	1	10	2	unsigned	1	0	–	0x0-关闭；0x1-打开 其他值无效
	超声波雷达电源	1	12	2	unsigned	1	0	–	0x0-关闭；0x1-打开 其他值无效
	摄像头电源	1	14	2	unsigned	1	0	–	0x0-关闭；0x1-打开 其他值无效
	显示器电源	2	16	2	unsigned	1	0	–	0x0-关闭；0x1-打开 其他值无效
	交换机电源	2	18	2	unsigned	1	0	–	0x0-关闭；0x1-打开 其他值无效
	工控机电源	2	20	2	unsigned	1	0	–	0x0-关闭；0x1-打开 其他值无效
	EHB 电源	3	24	2	unsigned	1	0	–	0x0-关闭；0x1-打开 其他值无效
	SDM 电源	3	26	2	unsigned	1	0	–	0x0-关闭；0x1-打开 其他值无效

表 3.16　车辆灯光管理帧

报文名称	车辆灯光管理							
报文标识	0x0C0AD1D0		帧类型			扩展帧		
报文长度	8 字节		参数组编号			2560		
发送节点	工控机		接收节点			BAU		
传输周期	需要时							
数据域	信号名称	起始字节	起始位	长度(bit)	数据类型	精度	偏移量	单位	描述
	左转向灯	0	0	2	unsigned	1	0	–	0x0-关闭；0x1-打开 其他值无效
	右转向灯	0	2	2	unsigned	1	0	–	0x0-关闭；0x1-打开 其他值无效
	远光灯	0	4	2	unsigned	1	0	–	0x0-关闭；0x1-打开 其他值无效
	近光灯	0	6	2	unsigned	1	0	–	0x0-关闭；0x1-打开 其他值无效
	危险报警闪光灯	1	8	2	unsigned	1	0	–	0x0-关闭；0x1-打开 其他值无效
	倒车灯	1	10	2	unsigned	1	0	–	0x0-关闭；0x1-打开 其他值无效
	刹车灯	1	12	2	unsigned	1	0	–	0x0-关闭；0x1-打开 其他值无效
	喇叭	1	14	2	unsigned	1	0	–	0x0-关闭；0x1-打开 其他值无效
	雨刷器	2	16	2	unsigned	1	0	–	0x0-关闭；0x1-打开 其他值无效

表 3.17　车辆灯光状态帧

报文名称	车辆灯光状态							
报文标识	0x18F01CD1		帧类型			扩展帧		
报文长度	8 字节		参数组编号			61468		
发送节点	BAU		接收节点			工控机		
传输周期	200ms							
数据域	信号名称	起始字节	起始位	长度(bit)	数据类型	精度	偏移量	单位	描述
	左转向灯	0	0	2	unsigned	1	0	–	0x0-关闭；0x1-打开 其他值无效
	右转向灯	0	2	2	unsigned	1	0	–	0x0-关闭；0x1-打开 其他值无效
	远光灯	0	4	2	unsigned	1	0	–	0x0-关闭；0x1-打开 其他值无效
	近光灯	0	6	2	unsigned	1	0	–	0x0-关闭；0x1-打开 其他值无效
	危险报警闪光灯	1	8	2	unsigned	1	0	–	0x0-关闭；0x1-打开 其他值无效
	倒车灯	1	10	2	unsigned	1	0	–	0x0-关闭；0x1-打开 其他值无效
	刹车灯	1	12	2	unsigned	1	0	–	0x0-关闭；0x1-打开 其他值无效
	喇叭	1	14	2	unsigned	1	0	–	0x0-关闭；0x1-打开 其他值无效
	雨刷器	2	16	2	unsigned	1	0	–	0x0-关闭；0x1-打开 其他值无效

3.5.2 实验目的

通过本实验使学生熟悉无人车线控辅助信号的方法,并编写程序通过 CAN 总线实现车辆电源、灯光和喇叭等的线控功能,培养学生综合运用所学理论知识和方法进行独立分析和解决问题的能力。

3.5.3 实验环境

1. 硬件设备

小旋风线控底盘实验平台。
CANET-2E-U。
路由器。
计算机。

2. 软件环境

Ubuntu 16.04。
ROS Kinect。
PyCharm。
PyQt5。

3.5.4 实验内容

(1)完成控制台工控机通过 CAN 设备与线控底盘实验平台进行硬件连接。
(2)确定车辆并设置端口和波特率,为数据通信提供端口。
(3)通过读取车辆底层数据,对其进行解析并实时显示车辆设备电源开关信息。
(4)通过解析端口通信的协议帧,向车辆底层发送控制车辆灯光和喇叭的命令。
(5)通过解析端口通信的控制帧,在软件主界面中实时显示车辆电源、灯光以及喇叭的状态。

3.5.5 实验步骤

本实验的整体步骤如图 3.20 所示,包括硬件连接、配置端口并获取控制权、解析底层数据并显示、向底层发送数据并显示等过程。

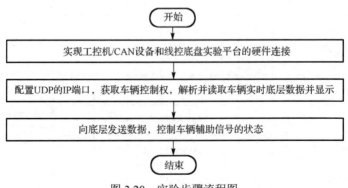

图 3.20　实验步骤流程图

本实验主要采用 UDP 协议通过 CAN 总线进行通信。CANET-2E-U 设备 IP 已设置为 192.168.1.178，端口已设置为 4001。由于 CANET-2E-U 设备可与 IP 为 192.168.1.4 的设备进行通信。因此，在实验开始前，需将工控机的 IP 设置为 192.168.1.4。

1. 硬件连接

硬件连接如图 3.5 所示。

2. 配置端口并获取控制权

确认本机 IP 与在软件主界面中输入的 IP 一致，绑定 IP 后与端口进行 UDP 通信，获取车辆控制权，示例代码如代码 3.14 所示。

代码 3.14　配置端口并获取控制权

```
def startEvent(self):
#start 按钮事件,进行各变量属性初始化,获取控制权,控制数据发送与定时器
    if self.startButton.text() == "开始".decode('utf-8'):
        getIP = os.popen("ifconfig | grep 'inet addr' | grep -v '127.0.0.1'
| cut -d: -f2 |awk '{print $1}' | head -1").read()   #获取本机 IP
        receive_ip = str(self.ip_text.toPlainText()) + "\n"
        #获取软件 IP 文本框中的文本
        if getIP == receive_ip:        #判断本机 IP 与文本框中输入的文本是否一致
            self.ip_text.setDisabled(True)
            self.getControlRight()             #获取车辆控制权
            self.timer2.timeout.connect(self.sendMessage)
            self.timer2.start(100)
            self.startButton.setText("暂停")
        else:
            QMessageBox.about(self, "错误","请输入正确的 IP。如果是与"车"连接,
请输入车的 IP: 192.168.1.4")
    else:
        self.timer2.stop()
        self.startButton.setText("开始")
        self.ip_text.setDisabled(False)
    def getControlRight(self):                        #发送获取控制权帧
        data_0 = "88"
        data_1 = "0c"
        data_2 = "00"
        data_3 = "d1"
        data_4 = "d0"
        data_5 = "00"
        data_6 = "00"
        data_7 = "24"
        data_8 = "92"
        data_9 = "ab"
        data_10 = "41"
        data_11 = "79"
        data_12 = "5f"
```

```
            data = data_0 + data_1 + data_2 + data_3 + data_4 + data_5 + data_6 +
data_7 + data_8 + data_9 + data_10 + data_11 + data_12
            udp_socket.sendto(data.decode('hex'), send_addr)  #UDP 通信发送数据
```

3. 解析底层数据并显示

（1）UDP 通信接收数据

创建 UDP 套字节，通过 UDP 通信实现对底层数据的接收与读取，接收数据示例代码如代码 3.15 所示。

代码 3.15　接收数据

```
    def receive():                                         #作为接收端进行 UDP 通信
        getIP = os.popen(
            "ifconfig | grep 'inet addr' | grep -v '127.0.0.1' | cut -d: -f2 |awk
'{print $1}' | head -1").read()                            #获取本机 IP
        IP = getIP[0:(len(getIP) - 1)]                     #获取软件 IP 文本框中的文本
        PORT = 4001                                        #端口号
        server_socket = socket.socket(socket.AF_INET, socket.SOCK_DGRAM)
        #创建 UDP 套字节
        address = (IP, PORT)
        server_socket.bind(address)                        #绑定接收端的 IP 与端口
        while True:
            receive_data, client_address = server_socket.recvfrom(1024)
            #UDP 通信接收底层数据
            temp = re.findall(r'.{26}', receive_data)      #返回字符串中所有包含26的数据
            for n in range(len(temp)):
                frame_data_line = ' '.join([temp[n][2 * i:2 * (i + 1)] for i in
range(len(temp[n]) / 2)]).split(" ")
                frame_handle(frame_data_line)
                self.real_ultra.setStyleSheet("color:green")
            else:
                self.real_ultra.setStyleSheet("color:black")
```

（2）存储数据并发送

存储接收到的底层数据并发送，示例代码如代码 3.16 所示。

代码 3.16　存储数据并发送

```
    def frame_handle(receive_data):                       #存储数据并发布
        frame_head = '0x' + receive_data[0]  #存储数据帧头
        frame_ID = '0x' + receive_data[1] + receive_data[2] + receive_data[3]
+ receive_data[4]                                          #存储帧 ID
        frame_data = receive_data[5:]                     #存储帧数据
        pub = rospy.Publisher("car_state", receive_msg, queue_size=10)
        #发布存储的消息
        rospy.init_node('state_pub', anonymous=True)
        state_receive = receive_msg()                     #存储接收到的消息
        if frame_ID == '0x18f014d1':
            state_receive.state_one = frame_data
```

```
    elif frame_ID == '0x18f01ed1':
        state_receive.power = frame_data
    pub.publish(state_receive)
```

（3）解析数据并显示

根据协议解析底层数据并显示，示例代码如代码 3.17 所示。

代码 3.17　解析数据并显示

```
def powerShow(self):        #实时数据显示
    if state1==1:
        if currentCamera == 0x01:
            self.real_camera.setStyleSheet("color:green")
        else:
            self.real_camera.setStyleSheet("color:black")
        if currentLidar == 0x01:
            self.real_lidar.setStyleSheet("color:green")
        else:
            self.real_lidar.setStyleSheet("color:black")
        if currentGps == 0x01:
            self.real_gps.setStyleSheet("color:green")
        else:
            self.real_gps.setStyleSheet("color:black")
        if current4g == 0x01:
            self.real_4g.setStyleSheet("color:green")
        else:
            self.real_4g.setStyleSheet("color:black")
        if currentUltra == 0x01:
            self.real_ultra.setStyleSheet("color:green")
        else:
            self.real_ultra.setStyleSheet("color:black")
```

4．向底层发送数据并显示

向底层发送数据并显示，示例代码如代码 3.18 所示。

代码 3.18　向底层发送数据并显示

```
def sendPowerControl(self):        #发送电源控制帧
    if self.camera_on.isChecked():        #检测按键的状态
        state_camera = 1
    else:
        state_camera = 0
    if self.lidar_on.isChecked():
        state_lidar = 1
    else:
        state_lidar = 0
    if self.gps_on.isChecked():
        state_gps = 1
    else:
        state_gps =0
```

```python
            if self.g4_on.isChecked():
                state_g4 = 1
            else:
                state_g4 = 0
            if self.ultar_on.isChecked():
                state_ultar = 1
            else:
                state_ulta r= 0
        #控制电源开关状态数据帧
            data_0 = "88"
            data_1 = "0c"
            data_2 = "09"
            data_3 = "d1"
            data_4 = "d0"
            data_5 = ((int(hex(state_camera),16) <<6 & 0x40) | (int(hex (state_
ultar),16)<<4 & 0x10)(int(hex(state_gps),16) <<2 & 0x04) | (int(hex(state_lidar),16)
& 0x01))
            data_6 = (int(hex(state_g4),16) << 4 & 0x10)
            data_7 = "00"
            data_8 = "00"
            data_9 = "00"
            data_10 = "00"
            data_11 = "00"
            data_12 = "00"
            if data_5 < 16:
                data_5 = "0"+str(hex(data_5))[2]
            else:
                data_5 = str(hex(data_5))[2]+str(hex(data_5))[3]
            if data_6 < 16:
                data_6 = "0" + str(hex(data_6))[2]
            else:
                data_6 = str(hex(data_6))[2] + str(hex(data_6))[3]
            data = data_0 + data_1 + data_2 + data_3 + data_4 + data_5 + data_6 +
data_7 + data_8 + data_9 + data_10 + data_11 + data_12
            udp_socket.sendto(data.decode("hex"), send_addr)   #UDP 通信发送数据
        def sendLightControl(self):                             #发送灯光控制帧
            horn = self.horn
            real_alarming = 0
            if self.left.isChecked():                           #检测按键的状态
                real_left = 1
            else:
                real_left = 0
            if self.right.isChecked():
                real_right = 1
            else:
                real_right = 0
            if self.alarming.isChecked():
                real_left = 1
                real_right = 1
                real_alarming = 1
            else:
```

```
            real_alarming = 0
        if self.dipped.isChecked():
            real_dipped = 1
        else:
            real_dipped = 0
        if self.highbeam.isChecked():
            real_highbeam = 1
        else:
            real_highbeam = 0

        if self.backup.isChecked():
            real_backup = 1
        else:
            real_backup = 0
        if self.brake.isChecked():
            real_brake = 1
        else:
            real_brake = 0
        if self.light_down.isChecked():              #关闭所有辅助信号灯
            real_left = 0
            real_right = 0
            real_dipped = 0
            real_highbeam = 0
            real_backup = 0
            real_brake = 0
            real_alarming = 0
    #控制辅助信号灯的数据帧
    data_0 = "88"
    data_1 = "0c"
    data_2 = "0a"
    data_3 = "d1"
    data_4 = "d0"
    data_5 = ((int(hex(real_dipped), 16) << 6 & 0x40) | (int(hex (real_
highbeam), 16) << 4 & 0x10)| (int(hex(real_right), 16) << 2 & 0x04) | (int (hex
(real_left), 16) & 0x01)data_6 = ((int(hex(horn), 16) << 6 & 0x40) | (int(hex
(real_brake), 16) << 4 & 0x10)| (int(hex(real_backup), 16) << 2 & 0x04) | (int(hex
(real_alarming), 16) & 0x01))
    data_7 = "00"
    data_8 = "00"
    data_9 = "00"
    data_10 = "00"
    data_11 = "00"
    data_12 = "00"

    if data_5 < 16:
        data_5 = "0"+str(hex(data_5))[2]
    else:
        data_5 = str(hex(data_5))[2]+str(hex(data_5))[3]
    if data_6 < 16:
        data_6 = "0" + str(hex(data_6))[2]
    else:
```

```
        data_6 = str(hex(data_6))[2] + str(hex(data_6))[3]
data=data_0+data_1+data_2+data_3+data_4+data_5+data_6+data_7+data_8+data_9+
data_10+data_11+data_12
    udp_socket.sendto(data.decode("hex"), send_addr)  #UDP 通信发送数据
    self.horn = 0
```

3.5.6 实验结果与分析

1. Demo 软件使用流程

本实验有 Demo 软件可供参考，软件环境安装与配置请参考本书 2.1.1 节 "ROS 环境安装及相关配置" 的相关内容。

（1）按 Ctrl+Alt 键打开终端，建立工作空间并编译，具体命令如下：

```
% mkdir -p ~/catkin_ws/src
```

将 signalControl 包复制到 catkin_ws/src 中：

```
% cd catkin_ws/
% catkin_make
% sudo chmod -R 777 src
```

（2）运行 Demo 软件，具体命令如下：

```
% cd catkin_ws/
% source devel/setup.bash
% roslaunch signalControl signalControl.launch
```

2. Demo 软件展示——线控辅助信号模块

Demo 软件主界面如图 3.21 所示，主要由电源控制、实时电源状态、灯光控制、喇叭控制几个模块组成。

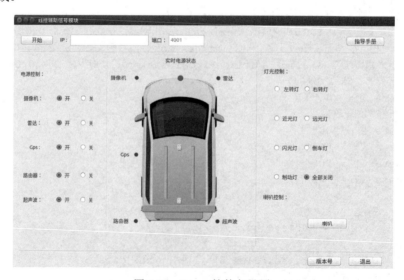

图 3.21　Demo 软件主界面

在启动程序的同时获取车辆控制权,然后在主界面中输入 IP,此时需确保输入的 IP 与所用工控机的 IP 一致,若与车辆连接,则需输入的 IP 为 192.168.1.4。单击"开始"按钮,可进行车辆数据的实时读取与显示。同时打开定时器,发送授权帧数据。若输入的 IP 错误,则弹出错误提示,如图 3.22 所示。若输入的 IP 正确,则启动成功,如图 3.23 所示。

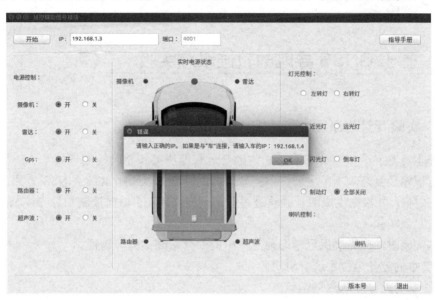

图 3.22　错误提示

图 3.23　启动成功

实验过程中,通过在主界面左侧选择对应设备的开关按钮,确定发送的设备电源状态。通过主界面在右侧选择灯光控制按钮,确定灯光开关状态。单击"喇叭"按钮,可发送喇叭信号。

单击"指导手册"按钮可打开 PDF 版实验指导书。单击"退出"按钮可退出程序。单击"版本号"按钮可在提示框中查看软件版本信息。

第4章　无人车综合应用实验

◣ 4.1　基于 GNSS 导航的轨迹跟踪实验

4.1.1　实验背景与原理

无人车本身是一个集多传感器感知与融合、智能决策和精确控制等技术于一体的复杂系统，实现过程相当复杂。本节主要在前三章实验的基础上，采用 RTK-GNSS 方式进行无人车厘米级精确定位，并根据生成的行驶轨迹进行车辆横向控制、纵向控制和灯光控制，最终完成无人车轨迹跟踪实验。

进行本实验时，应先确保已学习前三章中的部分基础实验，包括：

(1)第 2 章的差分定位系统解析实验。

(2)第 2 章的差分导航规划实验。

(3)第 3 章的线控挡位与速度实验。

通过上述三个实验，读者应掌握无人车差分定位与地图采集方法、导航路径一次规划方法和基于 CAN 协议的线控底盘控制方法。本实验直接将差分导航规划实验中得到的一次路径作为目标轨迹，并依据该路径进行轨迹跟踪控制，再将控制量发送到线控车辆底盘的 CAN 总线驱动模块中，最终实现车辆的轨迹控制。

4.1.2　实验目的

本实验是一个综合性实验，通过本实验使学生掌握无人车轨迹跟踪的基本实现方法，从而提高学生综合运用所学理论知识和方法进行独立分析和解决问题的能力。

4.1.3　实验环境

1. 硬件设备

第 4 代旋风 4 座智能车 1 台：标配速腾 16 线激光雷达、超声波雷达、单目相机及 RTK 导航设备 R60S。

2. 软件环境

Ubuntu 16.04。

ROS Kinect。

PyCharm。

PyQt5。

4.1.4 实验内容

本实验直接将第 2 章中的差分导航规划实验得到的一次路径作为目标轨迹,依据该路径进行轨迹跟踪控制,再将控制量发送到无人车上,从而实现车辆的循迹行驶(车辆控制方法可参考第 3 章中的线控挡位与速度实验),具体实验内容包括:

(1)开发目标轨迹接收模块。

(2)开发横向控制、纵向控制和灯光控制模块。

(3)开发基于 UDP 协议的 CAN 驱动模块。

要求在学习上述实验内容的基础上,自行编写 Demo 软件,完成车辆轨迹跟踪实验。

4.1.5 实验步骤

从内容上,可将本实验分成三部分,如图 4.1 所示,包括目标轨迹接收模块、轨迹跟踪控制模块和车辆 CAN 驱动模块。轨迹跟踪控制模块主要包含三个子模块:横向控制、纵向控制、灯光控制。其中,横向控制为方向控制,体现为对路径跟随中的方向盘转角和转速等变量的控制。纵向控制为挡位、速度控制,包括对油门开度、制动等级及挡位等的控制。由于无人车底盘控制器已经实现了闭环控制,因此本实验只需给出挡位和期望车速即可实现纵向控制。灯光控制是指在车辆处于不同路段时对灯光状态的控制,本实验只考虑对左转向灯与右转向灯的控制。

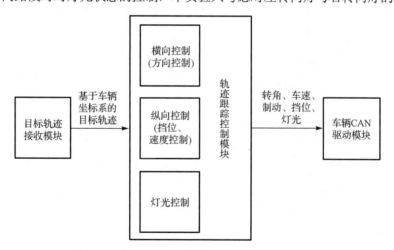

图 4.1　基于 GNSS 导航的轨迹跟踪实验结构图

1. 目标轨迹接收模块

目标轨迹即车辆循迹时的参考轨迹,目标轨迹接收模块需要接收第 2 章实验中差分导航规划模块发送的一次路径。在具体实验时,首先需要订阅话题(topic)为 path_plan 的目标轨迹数据,具体代码如下:

```
ob_path_info = nh.subscribe("path_plan",1000,&decision::
                subCallback_xffusiondata,this);        //订阅轨迹函数
```

订阅轨迹函数中所使用的回调函数可参考代码 4.1。

代码 4.1 回调函数

```
void decision::subCallback_xffusiondata(const xfdecision:: pathplanner::
ConstPtr&msg)              //回调函数，接收数据结构为 pathplanner 的路径点
{
    memset(&points, 0, sizeof(points));        //清空上一时刻路径点
    for(int i = 0 ;i < msg->points.size();i++)
    {
        Point point;
        memset(&point,0, sizeof(point));
        point.x = msg->points[i].x;              //路径点横坐标
        point.y = msg->points[i].y;              //路径点纵坐标
        point.model1 = msg->points[i].roadtype;  //路径点属性值
        points.push_back(point);
    }
}
```

2. 轨迹跟踪控制模块的横向控制

轨迹跟踪控制模块的横向控制流程图如图 4.2 所示，主要分为 6 个步骤：从接收的轨迹路径中提取当前道路属性、依据道路属性设置预瞄点距离、提取预瞄点、计算航向角偏差、计算方向盘转角及更新 CAN 驱动模块。接下来将对每个步骤进行原理分析及代码实现讲解。

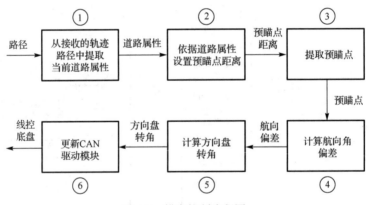

图 4.2 横向控制流程图

在无人车的轨迹中可将道路划分成直线道路、左转弯道路和右转弯道路等不同的道路(在采集地图时对道路特点进行标记，具体可参考第 2 章中的相关实验)。本实验需要提前提取不同路径的道路属性，具体方式为：取当前路径中第一个点作为车辆所在的路径点，利用该点所标记的道路属性作为本实验的路径属性，具体代码如下：

```
point_car.mode = msg->points[0].road_type;
```

代码中，msg 为接收到的路径点集合，msg->points[0].road_type 为路径点中第一个点的道路属性，point_car.mode 为提取到的当前道路属性。

接下来，依据不同道路属性设置不同的预瞄点距离。所谓预瞄点距离就是车辆到下一个前进目标点的距离。只有获得这个距离，才能利用它获得预瞄点的坐标。本实验中，预瞄点距

离与道路属性的对应关系如表 4.1 所示，其中直线道路的道路属性为 0，预瞄点距离为 9m。

表 4.1　预瞄点距离与道路属性的对应关系

道路	直线道路	左转弯道路	右转弯道路
道路属性	0	8	9
预瞄点距离(m)	9	6	6

预瞄点距离与道路属性的对应设置示例代码如代码 4.2 所示。

代码 4.2　预瞄点距离与道路属性的对应设置

```
if(point_car.mode == 0)                           //属性为 0
{
    future_point.pre_distance = 9;                //预瞄点距离设置为 9m
}
else if(point_car.mode == 8||point_car.mode == 9) //属性为 8 或 9
{
    future_point.pre_distance = 6;                //预瞄点距离设置为 6m
}
```

上述代码中，future_point.pre_distance 为当前预瞄点距离，在得到预瞄点距离后，可获得预瞄点坐标，示例代码如代码 4.3 所示。

代码 4.3　获得预瞄点坐标

```
for (int index = 0; index < points.size();index++)
{
    double aa = fabs(sqrt(pow(points[index].x,2) + pow(points[index].y,2))
* 0.1 - futurepoint1.predistance);              //找到预瞄点，遍历点，计算点间距离
    if (aa < 1)
    {
        future_point1.future_point = points[index];   //若找到，就跳出循环
        break;
    }
}
```

在获得预瞄点坐标后，可根据当前时刻车辆的位置和目标航向计算航向偏差角，原理示意图如图 4.3 所示。

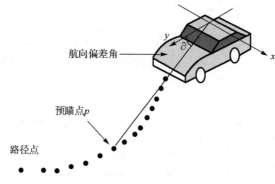

图 4.3　航向偏差角计算原理示意图

航向偏差角计算公式如式(4.1)所示。

$$\partial = \text{actan}\left(\frac{p_x}{p_y}\right) \tag{4.1}$$

航向偏差角计算示例代码如代码4.4所示。

代码4.4　航向偏差角计算

```
double decision::Getangle(FuturePoint pf)
{
    int x = pf.future_point.x;              //路径点x坐标
    int y = pf.future_point.y;              //路径点y坐标
    return 1 * atan(1.04 * x / y )* 180 / PI;   //式(4.1)
}
```

本实验将航向偏差角与方向盘转角的映射关系定义为线性关系，所以方向盘转角等于航向偏差角乘以一个固定比例值，即

$$\theta = k\partial \tag{4.2}$$

方向盘转角计算示例代码如代码4.5所示。

代码4.5　方向盘转角计算

```
int decision::Wheelangle(int mode, double angle)   //方向盘转角计算
{
    int angle_wheel = 0;
    double kp = 90;                        //比例值大小
    if(_sub_ui.kp! = 0)
    kp = _sub_ui.kp;
    angle_wheel = angle * kp;              //式(4.2)
    return -angle_wheel;
}
```

在获得方向盘转角后，可发布数据到 CAN 驱动模块中，实现无人车的横向控制，代码如下。

```
_pubdata.anglecha = to_aimaction.angle_wheel;
pub_.publish(_pubdata);
```

3. 轨迹跟踪控制模块的纵向控制

轨迹跟踪控制模块的纵向控制在本实验中用于决策目标车速。该模块分成三部分，如图 4.4 所示，分别是从轨迹路径中提取当前道路属性、依据道路属性设置目标车速和更新 CAN 驱动模块。

图 4.4　纵向控制流程图

从轨迹路径中提取当前道路属性的方法可以参照横向控制。下面完成依据道路属性设置目标车速的操作。本实验中，目标车速与道路属性的对应关系如表 4.2 所示，其中左转弯道路的道路属性为 8，目标车速为 8km/h。

表 4.2　目标车速与道路属性的对应关系

道路	直线道路	左转弯道路	右转弯道路
道路属性	0	8	9
目标车速(km/h)	10	8	8

目标车速与道路属性的对应设置示例代码如代码 4.6 所示。

代码 4.6　目标车速与道路属性的对应设置

```
if(point_car.mode == 0)//道路属性为 0 的路段，目标车速设置为 10km/h
{
    future_point.futureSpeed = 10;
}
else if(point_car.mode == 8||point_car.mode == 9)
{
    future_point.futureSpeed = 8;
    //道路属性为 8 或 9 的路段，目标车速设置为 8km/h
}
```

4．轨迹跟踪控制模块的灯光控制

在无人车轨迹跟踪行驶过程中需要依据道路属性使用符合交通规则的灯光控制方法，具体流程如图 4.5 所示。

图 4.5　灯光控制流程图

从轨迹路径中提取当前道路属性的方法可以参照横向控制。然后需要依据道路属性设置灯光状态，本实验中，灯光状态与道路属性的对应关系如表 4.3 所示。

表 4.3　灯光状态与道路属性的对应关系

道路	直线道路	左转弯道路	右转弯道路
道路属性	0	8	9
灯光状态	左转向灯关闭，右转向灯关闭	左转向灯打开，右转向灯关闭	右转向灯打开，左转向灯关闭

灯光状态与道路属性的对应设置示例代码如代码 4.7 所示。

代码 4.7　灯光状态与道路属性的对应设置

```
if(point_car.mode == 8)
```

```
    {
        _pubdata.to_light = 1;   //左转向灯
    }
    else if(pointcar.model == 9)
    {
        _pubdata.to_light = 2;   //右转向灯
    }
    else
    {
        _pubdata.to_light = 0;
    }
```

5. 车辆 CAN 驱动模块

车辆 CAN 驱动模块主要负责由工控机将上面步骤所形成的控制命令和数据通过 CAN 总线发送到车辆底层控制器(BAU)中,并解析线控底盘的实时反馈数据,其流程如图 4.6 所示。本模块中最为关键的步骤是 CAN 协议的解析,只有掌握车辆的 CAN 协议,才能顺利地发送和接收数据。

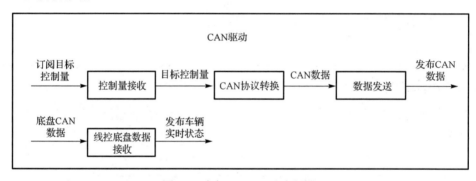

图 4.6　车辆 CAN 驱动流程图

控制量接收子模块负责接收由横向控制、纵向控制和灯光控制得到的控制量并通过 CAN 总线将它们发送出去,示例代码如代码 4.8 所示。

代码 4.8　控制量接收子模块实现

```
    sub_control = m_handle.subscribe("xfcontrol",1000,&buuactuatorNode::
callback_control, this); //订阅节点
    voidbuuactuatorNode::callback_control(constbuuactuator::controlresult::
ConstPtr &msg)        //订阅需要发布的消息
    {
        aimaction = *msg;
    }
```

控制线控底盘的 4 个协议帧已经在第 3 章中介绍过(这里为了方便阅读再次给出),分别如表 4.4(车辆授权帧)、表 4.5(车辆运动控制帧)、表 4.6(车辆灯光管理帧)和表 4.7(车辆定速巡航控制帧)所示。

表 4.4　车辆授权帧

报文名称	车辆授权							
帧 ID	0x0C00D1D0			帧类型			扩展帧	
报文长度	8 字节			参数组编号			0	
发送节点	工控机			接收节点			BAU	
传输周期	需要时							
数据域	信号名称	起始字节	起始位	长度(bit)	数据类型	精度	偏移量	单位	描述
	授权命令	0	0	8	unsigned	1	0	–	0x00-本地授权 0x01-取消本地授权 0x40-查询授权状态 0x41-获取车辆编号；其他值无效
	授权码	2	16	48	unsigned	1	0	–	6 字节授权码

表 4.5　车辆运动控制帧

报文名称	车辆运动控制								
帧 ID	0x0C08D1D0			帧类型			扩展帧		
报文长度	8 字节			参数组编号			2048		
发送节点	工控机			接收节点			BAU		
传输周期	50ms								
数据域	信号名称	起始字节	起始位	长度(bit)	数据类型	精度	偏移量	单位	描述
	车辆控制模式	0	0	2	unsigned	1	0	–	0x0-手动模式 0x1-部分自动模式 0x3-完全自动模式；其他值无效
	转向控制模式	0	2	1	unsigned	1	0	–	0x0-手动模式；0x1-自动模式
	制动控制模式	0	3	1	unsigned	1	0	–	0x0-手动模式；0x1-自动模式
	挡位控制模式	0	4	1	unsigned	1	0	–	0x0-手动模式；0x1-自动模式
	油门控制模式	0	5	1	unsigned	1	0	–	0x0-手动模式；0x1-自动模式
	驻车控制模式	0	6	1	unsigned	1	0	–	0x0-手动模式；0x1-自动模式
	灯光控制模式	0	7	1	unsigned	1	0	–	0x0-手动模式；0x1-自动模式
	目标挡位	1	8	4	unsigned	1	0	–	0x0-空挡 0x1-前进挡 0x2-后退挡；其他值无效
	目标驻车	1	12	4	unsigned	1	0	–	0x0-释放驻车 0x1-使能驻车；其他值无效
	目标油门	2	16	8	unsigned	1	0	%	数据范围：0~100；其他值无效 说明：油门有效范围为[0%, 100%]
	目标方向盘转角	3	24	16	signed	0.1	0	°	数据范围：–7100~7100 其他值无效
	目标方向盘转速	5	40	8	unsigned	2	0	°/s	数据范围：0~250 其他值无效 说明：转速范围为[0°/s, 500°/s]；
	目标制动	6	48	8	unsigned	0.5	0	MPa	数据范围：0~15 其他值无效 说明：制动压力范围为[0Mpa, 7.5Mpa]

表 4.6 车辆灯光管理帧

报文名称	车辆灯光管理							
帧 ID	0x0C0AD1D0			帧类型			扩展帧	
报文长度	8 字节			参数组编号			2560	
发送节点	工控机			接收节点			BAU	
传输周期	需要时							
数据域	信号名称	起始字节	起始位	长度(bit)	数据类型	精度	偏移量	单位	描述
	左转向灯	0	0	2	unsigned	1	0	–	0x0-关闭；0x1-打开 其他值无效
	右转向灯	0	2	2	unsigned	1	0	–	0x0-关闭；0x1-打开 其他值无效
	远光灯	0	4	2	unsigned	1	0	–	0x0-关闭；0x1-打开 其他值无效
	近光灯	0	6	2	unsigned	1	0	–	0x0-关闭；0x1-打开 其他值无效
	危险报警闪光灯	1	8	2	unsigned	1	0	–	0x0-关闭；0x1-打开 其他值无效
	倒车灯	1	10	2	unsigned	1	0	–	0x0-关闭；0x1-打开 其他值无效
	刹车灯	1	12	2	unsigned	1	0	–	0x0-关闭；0x1-打开 其他值无效
	喇叭	1	14	2	unsigned	1	0	–	0x0-关闭；0x1-打开 其他值无效
	雨刷器	2	16	2	unsigned	1	0	–	0x0-关闭；0x1-打开 其他值无效

表 4.7 车辆定速巡航控制帧

报文名称	定速巡航控制							
帧 ID	0x0C07D1D0			帧类型			扩展帧	
报文长度	8 字节			参数组编号			1792	
发送节点	工控机			接收节点			BAU	
传输周期	50ms							
数据域	信号名称	起始字节	起始位	长度(bit)	数据类型	精度	偏移量	单位	描述
	定速巡航使能	0	0	8	unsigned	1	0	–	0x00-定速巡航关闭 0x01-定速巡航使能 其他未定义 注意：定速巡航仅在无人驾驶模式下有效
	定速巡航目标车速	1	8	16	signed	0.1	0	km/h	数据域：[0, 100] 表示范围：[0km/h, 10.0km/h] 其他值无效

实现对无人车线控底盘的自动控制，首先需要获取车辆控制权，示例代码如代码 4.9 所示。

代码 4.9 获取车辆控制权

```
void buuactuatorNode::SendECU_GetControlRight()
{
    unsigned char send_buf[13] = {0, 0};
    send_buf[0] = 0x88; //扩展帧 frame
```

```
    send_buf[1] = 0x0C;
    send_buf[2] = 0x00;
    send_buf[3] = 0xD1;                                    //帧 ID
    send_buf[4] = 0xD0;
    send_buf[5] = 0x00;
    send_buf[6] = 0x00;
    send_buf[7] = 0xBF;                                    //授权码
    send_buf[8] = 0x95;
    send_buf[9] = 0xE6;
    send_buf[10] = 0xCB;
    send_buf[11] = 0x49;
    send_buf[12] = 0x47;
    int ret = boost_udp->send_data(send_buf, 13);          //通过 UDP 发送数据
}
```

运动控制 CAN 协议转换的示例代码如代码 4.10 所示。

代码 4.10　运动控制 CAN 协议转换

```
void buuactuatorNode::SendCarInfoKernel()
{
    unsigned char send_buf[13] = {0, 0};
    send_buf[0] = 0x88;                                    //标准帧 frame
    send_buf[1] = 0x0C;
    send_buf[2] = 0x08;
    send_buf[3] = 0xd1;                                    //帧 ID
    send_buf[4] = 0xd0;
    send_buf[5] = 0xff;                                    //模式
    send_buf[6] = (unsigned char)aimaction.gear;
    send_buf[7] = (unsigned char)aimaction.gasstep;
    send_buf[8] = aimaction.anglecha / 256;                //转角增量低位
    send_buf[9] = aimaction.anglecha % 256;                //转角增量高位
    send_buf[10] = (unsigned char)aimaction.turnspeed;
    send_buf[11] = (unsigned char)aimaction.breakstep;
    send_buf[12] = 0;
    int ret = boost_udp->send_data(send_buf, 13);          //通过 UDP 发送数据
    if(aimaction.to_light == 1)
        SendECU_Light(1, 0, 0, 0, 0, 0, 0, 0);
    else if(aimaction.to_light == 2)
        SendECU_Light(0, 1, 0, 0, 0, 0, 0, 0);
    else
        SendECU_Light(0, 0, 0, 0, 0, 0, 0, 0);
}
```

灯光控制 CAN 协议转换的示例代码如代码 4.11 所示。

代码 4.11　灯光控制 CAN 协议转换

```
void buuactuatorNode::SendECU_Light(unsigned char leftLight, unsigned char
rightLight, unsigned char highBeam, unsigned char dippedHeadLight, unsigned char
```

```
brakeLight, unsigned char backupLamp, unsigned char warningLamp, unsigned char
trumpet)
        //灯光控制
        {
            unsigned char send_buf[13] = {0, 0};
            send_buf[0] = 0x88;                     //标准帧 frame
            send_buf[1] = 0x0C;
            send_buf[2] = 0x0A;
            send_buf[3] = 0xD1;                     //帧 ID
            send_buf[4] = 0xD0;
            send_buf[5] = (dippedHeadLight << 6 & 0x40) | (highBeam << 4 & 0x10) | (right
Light <<2 & 0x04) | (leftLight & 0x01);
            send_buf[6] = 0x00;
            int ret = boost_udp->send_data(send_buf, 13);
        }
```

可利用 UDP 方式发送 CAN 数据，将数据发送到无人车 CAN 网关中(IP：192.168.1.178，端口：4001)，示例代码如代码 4.12 所示。

代码 4.12　利用 UDP 方式发送 CAN 数据

```
    m_canetip = "192.168.1.178";                    //CANET 的通信 IP
    m_canetport = 4001;
    boost_udp = new Boost_UDP(io_service, m_pcip, m_pcport, m_canetip, m_canet-
port);
    boost_udp->send_data(send_buf, 13);             //通过 UDP 发送数据
```

无人车 BAU 可以通过 CAN 总线向工控机发送底盘状态数据，工控机(IP：192.168.1.4，端口：4001)利用 UDP 方式接收车辆 CAN 数据并进行处理，所用到的部分协议帧已经在第 3 章中介绍过(这里为了方便阅读再次给出)，如表 4.8(车辆状态 1 帧)、表 4.9(车辆状态 2 帧)、表 4.10(车辆状态 3 帧)、表 4.11(车速里程信息帧)和表 4.12(车辆辅助信号状态帧)所示。

表 4.8　车辆状态 1 帧

报文名称	车辆状态 1#								
帧 ID	0x18F014D1			帧类型			扩展帧		
报文长度	8 字节			参数组编号			61460		
发送节点	BAU			接收节点			工控机		
命令周期	50ms								
	信号名称	起始字节	起始位	长度(bit)	数据类型	精度	偏移量	单位	描述
数据域	车辆工作模式	0	0	8	unsigned	1	0	–	0x00-断电模式 0x10-待机模式 0x20-工程模式 0x30-手动驾驶模式 0x40-无人驾驶模式 0x50-紧急停车模式；其他值无效
	转向工作模式	1	8	1	unsigned	1	0	–	0x0-手动控制模式；0x1-线控模式
	制动工作模式	1	9	1	unsigned	1	0	–	0x0-手动控制模式；0x1-线控模式
	挡位工作模式	1	10	1	unsigned	1	0	–	0x0-手动控制模式；0x1-线控模式

	信号名称	起始字节	起始位	长度(bit)	数据类型	精度	偏移量	单位	描述
数据域	油门工作模式	1	11	1	unsigned	1	0	–	0x0-手动控制模式；0x1-线控模式
	驻车工作模式	1	12	1	unsigned	1	0	–	0x0-手动控制模式；0x1-线控模式
	灯光工作模式	1	13	1	unsigned	1	0	–	0x0-手动控制模式；0x1-线控模式
	车辆故障代码	2	16	16	unsigned	1	0	–	详见车辆故障代码定义
	车辆授权状态	5	40	8	unsigned	1	0	–	0x00-未授权，0x01-已授权其他未定义

表 4.9 车辆状态 2 帧

报文名称	车辆状态 2#								
帧 ID	0x18F015D1			帧类型			扩展帧		
报文长度	8 字节			参数组编号			61461		
发送节点	BAU			接收节点			工控机		
传输周期	50ms								
数据域	信号名称	起始字节	起始位	长度(bit)	数据类型	精度	偏移量	单位	描述
	挡位开关状态	0	0	4	unsigned	1	0	–	0x0-空挡；0x1-前进挡；0x2-后退挡其他值无效
	实时挡位状态	0	4	4	unsigned	1	0	–	0x0-空挡；0x1-前进挡；0x2-后退挡其他值无效
	油门踏板状态	1	8	8	unsigned	1	0	%	数据范围：0～100；其他值无效说明：油门踏板有效范围为[0%, 100%]
	实时油门状态	2	16	8	unsigned	1	0	%	数据范围：0～100；其他值无效说明：油门有效范围为[0%, 100%]
	方向盘转角	3	24	16	unsigned	0.1	0	°	数据范围：–7100～7100；其他值无效说明：角度分辨率为 0.1°；角度范围为[–710°, 710°]
	方向盘转速	5	40	8	unsigned	4	0	°/s	数据范围：0～250；其他值无效说明：转速范围为[0°/s, 500°/s]
	方向盘扭矩	6	48	8	signed	0.1	0	Nm	数据范围：–127～127；其他值无效说明：扭矩范围为[–12.7Nm, 12.7Nm]向左转为正值，向右转为负值

表 4.10 车辆状态 3 帧

报文名称	车辆状态 3#								
帧 ID	0x18F016D1			帧类型			扩展帧		
报文长度	8 字节			参数组编号			61462		
发送节点	BAU			接收节点			工控机		
传输周期	50ms								
数据域	信号名称	起始字节	起始位	长度(bit)	数据类型	精度	偏移量	单位	描述
	制动踏板状态	0	0	8	unsigned	0.5	0	MPa	数据范围：0～15；其他值无效说明：制动踏板压力范围为[0Mpa, 7.5Mpa]
	实时制动压力	1	8	8	unsigned	0.5	0	MPa	数据范围：0～15；其他值无效说明：制动压力范围为[0Mpa, 7.5Mpa]
	驻车开关状态	2	16	4	unsigned	1	0	–	000-未使能；0x1-使能其他值无效

	信号名称	起始字节	起始位	长度(bit)	数据类型	精度	偏移量	单位	描述
数据域	实时驻车状态	2	20	4	unsigned	1	0	–	0x0-未驻车；0x1-已驻车 其他值无效
	钥匙开关状态	5	40	2	unsigned	1	0	–	0x0-关闭；0x1-打开 其他值无效
	模式开关状态	5	42	2	unsigned	1	0	–	0x0-手动挡位；0x1-自动挡位 其他值无效
	启停开关状态	5	44	2	unsigned	1	0	–	0x0-停止；0x1-启动 其他值无效
	急停开关状态	5	46	2	unsigned	1	0	–	0x0-关闭；0x1-打开 其他值无效
	工控机关机请求	7	56	4	unsigned	1	0	–	0x0-无请求；0x1-请求关机 工控机接收到关机请求使能时，应开始进行关机，15秒后系统开始断电

车速里程信息帧的帧 ID 为 0x18F01AD1，传输周期为 50ms，是 BAU 发送给工控机的车辆状态信息，数据主要包括车辆速度、小计里程和总里程等。

表 4.11 车速里程信息帧

报文名称	车速里程信息								
帧 ID	0x18F01AD1			帧类型				扩展帧	
报文长度	8 字节			参数组编号				61466	
发送节点	BAU			接收节点				工控机	
传输周期	50ms								
数据域	信号名称	起始字节	起始位	长度(bit)	数据类型	精度	偏移量	单位	描述
	车辆速度	0	0	16	signed	0.1	0	km/h	数据范围：–500～500 其他值无效 说明：速度范围为[–500km/h，500km/h]，负值表示倒退
	小计里程	2	16	16	unsigned	0.1	0	km	数据范围：0～0xFAFF 其他值无效 说明：小计里程范围为[0km，6425.5km]
	总里程	4	32	24	unsigned	0.1	0	km	数据范围：0～0x FAFFFF 其他值无效 说明：总里程范围为[0km，1644953.5km]
	循环计数校验	7	60	4	unsigned	1	0	–	自动累加，从0开始，一直加到15，然后返回0进行循环

表 4.12 车辆辅助信号状态帧

报文名称	车辆灯光状态								
帧 ID	0x18F01CD1			帧类型				扩展帧	
报文长度	8 字节			参数组编号				61468	
发送节点	BAU			接收节点				工控机	
传输周期	200ms								
数据域	信号名称	起始字节	起始位	长度(bit)	数据类型	精度	偏移量	单位	描述
	左转向灯	0	0	2	unsigned	1	0	–	0x0-关闭；0x1-打开 其他值无效

	信号名称	起始字节	起始位	长度(bit)	数据类型	精度	偏移量	单位	描述
数据域	右转向灯	0	2	2	unsigned	1	0	–	0x0-关闭；0x1-打开 其他值无效
	远光灯	0	4	2	unsigned	1	0	–	0x0-关闭；0x1-打开 其他值无效
	近光灯	0	6	2	unsigned	1	0	–	0x0-关闭；0x1-打开 其他值无效
	危险报警闪光灯	1	8	2	unsigned	1	0	–	0x0-关闭；0x1-打开 其他值无效
	倒车灯	1	10	2	unsigned	1	0	–	0x0-关闭；0x1-打开 其他值无效
	刹车灯	1	12	2	unsigned	1	0	–	0x0-关闭；0x1-打开 其他值无效
	喇叭	1	14	2	unsigned	1	0	–	0x0-关闭；0x1-打开 其他值无效
	雨刷器	2	16	2	unsigned	1	0	–	0x0-关闭；0x1-打开 其他值无效
	左转向灯开关	4	32	2	unsigned	1	0	–	0x0-关闭；0x1-打开 其他值无效
	右转向灯开关	4	34	2	unsigned	1	0	–	0x0-关闭；0x1-打开 其他值无效

底盘数据接收及解析的示例代码如代码 4.13 所示，用于接收及解析 CANET-2E-U 设备发送的 UDP 网络数据，IP 为 192.168.1.4，端口为 4001。

代码 4.13　底盘数据接收及解析

```
    m_pcip = "192.168.1.4";                        //主机通信 IP
    m_pcport = 4001;                               //主机端口
    boost_udp = new Boost_UDP(io_service, m_pcip, m_pcport, m_canetip m_canet-
port);
    int ret = boost_udp->receive_data(buffer);   //ret 表示数据长度(字节数)
```

车速、油门、挡位和转角等信息解析的示例代码如代码 4.14 所示。

代码 4.14　车速、油门、挡位和转角等信息解析

```
if (frame.ID == 0x18F015D1) //解析车速、油门、挡位、转角
{
    carinfo.Car_Gear = frame.data[0] & 0x30;      //挡位
    carinfo.Car_Gas = frame.data[2];              //油门
    carinfo.EPS_Angle_H = frame.data[3];
    carinfo.EPS_Angle_L = frame.data[4];
    short realangle = (short)(frame.data[3] * 256+ frame.data[4]);//转角
    _pub_ui.real_angle = realangle;
    _pub_ui.real_gear = carinfo.Car_Gear/16;
    _pub_ui.real_gas = carinfo.Car_Gas;
}
else if(frame.ID == 0x18F01AD1)                    //车速
{
    pose_nav.twist.twist.linear.x = (frame.data[0] * 256+frame.data[1])
* 0.1;
```

```
          _pub_ui.car_speed = (frame.data[0] * 256+frame.data[1]) * 0.1;
          pub_obd_speed.publish(pose_nav);
    }
```

4.1.6 实验结果与分析

本实验有 Demo 软件可供参考,软件环境安装与配置请参考本书 2.1.1 节 "ROS 环境安装及相关配置"的相关内容。

本实验开始前,需将采集好的地图命名为 map.txt,并将其放到本实验 xfpath_plan 包下面的 map 文件夹中。然后手动驾驶无人车到达实验场地(前面所采集的轨迹路线的起点),开始进行软件编译和运行。

1. 软件编译

执行下列命令进行软件编译:

```
% cd trajectory_traking/src
% sudo chmod -R 777 *
% cd ..
% catkin_make
```

2. 运行 Demo 软件

执行下列命令运行 Demo 软件:

```
% cd trajectory_traking
% source devel/setup.bash
% roslaunch xfdecision control_tool demo.launch
```

3. 软件操作说明

Demo 软件主界面如图 4.7 所示。

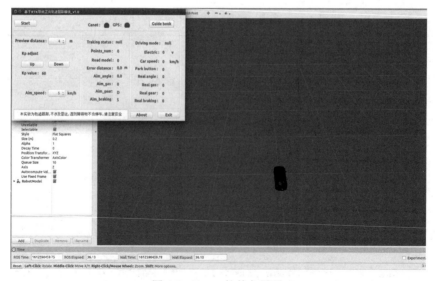

图 4.7 Demo 软件主界面

在主界面中，单击 Start 按钮，开启循迹控制实验。只有界面中 GPS 与 Canet 两个灯同时显示为绿色时，Opened 按钮才会开启，如图 4.8 所示，否则会提示数据没有准备好。此时需要检查 GPS 导航是否正常及 CAN 连接是否正常。

无人车数据连接显示如图 4.9 所示，指示灯显示绿色说明数据连接成功，指示灯显示红色则表明数据连接失败，无该模块数据。

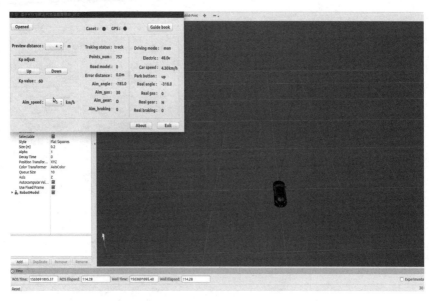

彩色图

图 4.8　两个灯同时显示绿色

(a) 数据连接成功　　　　　　　　　(b) 数据连接失败

图 4.9　无人车数据连接显示

车辆位置及跟随的局部路径如图 4.10 所示。

图 4.10　车辆位置及跟随的局部路径

参数调节区域如图 4.11 所示。参数调节区域便于用户干预轨迹跟踪系统，若不进行干预，则本实验会按照前面章节所述内容进行预瞄点及车速设置。预瞄点距离（Preview distance）最小可选 4m，最大可选 12m。转向比例参数（Kp value）最小可选 40，最大可选 150。跟随时的目标车速（Aim_speed）最小可选 5km/h，最大可选 10km/h。

图 4.12 为轨迹跟踪参数显示。

图 4.11　参数调节区域

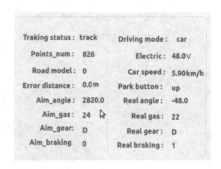

图 4.12　轨迹跟踪参数显示

4.2　毫米波与激光雷达的数据融合实验

4.2.1　实验背景与原理

无人车系统主要包括感知、决策和控制三大部分，其中感知作为第一个环节，用于实现无人车与外界环境信息交互，是无人车的基础。感知环节通过多种传感器采集周围环境的基本信息，扮演着无人车"眼睛"和"耳朵"的角色，其所用传感器主要包括毫米波雷达、激光雷达、超声波雷达等。

无人车所用毫米波雷达的工作频段为 30～300GHz，波长范围为 1～10mm，介于厘米波和光波之间，因此毫米波兼具微波制导和光电制导的优点。毫米波雷达主要具有以下几方面的优势：

(1)环境适应性强，具有全天候和全天时的工作特性，不受天气限制，在雨雪天也能正常工作。

(2)穿透能力强，雨、雾和灰尘等对毫米波雷达干扰较小。

(3)探测性能稳定，不受对象表面形状和颜色的影响。

(4)探测距离远，一般在 150～250m 之间，可实现远距离感知与探测，对于动态目标距离与速度的测量具有独特优势。

但是，毫米波回波的多路径反射效应和道路上的杂乱背景带来的杂波所导致的高虚警率，成为毫米波雷达在实际应用中的最大障碍。另外，毫米波雷达的不足之处还包括：

(1)对行人的反射波弱，难以识别。

(2)在探测近距离物体时往往无法准确分辨其位置。

(3)对横向目标的敏感度低。

(4)易受电磁波干扰，不能被含金属的物体遮挡。

(5)只能提供角度、距离和速度信息，不能提供高度信息。

无人车所使用的激光雷达性能精良，相对于其他无人车传感器具有非常优越的性能。例如：

(1)分辨率高。具有极高的角度和距离分辨率。

(2)精度高。激光沿直线传播、方向性好、光束窄，且弥散性低，因此激光雷达的精度很高。

(3)抗有源干扰能力强。与微波和毫米波雷达易受自然界中广泛存在的电磁波影响不同，自然界中能对激光雷达起干扰作用的信号源很少，因此激光雷达抗有源干扰的能力很强。

但是，目前激光雷达的成本依旧较高，所需技术门槛高，并且受天气条件影响较大，信号在多云、雾和雪等天气中衰减严重，因此无法提供精确的环境图像。毫米波雷达和激光雷达各有优缺点，两种传感器的性能对比如表 4.13 所示。

表 4.13　毫米波雷达与激光雷达的性能对比

对比对象	毫米波雷达	激光雷达
最远探测距离	250m	200m
精度	较高	极高
功能	自适应巡航、自动紧急制动	实时建立周边环境的三维模型
优势	不受天气影响，探测距离远，精度高	精度极高，具有扫描周边环境实时建立三维模型的功能，暂无完美替代方案
劣势	虚警率高，难以识别行人	易受天气影响，成本高

由于各种传感器的工作原理不同且各有优势和不足，因此若环境感知系统仅依靠单一传感器进行目标检测，往往无法适应无人车复杂的工作情况，易出现误检和漏检等问题，所以多传感器融合是必然趋势。通过对不同传感器进行信息融合，取长补短，增加互补信息，剔除冗余信息，能够提高系统的准确性和稳定性，从而使无人车自主做出更正确的决策。

本实验以毫米波雷达和 16 线激光雷达两种传感器数据的融合为例，依靠激光雷达测距精度高的特点来检测物体的精确位置，同时利用毫米波雷达对于动态目标的特有优势来进行测速。结合两者的优点获得更加完备的目标信息，提高系统的目标检测能力，从而完成环境感知。根据数据融合过程中数据抽象程度的不同，又可将融合分为三个级别，分别是像素级、特征级和决策级。像素级融合处理的是传感器采集的原始数据，其结构模型如图 4.13 所示。这种方法基本不会破坏原始数据，但处理过程花费时间很长，导致实时性不理想。

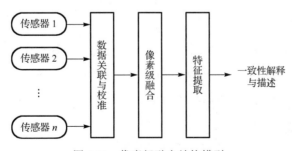

图 4.13　像素级融合结构模型

特征级融合处理的是对原始数据进行特征提取或聚类等操作后所形成的数据，其结构模型如图 4.14 所示。

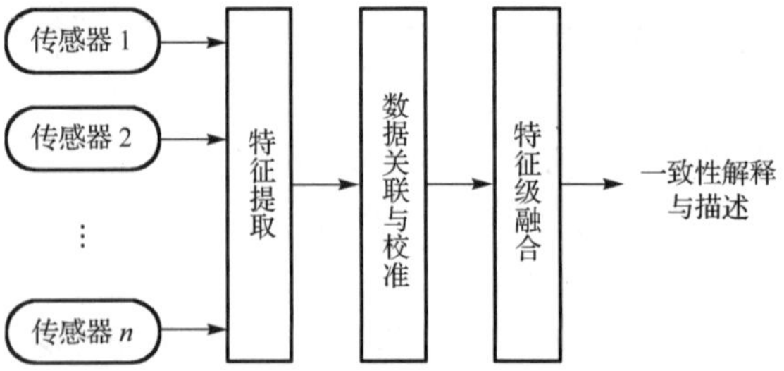

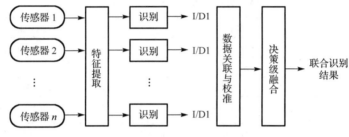

图 4.14　特征级融合结构模型

决策级融合处理的是每个传感器单独对目标进行判决后所形成的数据，其结构模型如图 4.15 所示，属于融合的最高层次，虽然对原始信息的细节保留较少，但能有效融合异类数据，处理非同步信息，具有良好的容错性，系统可靠性高。

图 4.15　决策级融合结构模型

由于毫米波雷达输出的是检测目标的距离、角度和速度等决策级信息，因此本实验采用的融合模型为决策级融合，即先分别建立每个传感器对同一目标的初步判决，然后对来自各传感器的决策进行融合处理，从而获得最终的结论。

进行本实验前，应先确保已学习本书中的：

(1) 2.5 节——毫米波雷达的数据解析与测试。

(2) 2.7 节——多维激光雷达点云聚类。

从以上两个实验中掌握毫米波雷达 CAN 数据的解析方法、基本的 16 线激光雷达障碍物提取方法和点云聚类算法后，再通过本实验熟悉并掌握无人车环境感知系统中多传感器融合的必要性及常用算法。

4.2.2　实验目的

本实验是一个综合性实验，通过本实验使学生掌握无人车环境感知系统中多传感器融合的常用算法，完成毫米波雷达和 16 线激光雷达的数据融合，从而提高学生综合运用所学理论知识和方法进行独立分析和解决问题的能力。

4.2.3　实验环境

1. 硬件设备

第 4 代旋风 4 座智能车 1 台：标配速腾 16 线激光雷达、ESR 毫米波雷达、超声波雷达、单目相机及联适 RTK 导航设备 R60S。

2．软件环境

Ubuntu 16.04。
ROS Kinetic。
PyQt5。

4.2.4　实验内容

本实验在测试场景中利用无人车实现对前方障碍物的检测和数据融合，采用决策级融合结构模型，首先分别对两种传感器的检测数据进行预处理，得到单个传感器对于前方目标的探测信息，如位置和速度等。然后将两种检测结果转换至车辆坐标系（直角坐标系）下进行时空对齐，并将毫米波雷达的测速结果赋给对应的激光雷达检测目标，从而得到关于同一目标更加准确、完整、统一的位置、大小和速度信息，具体实验内容包括：

（1）对 ESR 毫米波雷达输出的 CAN 数据进行解析，获得极坐标系下的目标距离、角度和相对速度等信息，然后进行预处理，将其转换至直角坐标系下，得到检测目标的位置和速度信息。

（2）对速腾 16 线激光雷达输出的点云数据进行预处理，首先采用边长为 0.1m 的小立方体对解析后的原始点云进行降采样，使用小立方体的形心来表示这个立方体的所有点，保留这些点作为降采样的输出。然后采用绝对高度算法滤除地平面，得到检测障碍物的点云图。最后利用自适应欧几里得聚类算法获得检测目标的位置和大小信息。

（3）将两种传感器得到的目标信息进行时空对齐，统一转换至直角坐标系下进行决策级融合，得到关于同一目标更加准确、完整、统一的位置、大小和速度信息。

要求在完成上述实验内容的基础上，自行编写 Demo 软件。

4.2.5　实验步骤

本实验要求学生利用所掌握的毫米波雷达的数据处理方法、激光雷达的障碍物检测及聚类分割算法以及多传感器融合方法的基本原理，对毫米波雷达和激光雷达各自检测的目标信息进行融合，最终得到更加完备的检测目标信息。从内容上，可将本实验分为三部分，分别是毫米波雷达数据预处理、激光雷达数据预处理和多传感器融合。毫米波雷达数据预处理是指对解析后的检测数据进行坐标转换，得到直角坐标系下目标的位置和速度信息。激光雷达数据预处理是指对解析后的激光雷达点云数据进行降采样、地平面分割和点云聚类操作，得到障碍物的位置和大小信息。多传感器融合是指对两种传感器各自检测到的目标进行决策级融合，得到关于同一目标更加准确、完整统一的位置、大小和速度信息。本实验总体系统框图如图 4.16 所示。

1．毫米波雷达数据预处理

第 4 代旋风 4 座智能车采用的毫米波雷达为 ESR 毫米波雷达，该雷达综合中距离（60m）、宽视角和长距离（175m）、窄视角于一体，可提供中距离、宽视角和长距离、窄视角两种检测模式。中距离、宽视角模式不仅可以发现邻近车道侧向切入的车辆，还可以识别交叉在大车间的车辆和行人。长距离、窄视角模式可以精确地提供远距离目标的距离和速度数据信息，最多能够识别 64 个目标。ESR 毫米波雷达及其扫描范围如图 4.17 所示。

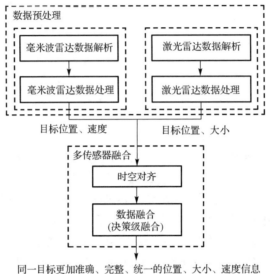

图 4.16　总体系统框图

218

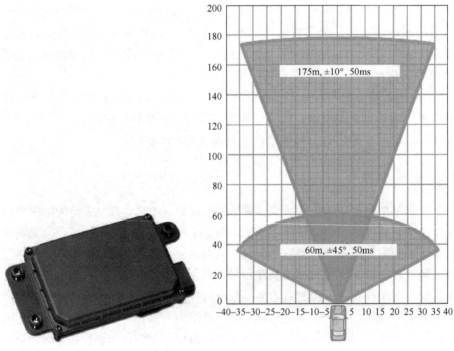

图 4.17　ESR 毫米波雷达及扫描范围

（1）数据解析

ESR 毫米波雷达的数据通过 CAN 总线传输，并且需要按照正确的 CAN 协议进行解析，具有 64 个输出目标信息的数据格式，地址为 0x500～0x53F，每个目标输出多种信息（如障碍物距离信息 CAN_TX_TRACK_RANGE，长度为 11bit，从第 24 位开始，表示 0～204.7m 的距离信息），其示例协议如表 4.14 所示。

表 4.14 ESR 毫米波雷达输出数据协议

标志(ID)	信息	起始位	长度(bit)	描　　述	范围	单位	精度	默认值	周期
0x500	CAN_TX_TRACK_RANGE	24	11	距离 （若大于 204.7，则设置为 204.7）	0～204.7	m	0.1	0	50ms
	CAN_TX_TRACK_RANGE_RATE	56	14	相对速度 （若大于 81.91，则设置为 81.91；若小于−81.92，则设置为−81.92）	−81.92～81.91	m/s	0.01	81.91	50ms
	CAN_TX_TRACK_ANGLE	19	10	朝向车辆前方，平行于车辆中心线的角度 （顺时针为正，若大于 51.1，则设置为 51.1，若小于−51.2，则设置为−51.2）	−51.2～51.1	deg(°)	0.1	0	50ms

实现毫米波雷达数据解析的示例代码如代码 4.15 所示。

代码 4.15　毫米波雷达数据解析

```
if (uiID >= 1280 && uiID <= 1343) {        //地址为0x500-0x53F
    int i = uiID - 1280;                    //共 64 个目标，ID 为 0～63
    //计算距离
    temp = 0;
    temp = (short)(pData[2] & 0x07);
    temp <<= 8;
    temp += pData[3];
    RadarRecData[i].Range = temp;           //距离，精度：0.1m
    //计算角度
    temp = 0;
    temp = (short)(pData[1] & 0x1f);
    temp <<= 5;
    temp += (short)((pData[2] & 0xf8) >> 3);
    short angle = temp;                     //角度，精度：0.1 度
    //转成+/-，有正负才会涉及补码问题
    if (angle > 511) {
      angle -= 1024;                        //补码需要自己判断
    }
    RadarRecData[i].Angle = angle;
    //计算速度
    temp = 0;
    temp = (short)(pData[6] & 0x3f);
    temp <<= 8;
    temp += pData[7];
    //转成 +/-
    if (temp > 8191) {
      temp -= 16384;
    }
    RadarRecData[i].RangeRate = temp;       //速度，单位：cm/s
    //目标的状态
    RadarRecData[i].DetectStatus = (pData[1] & 0xe0) >> 5;
```

```
      RadarRecData[i].IsUpdatedFlag = 1;
    } else {
      switch (uiID) {
      case 0x4E0:
        if ((pData[1] >> 6) & 0x01) {
          emErr_ESR = Err;
        } else {
          emErr_ESR = Err_NORMAL;
        }
        break;
      default:
        break;
      }
    }
```

(2) 坐标转换

数据解析得到的毫米波雷达检测目标信息包括障碍物(最多 64 个)的距离、角度和相对速度等,其数据格式为极坐标格式,需要转换为直角坐标格式,从而得到目标的位置和速度。坐标转换的示例代码如代码 4.16 所示。

代码 4.16　毫米波雷达数据坐标转换

```
double PI = 3.1415926;
    for (int k = 0; k < MaxTarNum_64; ++k) {
      // add calibration
      double Angle_Rad =
          (RadarRecData[k].Angle + m_RadarCaliInfo.DeltaAngle / 10) * PI /
          1800; // 0.1 degree
      RadarRecData[k].Distance = RadarRecData[k].Range * cos(Angle_Rad) +
                      m_RadarCaliInfo.DeltaY / 10;      //纵向距离,单位: dm
      RadarRecData[k].LatPos = RadarRecData[k].Range * sin(Angle_Rad) +
                      m_RadarCaliInfo.DeltaX / 10;      //横向距离,单位: dm
      RadarRecData[k].RelSpd = RadarRecData[k].RangeRate * cos(Angle_Rad);
      //速度,单位: cm/s
}
for(int i = 0; i < 64; ++i)
{
    xfradar_parse::radarobject ob;
    memset(&ob,0,sizeof(ob));
    float x = (data[i].LatPos);                    //x方向距离,单位: dm
    float y = (data[i].Distance);                  //y方向距离,单位: dm
    float speed = (data[i].RelSpd);                //速度,单位: cm/s
    ob.id = i;                                     //ID
    ob.x = x * 0.1;                                //x方向距离,单位: m
    ob.y = y * 0.1;                                //y方向距离,单位: m
    ob.relspeed = speed * 0.01 * 3.6;              //速度,单位: km/h
}
```

2. 激光雷达数据预处理

第 4 代旋风 4 座智能车采用的激光雷达为速腾聚创 RS-LiDAR-16，如图 4.18 所示。RS-LiDAR-16 集合了 16 个激光收发组件，测量距离高达 150m，测量精度在±2cm 以内，出点数高达 300,000 点/秒，水平测角为 360°，垂直测角为–15°～15°。RS-LiDAR-16 通过 16 个激光收发组件，在快速旋转的同时发射高频率激光束对外界环境进行持续扫描，经过测距算法提供三维空间点云数据及物体反射率，从而让机器"看到"周围的世界，为定位、导航和避障等提供有力保障。

图 4.18　速腾聚创 RS-LiDAR-16 激光雷达

（1）降采样

本实验使用 PCL（Point Cloud Library）内置的 VoxelGrid Filter 对原始的点云进行降采样。VoxelGrid Filter 根据输入的点云数据创建一个三维体素栅格（可把体素栅格想象为微小的空间三维立方体的集合），然后在每个体素（三维立方体）内，用体素中所有点的重心来近似显示体素中的其他点，最终该体素内所有点用一个重心表示。本实验采用边长为 0.1m 的体素栅格进行滤波，保留体素中所有点的重心作为降采样的输出，在减少点云数据的同时，保持点云的形状特征，示例代码如代码 4.17 所示。

代码 4.17　点云数据降采样

```
//降采样
pcl::VoxelGrid<pcl::PointXYZ> grid_filter;
grid_filter.setInputCloud(cali_pcl_pc);        //输入原始点云
grid_filter.setLeafSize(0.1, 0.1, 0.1);        //设置降采样立方体的大小
grid_filter.filter(*grid_out);                 //输出降采样之后的点云
```

（2）地平面分割

地平面分割是激光雷达感知中基础的预处理操作。因为在环境感知过程中，系统通常只对地面上的障碍物感兴趣，且地面点容易对障碍物聚类产生影响，所以在进行点云聚类操作之前通常要对地面点和非地面点进行分离。本实验中，采用绝对高度算法滤除高度小于 0.3m 的点云，并且为了减少数据量对运算速率的影响，滤除高度大于 5m 的点云。此处使用 PCL 内置的直通滤波器进行该操作，示例代码如代码 4.18 所示。

代码 4.18　地平面分割

```
pcl::PassThrough<pcl::PointXYZI> pt;//直通滤波器
```

```
pt.setInputCloud(grid_out);              //输入降采样后的点云
pt.setFilterFieldName("z");              //依据点云的高度值进行滤波
pt.setFilterLimits(0.3, 5.0);            //保留此范围内的点云，滤除此范围以外的点云
pt.filter(*pc_indices);
pcl::PointCloud<pcl::PointXYZI>::Ptr
pcl_pc_out( new pcl::PointCloud<pcl::PointXYZI>);
pcl::copyPointCloud(*grid_out, *pc_indices, *pcl_pc_out);
//输出滤除地面之后的点云
```

(3) 点云聚类

点云聚类是激光雷达环境感知中的重要步骤，将检测目标按照点的分布进行聚类，可以降低后续的计算量。本实验采用自适应欧几里得聚类算法对非地面点进行聚类，并且使用三维的 Bounding Box（边界框）将障碍物从三维点云中框选出来。

自适应欧几里得聚类算法是指对输入的点云依照确定的距离指标利用 Kd-Tree 进行搜索和聚类，具体算法流程如下：

- 输入需要聚类的激光雷达点云数据 Q 并建立 Kd-Tree 数据结构。使用 Kd-Tree 数据结构能够加速聚类过程中的搜索速度。
- 建立一个空的聚类列表 D 和一个待处理队列 L，将 Q 中的每个点 Q_i 加入队列 L 中去。
- 对于每个 $Q_i \in L$，对其进行邻域搜索，将搜索到的点存入 Q_i^k (k=1, 2, 3) 中。对于 Q_i^k 中的每个点，计算它们与点 Q_i 的欧氏距离，将欧氏距离小于阈值的点与 Q_i 划分为同一个类后存入 D 中。
- 在对 L 中的每个点进行以上操作后，对于任意的 $Q_i \in L：Q_i \in D$，计算 D 中的所有聚类之间的欧氏距离，将距离小于阈值的类合并为同一个类，直至所有类之间的欧氏距离均大于或等于距离阈值 d。删去点云内数据点数目超出限定值的聚类，算法终止。聚类完成之后还需要对聚类的尺寸进行限制，滤除尺寸过小的障碍物。

本实验使用 PCL 内置的 Euclidean_Cluster_Extraction 进行聚类。欧几里得聚类最重要的参数是聚类半径阈值，在这个半径阈值内（整个球体内）的点将被聚类成一个点云簇。此外，在 PCL 中，聚类方法还有两个重要参数——最小和最大聚类点数阈值。当聚类的点云簇的点数在这两个阈值之间时才会被返回。但由于激光雷达点云的成像特点（近处的点云成像较为密集，越往远处点云的成像越稀疏），若始终采用同一个聚类半径阈值，很容易出现过分割或者欠分割的问题。因此为了达到更好的聚类效果，本实验在不同距离的区域内使用不同的聚类半径阈值：0～2m 范围内的聚类半径阈值为 0.1，之后每增加 3m，聚类半径阈值增加 0.1。例如，2～5m 范围内的聚类半径阈值为 0.2，5～8m 范围内的聚类半径阈值为 0.3，8～11m 范围内的聚类半径阈值为 0.4，以此类推。算法示意图如图 4.19 所示。

实现点云聚类的示例代码如代码 4.19 所示。

代码 4.19　点云聚类

```
for (size_t i = 0; i < m_clusterparam.detect_dis_; ++i) {
    tolerance += 0.1;  //tolerance 是设置 Kd-Tree 最近邻搜索的搜索半径
    if (indices_array[i].size() > m_clusterparam.cluster_min_) {
        boost::shared_ptr<std::vector<int>> indices_array_ptr(
```

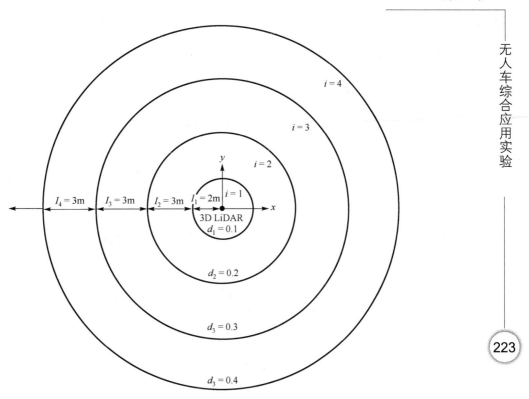

图 4.19　不同距离的聚类半径阈值

```
    new std::vector<int>(indices_array[i]));
pcl::search::KdTree<pcl::PointXYZI>::Ptr tree(
    new pcl::search::KdTree<pcl::PointXYZI>);
tree->setInputCloud(pcl_pc, indices_array_ptr);  //Kd-Tree 的输入点云
std::vector<pcl::PointIndices> cluster_indices;
pcl::EuclideanClusterExtraction<pcl::PointXYZI> ec;
ec.setClusterTolerance(tolerance);
```
　　//tolerance 越大，检测到的范围也就越大。如果搜索半径取一个非常小的值，那么一个实际的对象就会被分割为多个聚类。如果将值设置得太高，那么多个对象就会被合并为一个聚类
```
ec.setMinClusterSize(m_clusterparam.cluster_min_);  //最小聚类点数阈值
ec.setMaxClusterSize(m_clusterparam.cluster_max_);  //最大聚类点数阈值
ec.setSearchMethod(tree);  //采用 Kd-Tree 进行搜索
ec.setInputCloud(pcl_pc);  //聚类的输入点云
ec.setIndices(indices_array_ptr);
ec.extract(cluster_indices);
for (std::vector<pcl::PointIndices>::const_iterator it =
    cluster_indices.begin();it != cluster_indices.end(); ++it) {
  pcl::PointCloud<pcl::PointXYZI>::Ptr cluster(
    new pcl::PointCloud<pcl::PointXYZI>);
  for (std::vector<int>::const_iterator pit = it->indices.begin();
    pit != it->indices.end(); ++pit) {
      cluster->points.push_back(pcl_pc->points[*pit]);
      //cluster 存储当前聚类的点云
```

```
            }
        cluster->width = cluster->size();
        cluster->height = 1;
        cluster->is_dense = true;
        clusters_.push_back(cluster);    //clusters 为得到的所有聚类簇
      }
    }
  }
```

(4)计算聚类中心和 Bounding Box 尺寸

聚类完成后，使用三维的 Bounding Box 将障碍物从三维点云中框选出来。Bounding Box 的尺寸通过遍历(分别寻找 x、y、z 坐标最大与最小的点)计算得到，示例代码如代码 4.20 所示。

代码 4.20　计算 Bounding Box 尺寸

```
for (size_t i = 0; i < clusters.size(); ++i) {
    PointType min, max;
    pcl::getMinMax3D(*clusters[i], min, max);    //计算点云簇的最大值和最小值
    marker.scale.x = 0.07;                    //Bounding Box 的线条宽度
    marker.color.a = 1.0;                     //Bounding Box 的线条透明度
    marker.color.r = 1.0;
    marker.color.g = 1.0;
    marker.color.b = 1.0;                     //Bounding Box 的线条颜色
    marker.lifetime = ros::Duration(0.1);
    marker_array.markers.push_back(marker);
}
if (bbox_array_pub_.getNumSubscribers() > 0) {
    Eigen::Vector4f c0, whd;
    c0 = 0.5f * (min.getVector4fMap() + max.getVector4fMap());
    //计算 Bounding Box 的形心
    whd = max.getVector4fMap() - min.getVector4fMap(); //各坐标方向的尺度
    jsk_recognition_msgs::BoundingBox bbox;
    bbox.header.stamp = ros::Time::now();
    bbox.header.frame_id = frame_id_;
    bbox.pose.position.x = c0[0];   //Bounding Box 形心的 x 坐标
    bbox.pose.position.y = c0[1];   //Bounding Box 形心的 y 坐标
    bbox.pose.position.z = c0[2];   //Bounding Box 形心的 z 坐标
    bbox.pose.orientation.w = 1.0; //Bounding Box 的方向
    bbox.dimensions.x = whd[0];     //Bounding Box 的宽度
    bbox.dimensions.y = whd[1];     //Bounding Box 的长度
    bbox.dimensions.z = whd[2];     //Bounding Box 的高度
    bbox_array.boxes.push_back(bbox);
}
```

3. 多传感器融合

本实验采用决策级融合结构模型对毫米波雷达与激光雷达两种传感器各自对同一目标的初步判决进行融合处理，从而获得最终的结论。

(1) 时空对齐

无人车在利用多个传感器进行感知的过程中，每个传感器的任务及自身结构特点不同，使得它们在安装位置和采样频率上会有所差异。为了统一不同来源的测量数据，需要对数据进行时空对齐，时空对齐包括空间对齐和时间对齐。时间对齐是指对各个传感器针对同一目标采集的观测数据进行时间同步。本实验采用 ROS 自带的消息回调机制来实现两种传感器数据话题(Topic)的时间对齐。空间对齐是指将各个传感器在不同坐标系下的测量数据转换到同一个坐标系下。本实验将毫米波雷达和激光雷达的测量数据转换到车辆坐标系(直角坐标系)下完成空间对齐。空间对齐示例代码如代码 4.21 所示。

代码 4.21 空间对齐

```
for (size_t i = 0; i < pcl_pc_in->points.size(); ++i) {
    //将激光雷达测量数据由雷达坐标系转换至车辆坐标系下
    pointsingle2.x = pcl_pc_in->points[i].x;
    pointsingle2.y = pcl_pc_in->points[i].y;
    pointsingle2.z = pcl_pc_in->points[i].z;
    pointsingle2.intensity = pcl_pc_in->points[i].intensity;
    temp_point.x = -pointsingle2.y;
    temp_point.y = pointsingle2.x;
    temp_point.z = pointsingle2.z;
    //雷达坐标系
    x = temp_point.x * cos(ROLL / 180.0 * 3.14) -
        temp_point.z * sin(ROLL / 180.0 * 3.14);
    z = temp_point.z * cos(ROLL / 180.0 * 3.14) +
        temp_point.x * sin(ROLL / 180.0 * 3.14);
    temp_point.x = x;
    temp_point.z = z;
    y = temp_point.y * cos(PITCH / 180.0 * 3.14) +
        temp_point.z * sin(PITCH / 180.0 * 3.14);
    z = temp_point.z * cos(PITCH / 180.0 * 3.14) -
        temp_point.y * sin(PITCH / 180.0 * 3.14);
    temp_point.y = y;
    temp_point.z = z;
    //横摆角
    x = temp_point.x * cos(HEADING / 180.0 * 3.14) +
        temp_point.y * sin(HEADING / 180.0 * 3.14);
    y = -temp_point.x * sin(HEADING / 180.0 * 3.14) +
        temp_point.y * cos(HEADING / 180.0 * 3.14);
    //平移,统一到车辆坐标系下
    y = y + DELTA_Y;
    x = x + DELTA_X;
```

```
            z = temp_point.z + DELTA_Z;
            pointsingle2.x = y;
            pointsingle2.y = -x;
            pointsingle2.z = z;
        }
        for (size_t i = 0; i < MaxTarNum_64; ++i) {
            //将毫米波雷达测量数据由雷达坐标系转换至车辆坐标系下
            if (tracking_manager.Target[i].TrackState >= 2) {
                xfradar_deal::radarobject ob;
                memset(&ob, 0, sizeof(ob));
                float x =(float)(tracking_manager.Target[i].LatPos[tracking_manager.
        Index])*0.01;                                  //单位: m
                float y = (float)(tracking_manager.Target[i].Distance[tracking_manager.
        Index]) * 0.01;                                //单位: m
                float speed = (float)(tracking_manager.Target[i].RelSpd_Long) * 0.01;
                                                       //单位: m/s
                if (fabs(x) < 15 && fabs(y) < 100) {   //转换至车辆坐标系下
                  ob.id = tracking_manager.Target[i].TrackID;
                  ob.x = x + m_alignparam.delta_x_;    //目标横向距离
                  ob.y = y + m_alignparam.delta_y_;    //目标纵向距离
                  ob.relspeed = speed;                 //目标速度
                }
            }
        }
```

(2) 数据融合

对时空对齐后的两种传感器数据进行决策级融合，获得对目标的一致性描述与解释，进而实现后续的决策和估计，使融合结果比单独获取的结果更丰富与准确。本实验借助 NN (Nearest Neighbors, 最近邻) 算法的思想，根据两种检测结果之间的距离度量完成简单的数据融合，从而得到关于同一目标统一的位置、大小和速度信息。示例代码如代码 4.22 所示。

代码 4.22　数据融合

```
    for (size_t h = 0; h < ClusetrCloud_.size(); ++h) {
        //将激光雷达聚类簇的质心与距离最近的毫米波雷达检测目标相融合
        Eigen::Vector4f centroid;
        pcl::compute3DCentroid(ClusetrCloud_[h], centroid);
        //计算激光雷达聚类簇的质心
        lx = -centroid[1];
        ly = centroid[0];
        lz = centroid[2];
        int minindex = -1;
        float mindis = 10000;
        for (size_t k = 0; k < RadarOut_.obs.size(); ++k) {
            //对每个激光雷达聚类簇，在毫米波雷达中寻找与其距离最近的目标
            rx = RadarOut_.obs[k].x; // m
```

```
ry = RadarOut_.obs[k].y; // m
dis = (rx - lx) * (rx - lx) + (ry - ly) * (ry - ly);
//计算两种目标之间的距离
latdis = fabs(rx - lx);
londis = fabs(ry - ly);
if (londis < 3.5 && latdis < 1.0 && dis < mindis) {   //距离度量约束
    mindis = dis;
    minindex = k;
    }
}
if (minindex != -1) {    //lidar_cluster[h]找到了离它最近的 radar_object
    lidar_object.respeedy =
      RadarOut_.obs[minindex].relspeed * 3.6 + car_speed;
    //单位转换: m/s-->km/h;
    //融合后目标结合了激光雷达精确的测距值和毫米波雷达准确的测速值
    lidar_objects.points.push_back(lidar_object);
    //根据速度大小将其分为静态障碍物和动态障碍物, 并显示动态障碍物的速度信息
    if (fabs(lidar_object.respeedy) > 0.5) {
        std::string text = num2str<float>(lidar_object.respeedy, 2) +
"km/h";
        float text_z = c0[2] + whd[2] * 0.5 + 0.2;
    }
    }
}
```

4.2.6 实验结果与分析

本实验有 Demo 软件可供参考, 软件环境安装与配置请参考本书 2.1.1 节 "ROS 环境安装及相关配置" 的相关内容。

在本实验开始前, 先手动驾驶无人车到达实验场地(在车前设置障碍物), 然后开始进行 Demo 软件的编译和运行。本 Demo 软件可以在线运行(在无人车上使用激光雷达和毫米波雷达进行实时融合), 也可以离线运行(利用离线采集的数据进行融合)。

1. 软件编译

执行下列命令进行软件编译:

```
% cd R-LidarFusion_Projection
% catkin_make
```

2. 运行 Demo 软件

执行下列命令运行 Demo 软件:

```
% cd R-LidarFusion_Projection
% source devel/setup.bash
#在线运行:
% roslaunch xflidar_fusion fusion_online.launch
#离线运行:
% roslaunch xflidar_fusion fusion_offline.launch
```

3. 软件操作说明

本实验以车辆前方的行人检测为例，对毫米波雷达与 16 线激光雷达采集的数据进行数据融合，最终得到感知区域内行人的位置及速度信息并显示。

Demo 软件主界面如图 4.20 所示。单击"开始"按钮即可在 RViz 中看到实时显示的激光雷达聚类结果（如图中蓝色空心包围盒所示）、毫米波雷达检测结果（如图中黄色正方体所示）和两种传感器融合结果（如图中白色实心包围盒所示），以及融合后动态障碍物的速度信息。

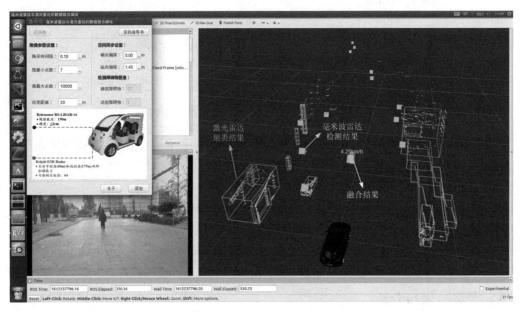

彩色图

图 4.20　Demo 软件主界面

参数调节区域如图 4.21 所示。在该区域可以动态调节激光雷达聚类算法的参数，包括降采样间隔、簇最小点数（最小聚类点数）、簇最大点数（最大聚类点数）及聚类算法的检测距离，也可以动态调节空间对齐时毫米波雷达传感器相对车辆坐标系的偏移量，包括横向偏移和纵向偏移。数据显示区域中可显示融合后的动态障碍物数量和静态障碍物数量。

图 4.21　参数调节区域

调节各参数的值，可显示对应的检测效果。图 4.22 为调节激光雷达聚类算法中的检测距离参数后的效果图，调整后的检测距离参数为 40m。

图 4.22　调节检测距离参数显示效果

彩色图

4.3　视觉与激光雷达的联合标定实验

4.3.1　实验背景与原理

在无人车的环境感知模块中，目前主流的传感器种类有单目相机和激光雷达等。在目标检测任务中，单一传感器常常存在误检率和漏检率较高的问题。例如，虽然视觉传感器有着丰富的语义信息，但是在强光、阴影和遮挡等情况下，其检测效果会受到很大的影响。激光雷达在测距方面有着极大的优势，但是点云的稀疏性使其缺乏丰富的语义信息，因此目前主流的检测方案是将单目相机和激光雷达融合，通过对两种传感器及其观测信息的合理支配与使用，将两种传感器在空间和时间上的互补与冗余信息依据某种优化准则结合起来，产生对观测环境的一致性解释或描述。利用两种传感器共同或联合操作的优势，可以提高整个系统的有效性。

由于两种传感器之间的坐标系是不同的，因此为了获得目标的一致性描述，需要对两种传感器的坐标系进行转换，可以通过单目相机与激光雷达之间的外参矩阵实现坐标系之间的转换。联合标定的作用就是建立激光点云的点和图像像素之间的对应关系，将点云三维坐标系下的点投影到相机二维坐标系下，可获得激光雷达与单目相机之间的旋转矩阵及平移矩阵。单目相机和激光雷达的外参标定问题其实就是二维点和三维点的匹配优化求解问题。

首先，需要将棋盘标定板放置于激光雷达和单目相机的前方，使得单目相机和激光雷达共同面向标定板。随后选取标定板的边界，从左到右顺时针依次标记板上的 4 条直线段，并用标记的直线段绘制出一个四边形作为标定板在点云三维空间中的投影平面。然后在同一位置上进行拍照和点云捕捉,至少找到9组二维点和三维点对应的点对。采用PnP(Perspective-n-Point)方法分别求解每组点间的旋转向量和平移向量,并转换为四元数的形式。最后对所有四元数取平均值,从而得到最终的联合标定矩阵,原理示意图如图4.23所示。

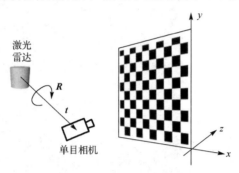

图 4.23 坐标系转换原理示意图

采用 PnP 方法求解二维点与三维点的匹配优化问题可以分为以下三个阶段。

(1)单目相机提取棋盘标定板角点的像素坐标。使用 OpenCV 中的 findChessboardCorners()函数获得角点的像素坐标。

(2)激光雷达提取棋盘标定板角点的像素坐标。具体过程如下:

● 提取棋盘标定板平面。

● 在平面上提取 4 条边。

● 计算棋盘标定板 4 个顶点的三维坐标。

● 推算出棋盘标定板角点的三维坐标。

(3)采用 PnP 方法求解旋转和平移向量。具体过程如下:

● 使用 OpenCV 中的 solvePnP()函数计算出单目相机相对激光雷达的旋转向量 R 和平移向量 t。

● 使用 OpenCV 中的 Rodrigues()函数将旋转向量转换为旋转矩阵。

4.3.2 实验目的

本实验是一个综合性实验,通过本实验使学生掌握单目相机与激光雷达联合标定的方法,从而提高学生综合运用所学理论知识和方法进行独立分析和解决问题的能力。

4.3.3 实验环境

1. 硬件设备

计算机 1 台。

单目相机 1 个: 罗技(Logitech)C930c 高清摄像头。

棋盘标定板 1 个: 规格 10×7。

激光雷达 1 个: 16 线 Velodyne 激光雷达。

第 4 代旋风 4 座智能车。

2. 软件环境

Ubuntu 16.04。

ROS Kinect。

Autoware 1.12。

4.3.4 实验内容

(1)进行激光雷达和单目相机的安装。

(2)安装 Autoware 工具。

(3)启动激光雷达的驱动节点。

(4)启动单目相机的驱动节点。

(5)利用 Autoware 工具进行单目相机与激光雷达的联合标定。

4.3.5 实验步骤

本实验要求学生掌握：激光雷达和单目相机在无人车上的正确安装方式；新建 ROS 工作空间，对激光雷达解析的源码进行编译并正确启动激光雷达驱动节点；通过学习单目相机与激光雷达的标定原理，利用棋盘标定板及 Autoware 工具完成激光雷达与单目相机的联合标定。

实验流程图如图 4.24 所示，可分为传感器安装固定、Autoware 工具安装、启动单目相机和激光雷达驱动节点以及联合标定等步骤。

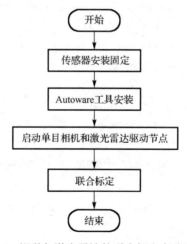

图 4.24　视觉与激光雷达的联合标定实验流程图

1. 传感器安装固定

为了获得更广阔的视野，将激光雷达和单目相机安装在车顶处，将激光雷达向下倾斜约 30°，如图 4.25 所示。

2. Autoware 工具安装

(1)安装依赖，其中最主要的是安装 ROS 机器人操作系统中的相机支持依赖 ros-kinetic-

图 4.25　激光雷达与单目相机的安装位置

camera-info-manager 和相机信息管理依赖 ros-kinetic-camera-info-manager-py，在终端下依次输入以下命令：

```
$ sudo apt-get update
$ sudo apt-get install -y python-catkin-pkg python-rosdep ros-$ROS_
DISTRO-catkin gksu
$ sudo apt-get install -y python3-pip python3-colcon-common-extensions
python3-setuptools python3-vcstool
$ pip3 install -U setuptools
$ sudo apt-get install -y ros-kinetic-desktop-full
$ sudoapt-getinstall-yros-kinetic-nmea-msgsros-kinetic-nmea-navsat-driver
ros-kinetic-sound-play $ ros-kinetic-jsk-visualization ros-kinetic-grid-map
ros-kinetic-gps-common
$ sudoapt-getinstall-yros-kinetic-controller-managerros-kinetic-ros-con-
trolros-kinetic-ros-controllers$ros-kinetic-gazebo-ros-controlros-kinetic-joys
tick-drivers
$ sudo apt-get install -y libnlopt-dev freeglut3-dev qtbase5-dev lib-
qt5opengl5-dev libssh2-1-dev libarmadillo-dev $ libpcap-dev libgl1-mesa-dev
libglew-dev
$ sudoapt-getinstall-yros-kinetic-camera-info-manager-pyros-kinetic-camera-
info-manager
```

(2) 建立 Autoware 的工作空间，在终端下依次输入以下命令：

```
$ mkdir -p autoware.ai/src
$ cd autoware.ai
```

(3) 下载 autoware.ai 的工作空间配置，在终端下输入命令：

```
$ wget-O autoware.ai.repos
```

(4) 下载 autoware.ai 到创建好的工作空间中，在终端下输入命令：

```
$ vcs import src < autoware.ai.repos
```

(5) 使用 rosdep 安装依赖，在终端下依次输入以下命令：

```
$ rosdep update
$ rosdep install -y --from-paths src --ignore-src --rosdistro $ROS_DISTRO
```

(6)编译工作空间，在终端下输入命令：

```
$ colcon build --cmake-args -DCMAKE_BUILD_TYPE=Release
```

Autoware 安装完成示意图如图 4.26 所示。

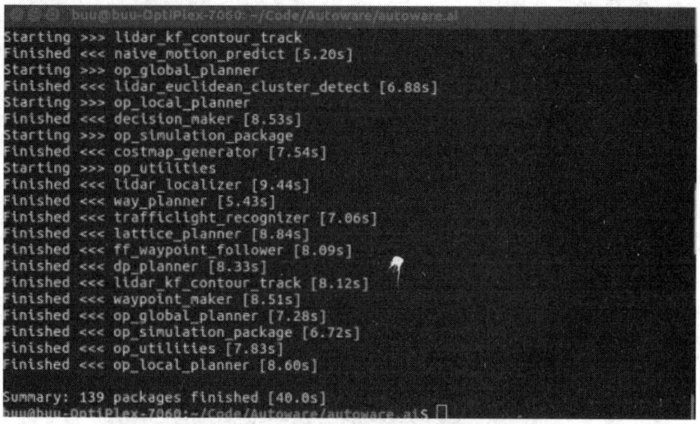

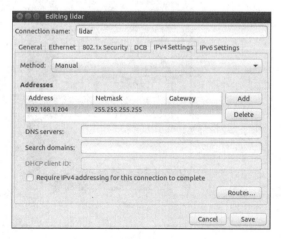

图 4.26　Autoware 安装完成示意图

3. 启动单目相机和激光雷达驱动节点

单目相机驱动节点详细的启动方法请见第 2 章中 2.2.5 节。

激光雷达驱动节点的启动方法如下。

创建一个 ROS 工作空间，将源码 src 文件夹放置于工程目录下，在工程目录下打开一个终端，输入命令：

```
catkin_make
```

进行工程编译，编译成功后，会在工程目录下生成三个文件夹，分别为 devel、 build 和 src。
设置激光雷达的网络连接，如图 4.27 所示。

图 4.27　设置激光雷达的网络连接

启动 16 线 Velodyne 激光雷达驱动，在编译完成后的目录下，打开一个终端，输入命令：

```
$ source devel/setup.bash
$ roslaunch velodyne_point  VLP_16.launch
```

上述的 launch 文件运行成功后，再打开一个终端，输入命令：

```
$ rviz
```

RViz 界面如图 4.28 所示。

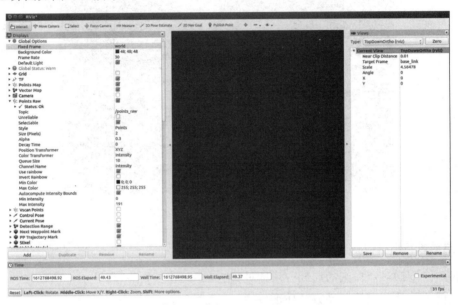

图 4.28　RViz 界面示意图

在 RViz 中，需要修改坐标系名称并添加话题，具体操作如图 4.29 所示。首先，将 Fixed Frame 改为 velodyne。然后单击 Add 按钮。最后，选择主题 PointCloud2，单击 OK 按钮。

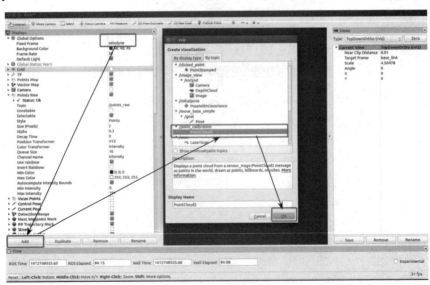

图 4.29　RViz 界面操作示意图

在选择主题后，RViz 界面中将会出现激光雷达的点云界面，如图 4.30 所示。

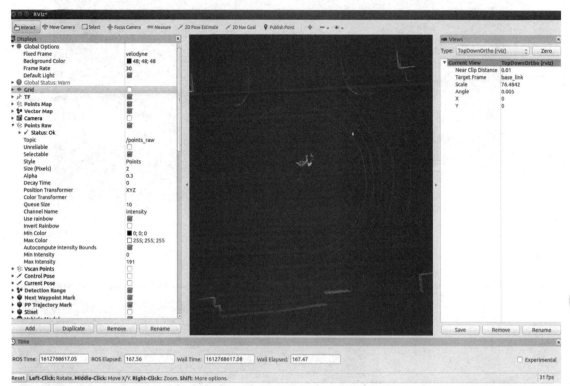

图 4.30　激光雷达的点云界面

彩色图

4. 联合标定

利用 Autoware 工具进行单目相机与激光雷达的联合标定，首先准备好第 2 章 2.2 节实验中单目相机标定后的内参文件。然后启动标定程序，在已经安装成功的 Autoware 工作空间中打开一个终端，在终端下输入以下命令：

```
$ source install/setup.bash
$roslaunchautoware_camera_lidar_calibratorcamera_lidar_calibration.
launch intrinsics_file:=/autoware_camera_calibration.yaml image_src:=/usb_cam/
image_raw
```

intrinsics_file 后的文件路径为单目相机标定后的内参文件路径。image_src 后的名称为 ROS 相机启动后的话题名称，启动界面如图 4.31 所示。

本实验采用的方法是选择图像和点云中匹配的点对完成联合标定，共选择 9 组点对。如图 4.32 所示，在图像中单击一下，会出现一个小红点。在 RViz 界面的点云中选择对应的点，先单击 Publish Point 按钮，再单击对应的三维点，在程序终端会出现选择的点的结果（注意，选择对应点时，为了尽可能保证匹配正确，应尽量选择点云中的拐点或者交叉点。此外，应将点云旋转到一个合适的位置，尽量保证所选点不涉及其他太多不同深度的点，以免出现误选，影响标定效果）。

图 4.31　单目相机与激光雷达联合标定启动界面

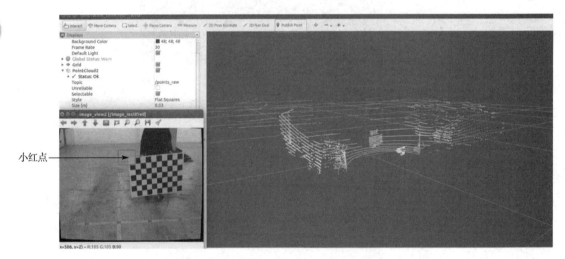

小红点——

图 4.32　单目相机与激光雷达联合标定过程

每完成一对点的选择，终端就会打印出相应的信息，显示标定进度，如图 4.33 所示。

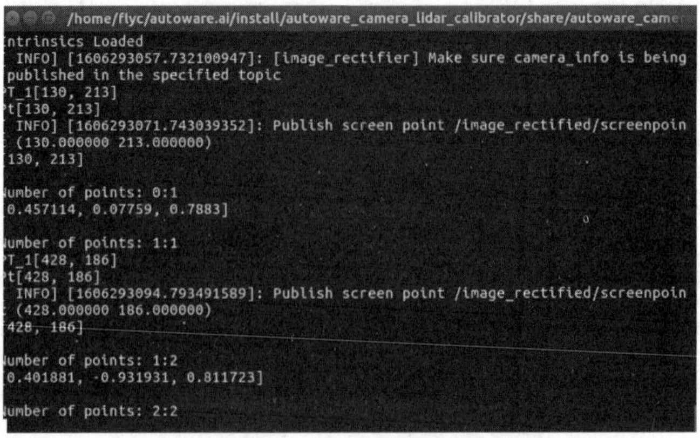

图 4.33　联合标定进度显示示意图

重复上述步骤，连续选择 9 组点对后，观察终端，在/home 目录下会生成标定文件(外参文件)，如图 4.34 所示。

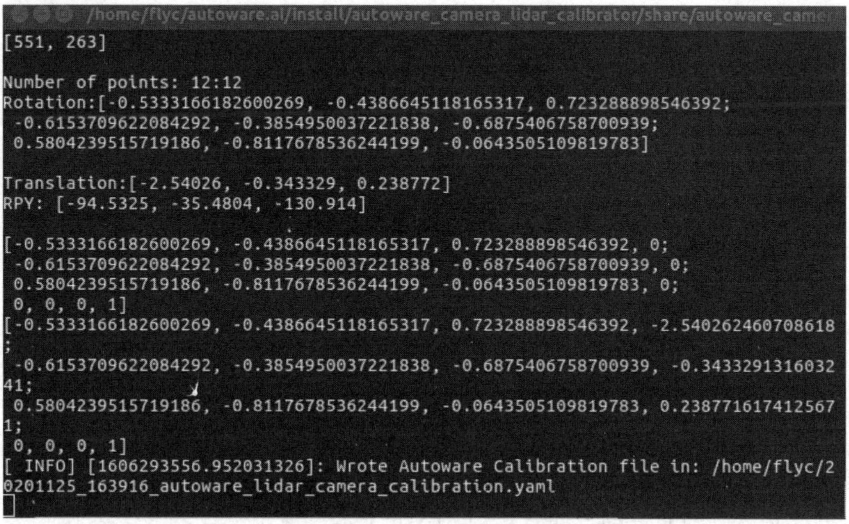

图 4.34　标定结束后的标定文件

4.3.6　实验结果与分析

标定完成后，在/home 目录下可以查看标定文件，标定文件内容如代码 4.23 所示，其中 CameraExtrinsicMat 为相机外参矩阵，CameraMat 为相机内参矩阵，DistCoeff 为相机与激光雷达联合标定的输出，其中 data 为最终的标定矩阵。

代码 4.23　标定文件内容

```
%YAML:1.0-
CameraExtrinsicMat: !!opencv-matrix
   rows: 4
   cols: 4
   dt: d
   data: [ 8.5796696358197755e-02, 2.7875146135983625e-01,
      -9.5652315689886724e-01, 1.1717870086431503e-01,
      9.5397844721965463e-01, 2.5390066317902082e-01,
      1.5956056993389645e-01, 1.1259393692016602e+00,
      2.8733960592719487e-01, -9.2619224571738301e-01,
      -2.4413904816435067e-01, 7.4070060253143311e-01, 0., 0., 0., 1. ]
CameraMat: !!opencv-matrix
   rows: 3
   cols: 3
   dt: d
   data: [ 3.8450357054617172e+02, 0., 3.4754519060153473e+02, 0.,
      3.8333442838042225e+02, 2.6041442152424389e+02, 0., 0., 1. ]
DistCoeff: !!opencv-matrix
   rows: 1
```

```
        cols: 5
        dt: d
        data: [ -1.1129042524997940e-02, -8.0253952291279903e-03,
            -3.2209335857971981e-04, 1.3874403093426296e-03,
            2.9361254263442723e-03 ]
ImageSize: [ 640, 480 ]
ReprojectionError: 0
DistModel: plumb_bob
```

4.4 车辆定速巡航实验

4.4.1 实验背景与原理

无人车的定速巡航是指在 PID(Proportional Integral Derivative)算法的控制下保证无人车在多种干扰条件下保持定速行驶。PID 是工业上用于控制压力、流量、温度和速度等不同过程变量的控制器。其通过回路反馈方式控制过程变量，也可以用于控制无人车的速度。无人车在道路上行驶时，使用 PID 控制器可保证车辆依照期望的速度行驶。PID 控制器包含比例(P)、积分(I)和微分(D)三部分，具体功能介绍如下。

1. 比例作用——P

假设经过 PID 调节后的输出速度为 $V_0 = K_p \times e(t)$，其中 K_p 为比例系数，其大小对整个系统的影响如下：

(1) K_p 趋于 0 时，控制器几乎不受输入偏差 $e(t)$ 的影响，相当于没有工作。

(2) K_p 很大时，微小的偏差就会对系统产生巨大的影响。

(3) K_p 由小变大，系统将由稳定向振荡发展。

(4) K_p 越大，输出越大，被调节变化量的变化越剧烈。

2. 积分作用——I

假设经过 PID 调节后的输出速度为 $V_0 = K_i \int_0^t e(t)dt$，其中 K_i 为积分系数，其大小对整个系统的影响如下：

(1) 积分调节将输入偏差 $e(t)$ 按时间进行累积，只要偏差存在，输出就增大，直到消除偏差。

(2) K_i 趋于 0 时，积分作用消除。

(3) K_i 很大时，积分作用强烈，消除偏差能力强，但容易引起振荡。

(4) K_i 越大，执行机构的动作越快，越容易引起并加剧振荡。

3. 微分作用——D

假设经过 PID 调节后的输出速度为 $V_0 = K_d \times [de(t)/dt]$，其中 K_d 为微分系数，其大小对整个系统的影响如下：

(1) 微分调节的输出与输入偏差 $e(t)$ 的变化速度成正比，$e(t)$ 变化越大，微分调节的输出越大。

(2) K_d 趋于 0 时，微分作用消除。

(3) 微分调节总是力图抑制速度的波动。

4．PID 控制

在上面三个参数的调节下，无人车的定速巡航系统可以很快达到目标速度，且整个系统处于稳定状态，PID 控制的完整公式如下：

$$u(k) = K_p e(k) + K_i \sum_{n=0}^{k} e(n) + K_d[e(k) - e(k-1)] \tag{4.3}$$

4.4.2　实验目的

本实验是无人车综合应用实验，通过本实验使学生掌握无人车 PID 控制器调试方法，完成基于 PID 速度控制的无人车定速巡航，从而提高学生综合运用所学理论知识和方法进行独立分析和解决问题的能力。

4.4.3　实验环境

1．硬件设备

第 4 代旋风 4 座智能车 1 台：标配速腾 16 线激光雷达、ESR 毫米波雷达、超声波雷达、单目相机及联适 RTK 导航设备 R60S。

2．软件平台

Ubuntu 16.04。

ROS Kinect。

PyCharm。

PyQt5。

4.4.4　实验内容

手动驾驶无人车到相应的实验场地，进行 PID 相关控制算法实验，使用 Demo 软件验证定速巡航实验效果。具体内容如下：

(1) 了解 PID 控制器基本算法，学习相关理论知识，进行 PID 相关控制算法练习。

(2) 自行编写 Demo 软件，更改 PID 控制器的 K_p、K_i、K_d 等参数，实现无人车定速巡航，观察实验效果。

4.4.5　实验步骤

本实验要求学生利用所掌握的无人车 PID 控制器相关理论知识，通过 CAN 网络和无人车底层控制器(BAU)进行通信，实时接收无人车目标速度和当前速度的数据。根据车辆底层转动速度数据的波动变化，不断调整 K_p、K_i 和 K_d 三个参数，直到数据波动较小且无人车快速达到目标速度为止。本实验总体系统框图如图 4.35 所示。

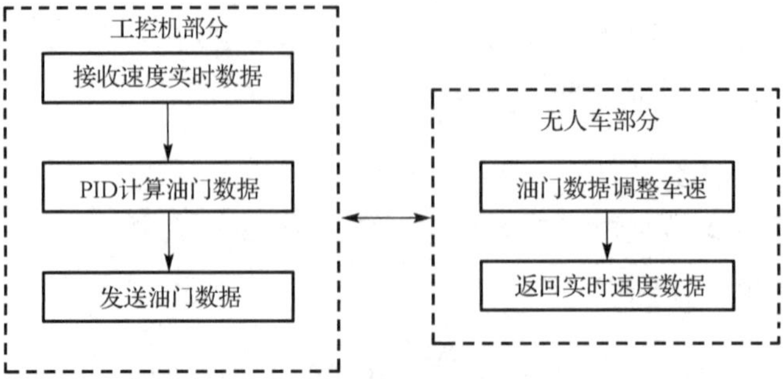

图 4.35　总体系统框图

1. 订阅和发布各个节点数据

实验开始前，首先手动驾驶无人车到相应的实验场地，并安排安全员和测试人员。然后设置 CANet 网关的 IP 和端口（IP：192.168.1.178，端口：4001），并为工控机分配 IP 和端口（IP：192.168.1.4，端口：4001）。接着通过 UDP 通信，订阅无人车底盘的实时速度数据（目标速度和 K_p、K_i、K_d 三个参数），同时发布油门数据、目标速度和当前速度数据到界面中。订阅和发布各个节点数据的示例代码如代码 4.24 所示。

代码 4.24　订阅和发布各个节点数据

```
buuactuatorNode::buuactuatorNode(ros::NodeHandle m_handle)
{ //构造函数初始化 UDP 端口
  m_canetip = "192.168.1.178";    //CANet 通信 IP
  m_canetport = 4001;             //CANet 端口
  m_pcip = "192.168.1.4";         //主机通信 IP
  m_pcport = 4001;                //主机端口

  UIcount = 0;
  stop_flag = 0;
  memset(&UIarry,0,sizeof(UIarry));
  memset(&carinfo, 0, sizeof(carinfo));
  memset(&UIchart, 0, sizeof(UIchart));

  //paramters
  std::cout << FYEL("*****buuactuator:parameters*****************") <<
std::endl;
  std::cout << FGRN("canet_ip: ") << m_canetip << std::endl;
  std::cout << FGRN("canet_port: ") << m_canetport << std::endl;
  std::cout << FGRN("pc_ip: ") << m_pcip << std::endl;
  std::cout << FGRN("pc_port: ") << m_pcport << std::endl;
  std::cout << FYEL("*****buuactuator:parameters end***************") <<
std::endl;
  sub_control = m_handle.subscribe("/py_ui",1000,&buuactuatorNode::callback_
control, this);              //订阅节点
  pub_control = m_handle.advertise<buuactuator::buutoui>("ros_ultrasonic",
1000);              //发布节点
```

```
pub_obd_speed = m_handle.advertise<nav_msgs::Odometry>("canbus", 10);
                                                //发布节点
}
/*
 *detail:Read canet data, publish after parsing//解析
*/
void buuactuatorNode::RecvCarInfoKernel()
{                                             //接收 CANet 数据
  memset(buffer, 0, sizeof(buffer));          //缓存 buffer 清零
  int ret = boost_udp->receive_data(buffer);  //ret 表示数据长度的字节数
  if (ret > 0 && ret % 13 == 0)               //接收 13 的倍数字节的数据
  {
    ParserData(buffer, ret);
  }
}
```

2. 解析底层数据

如代码 4.25 所示，对接收到的 CAN 数据进行解析，从而获得无人车的实际速度，并将其作为无人车的参数。

代码 4.25　解析底层数据

```
/*
 *detail:Read canet data, publish after parsing//解析
*/
void buuactuatorNode::RecvCarInfoKernel()
{                                             //接收 CANet 数据
  memset(buffer, 0, sizeof(buffer));          //缓存 buffer 清零
  int ret = boost_udp->receive_data(buffer); //ret 表示数据长度的字节数
  if (ret > 0 && ret % 13 == 0)               //接收 13 的倍数字节的数据
  {
    ParserData(buffer, ret);
  }
}
void buuactuatorNode::ParserData(unsigned char data[], int num)
//buffer 是数据缓存数组，num 是数据接收的字节数
{
  for (int i = 0; i < num / 13; ++i) //第 13 字节以上
  {
    stCANMsg frame;                  //接收到的数据报文信息，包头+ID+数据
    CHAR2UINT ii;
    for (int j = 0; j < 4; ++j)
    {
      ii.ch[3 - j] = data[1 + j + i * 13];
    }
    unsigned int id = ii.i; //
    frame.ID = id;
```

```
            for (int j = 0; j < 8; ++j)
            {
              frame.data[j] = data[5 + j + i * 13];
            }

            if (frame.ID == 0x18f015d1)
            {
              carinfo.Car_Gear = frame.data[0] & 0x30;
              carinfo.Car_Gas = frame.data[2];
              to_ui.real_gas  = frame.data[2];
              carinfo.EPS_Angle_H = frame.data[3];
              carinfo.EPS_Angle_L = frame.data[4];
              short realangle=(short)(frame.data[3]*256+ frame.data[4]);
              cout << "realangle: " << realangle << " Car_Gear: " << (int)carinfo.
Car_Gear/16 << " Car_Gas: " << (int)carinfo.Car_Gas << endl;
            }
          else if(frame.ID == 0x18F01AD1)                //速度帧
            {
              pose_nav.twist.twist.linear.x = (frame.data[0]*256+frame.data[1])*0.1;
              to_ui.real_speed = pose_nav.twist.twist.linear.x;
              pid.ActualSpeed = pose_nav.twist.twist.linear.x;
              pub_obd_speed.publish(pose_nav);
            }
           else if(frame.ID == 0x18F014D1)                //模式帧
            {
               if (frame.data[0] == 0x40)
              {
                 carinfo.Car_Method = 1;
              }
              else
              {
                 carinfo.Car_Method = 0;
              }
              cout<<"model: "<<int(carinfo.Car_Method)<<endl;
            }
          else if(frame.ID == 0x18F016D1)                //按键停车
            {
              carinfo.RealBrakePress = frame.data[1];
              to_ui.real_braking = frame.data[1];
              cout << " RealBrakePress: " << (int)carinfo.RealBrakePress << endl;
            }
          }
        }
```

3. 计算控制油门参数

计算控制油门参数的示例代码如代码 4.26 所示。通过反馈控制计算实时油门参数，该程序是 PID 控制器的核心部分，包括 PID 控制器三个参数 K_p、K_i 和 K_d 的初始化，以及 PID 控制器所需实际速度和目标速度的误差计算。通过 PID 控制器，可返回目标速度值。

代码 4.26　计算控制油门参数

```
void  buuactuatorNode::PID_init()
{
    pid.SetSpeed = 0.0;                           //目标速度
    pid.ActualSpeed = 0.0;                        //实时车辆反馈速度
    pid.aim_gas = 0;                              //目标节气门开度
    pid.err = 0.0;                                //当前速度误差
    pid.err_last = 0.0;                           //上个控制周期的速度误差
    pid.Kp = 1;                                   //初始化 Kp
    pid.Ki = 1;                                   //初始化 Ki
    pid.Kd = 1;                                   //初始化 Kd
    pid.t_s = 0.03;                               //采样周期
    pid.speed_pid_ik = 0;                         //积分项
}
float buuactuatorNode::PID_realize(float speed) //实现 PID 控制
{
    pid.SetSpeed = speed;                         //目标速度
    pid.err = pid.SetSpeed - pid.ActualSpeed;     //计算误差
    pid.aim_gas = pid.err * pid.Kp;               //比例项
    pid.aim_gas += pid.speed_pid_ik + pid.aim_gas *pid.Kp*pid.t_s/pid.Ki+
    pid.Kd*(pid.err-pid.err_last);                //pid 函数
    if(pid.aim_gas > 100)                         //车辆最大节气门开度为 100
    {
        pid.aim_gas = 100;
    }
    else if(pid.aim_gas < 0)                      //车辆最小节气门开度为 0
    {
        pid.aim_gas = 0;
    }
    else
    {
        if(pid.ActualSpeed >= 0)
        pid.speed_pid_ik += pid.err*pid.Kp*pid.t_s/pid.Ki;//积分项
    }.
    pid.err_last = pid.err;
    if(pid.ActualSpeed < 1 && pid.aim_gas > 20)
    //速度小于 1 时设置最大节气门开度阈值，防止启动加速过快
    pid.aim_gas = 20;

    cout << "pid.aim_gas: " << pid.aim_gas << endl;

    return pid.aim_gas;                           //返回目标节气门开度值
}
```

4. 发送结果数据到 BAU 中

完成 PID 的实际速度计算后，就将该时间的目标速度通过 CANet 发送到 BAU 中，让无人车根据目标速度计算油门参数，从而进行速度调节，以稳定的目标速度进行行驶。发布目标速度的示例代码如代码 4.27 所示。

代码 4.27　发布目标速度

```cpp
/*
 *detail:Write data to canet
*/
void buuactuatorNode::SendCarInfoKernel()
{
    unsigned char send_buf[13] = {0, 0};
    send_buf[0] = 0x88; //stard frame
    send_buf[1] = 0x0C;
    send_buf[2] = 0x08;
    send_buf[3] = 0xd1; //id
    send_buf[4] = 0xd0;
    send_buf[5] = (unsigned char)aimaction.data_valid;    //模式，线控模式
    send_buf[6] = (unsigned char)aimaction.gear;
    send_buf[7] = pid.aim_gas;// (unsigned char)aimaction.gasstep;
    send_buf[8] = 0;                                     //转角增量高位
    send_buf[9] = 0;                                     //转角增量低位
    send_buf[10] = 0;                                    //flix 不可控
    send_buf[11] = 0;
    send_buf[12] = 0;
    int ret = boost_udp->send_data(send_buf, 13);        //通过 UDP 发送数据
}
/*
 *detail:callback function
*/
voidbuuactuatorNode::callback_control(constbuuactuator::buutoui::ConstPtr &msg)                                          //订阅需要发布的消息
{
    aimaction = *msg;
    pid.Kp = msg->kp;
    pid.Ki = msg->ki;
    pid.Kd = msg->kd;
    pid.SetSpeed = msg->aim_gas;
    cout << "data_valid: " << aimaction.data_valid << "aim_gear:" <<
aimaction.gear << " " << aimaction.aim_gas <<
        "pid.SetSpeed: " << pid.SetSpeed << endl;
}
```

4.4.6　实验结果与分析

本实验有 Demo 软件可供参考，软件环境安装与配置请参考本书 2.1.1 节 "ROS 环境安装

及相关配置"的相关内容。开始实验前,先手动驾驶无人车到达实验场地,然后开始进行 Demo 软件的编译和运行。

1. 软件编译与运行

建立工作空间并编译,具体命令如下:

```
% cd control_speed/src
% sudo chmod -R 777 *
% cd ..
% catkin_make
```

2. 运行 Demo 软件

运行 Demo 软件,具体命令如下:

```
% cd control_speed
% source devel/setup.bash
% roslaunch xfdecision control_tool demo.launch
```

3. 软件操作说明

Demo 软件主界面如图 4.36 所示。将无人车调至无人驾驶模式,单击"开始"按钮。在挡位操作处选择 D 选项,单击"加速"按钮,可增大车辆目标速度。在右侧可观察到无人车的速度值缓慢上升,然后趋于平稳。

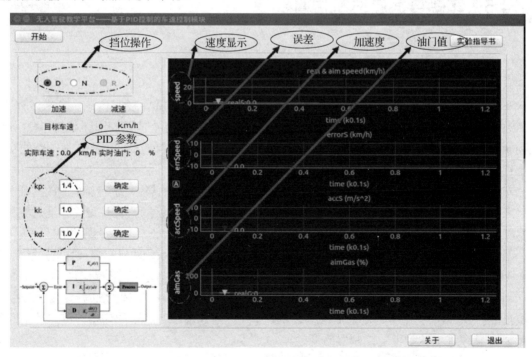

图 4.36　Demo 软件主界面

如图 4.37 所示,调节 PID 控制器三个参数的值,观察右侧速度显示窗口中实时速度到达目标速度的曲线图。

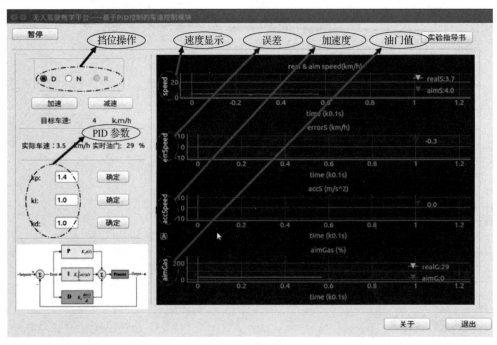

图 4.37   无人车 PID 调试图

彩色图

4.5   车辆自适应巡航仿真实验

4.5.1   实验背景与原理

车辆自适应巡航是指无人车通过自身搭载的传感器,如 GNSS、激光雷达、毫米波雷达、超声波雷达和视觉设备(主要有单目相机和双目相机)等获得自身定位及周围环境的信息,如障碍物状况和道路状况等,并进行相应的决策规划,从而对车辆进行控制,最终实现车辆的安全自主行驶。

车辆自适应巡航控制(Adaptive Cruise Control,ACC)系统是在传统定速巡航控制的基础上发展起来的新一代辅助驾驶系统。使用 ACC 系统不仅可以减轻人们的驾驶负担,减少错误驾驶和疲劳驾驶引发的交通事故,还能提高乘车舒适性,增强道路交通通行能力,减少燃油消耗和废气排放。因此,不管是从人、交通,还是从环境的角度出发,对 ACC 系统的研究都具有重要意义。

ACC 系统多数采用分层控制结构,上层(或外层)控制重点描述驾驶员跟车行为的特性。根据当前的行驶环境,以驾驶员跟车模型为依据,输出安全跟车所需期望的加/减速度。下层(或内层)控制则依据上层得出的期望加速度或期望车速,通过油门和刹车的切换控制,使车辆的实际加/减速度能够达到上层控制器的期望加/减速度。

本实验以 ACC 系统为研究对象,采用间距策略,结合油门、刹车切换特性的控制算法及仿真实验平台进行研究。本实验只考虑前方有一辆车的路况,并且能够直接从前车运动模型中获得前车位置(替换 ACC 系统中的雷达目标感知模块),由于对前车位置的估算几乎是没有误差的,因此本实验对 ACC 系统的最小车速没有限制。

4.5.2　实验目的

本实验是仿真性综合实验，使学生在理解自适应巡航控制基本原理的基础上，编写程序模拟设置前车的运动状态，通过自适应巡航控制算法完成后车能跟随前车前进的整体实验过程，从而提高学生综合运用所学的理论知识和方法独立分析和解决问题的能力。

4.5.3　实验环境

1．硬件设备

计算机 1 台：CPU 至少采用 Intel i7 芯片、8GB 内存。

2．软件环境

Ubuntu 16.04。
ROS Kinect。
PyQt5。

4.5.4　实验内容

（1）实现仿真实验平台的搭建，利用 ROS 系统自带的导入车辆模型的机制建立简单的车路环境，实现车辆行驶的可视化效果。

（2）完成在仿真实验平台中 ACC 算法的实现，根据前车与后车之间的距离建立简单的跟车逻辑，实现跟车功能。

（3）显示 ACC 仿真效果，在用户界面中以曲线的方式显示两车的距离、速度和加速度等。

4.5.5　实验步骤

本实验要求学生掌握基于 ROS 的 ACC 仿真开发过程。在仿真实验中，首先发布前后两车的车辆模型，前车为被跟随车辆，后车为无人车（ACC 车辆）。然后利用 Python 语言设计交互界面，设计 ACC 跟车算法。最后在交互界面中显示不同控制参数下 ACC 算法的跟车性能。通过本实验，学生可以掌握基于 ROS 的 ACC 仿真开发过程，理解 ACC 中巡航间距的控制策略。

1．初始化两个车辆模型

车辆模型分为被跟随车辆与 ACC 车辆两种，利用 ROS 中的 visualization_msgs::Marker 类可将车辆模型（.dae）文件显示在 RViz 中。初始化时，将被跟随车辆置于 ACC 车辆前方 5m 处，示例代码如代码 4.28 所示。

代码 4.28　初始化被跟随车辆位置

```
car_.header.frame_id = "/car"; //car
    car_.header.stamp = ros::Time::now();
    car_.ns = "car";
```

```
car_.id = 0;
car_.type = visualization_msgs::Marker::MESH_RESOURCE;
car_.mesh_resource = "package://xzrviz/resource/CAR_original.dae";
car_.mesh_use_embedded_materials = true;
car_.lifetime = ros::Duration();
car_.action = visualization_msgs::Marker::ADD;
car_.scale.x = 2;              //宽度
car_.scale.y = 2;              //高度
car_.scale.z = 2;              //长度
car_.pose.position.x = 5;      //carbiasx
car_.pose.position.y = 0;      //carbiasy
```

ACC 车辆的初始化位置为路径起点处，具体可参照代码 4.29。

代码 4.29　初始化 ACC 车辆位置

```
car_fllower.header.frame_id = "/car"; //car
car_fllower.header.stamp = ros::Time::now();
car_fllower.ns = "car_fow";
car_fllower.id = 1;
car_fllower.type = visualization_msgs::Marker::MESH_RESOURCE;
car_fllower.mesh_resource = "package://xzrviz/resource/CarModel.dae"; //
car_fllower.mesh_use_embedded_materials = true;
car_fllower.lifetime = ros::Duration();
car_fllower.action = visualization_msgs::Marker::ADD;
car_fllower.scale.x = 0.6;              //宽度
car_fllower.scale.y = 0.6;              //高度
car_fllower.scale.z = 0.8;              //长度
car_fllower.pose.position.x = 0;        //carbiasx;
car_fllower.pose.position.y = 0;        //carbiasy;
```

2．设定车辆参数

(1)设定被跟随车辆速度模型

考虑到通常情况下驾驶员驾驶车辆时会有正常的加/减速行为，因此采用高斯模型来模拟被跟随车辆时变的车速，如代码 4.30 所示。

代码 4.30　被跟随车辆速度模型

```
double car::getFrontCarSpeed(int time_index)
{
    car_front.d = 50;
    if (_fromui.frontCar_speed! = 0)
        car_front.maxSpeed = _fromui.frontCar_speed; //单位：km/h
    else
        car_front.maxSpeed = 100;
```

```
    if(time_index>700)
        timeIndex = 0;
    double u=time_index*0.1-100;
    double j = -(u*u*1.01)/(2*car_front.d*car_front.d);
    double h1 = exp(j);
    return h1*car_front.maxSpeed/3.6;
}
```

(2) ACC 车辆跟随控制

本实验采用安全间距控制策略来实时计算 ACC 车辆的加/减速度。安全间距的标准为两车的相对速度(单位：m/s)乘以两车发生碰撞所需时间(单位：s)。当标准等式发生变化时，应实时调整 ACC 车辆的速度以最小化该等式误差。当被跟随车辆停止时，ACC 车辆与被跟随车辆保留 5m 的最小间距，示例代码如代码 4.31 所示。

代码 4.31 ACC 车辆跟随控制

```
    double   car::getFollowCarSpeed(point_circl   position_front,point_circl
position_now)
    {
      if(_fromui.followCar_speed! = 0)
      {
          car_follow.maxSpeed = _fromui.followCar_speed/3.6;
          car_follow.maxAddSpeed = _fromui.followCar_addspeed;
      }
      else
      {
          car_follow.maxSpeed = 100/3.6;     //单位：m/s
          car_follow.maxAddSpeed = 3;         //单位：m/s
      }
      double dis=getDistance(position_front, position_now);
      //两车距离等于车速，且至少大于 5m
      //std::cout<<"follow_dis: "<<dis<<std::endl;
      _toui.follow_dis = dis;
      if(dis<8)
          return 0;
      else if(dis> car_follow.speed)
      {
         if(car_follow.speed> = car_follow.maxSpeed)
            car_follow.speed = car_follow.maxSpeed;
         else if(car_follow.addSpeed> = car_follow.maxAddSpeed)
            car_follow.addSpeed = car_follow.maxAddSpeed;
         else
            car_follow.addSpeed+ = 0.1;
            return car_follow.speed+car_follow.addSpeed*0.1;
```

```
        }
        else if(dis< car_follow.speed && dis>5)
        {
            return car_follow.speed-car_follow.maxAddSpeed*5*0.1;
        }
        else
        {
            car_follow.addSpeed = 0;
            car_follow.speed = car_front.speed;
            return car_follow.speed;
        }
    }
```

4.5.6 实验结果与分析

本实验有 Demo 软件可供参考，软件环境安装与配置请参考本书 2.1.1 节 "ROS 环境安装及相关配置" 的相关内容。

1. 软件编译

软件编译的具体命令如下：

```
% cd Xfacc_demo
% sudo chmod -R 777*
% catkin_make
```

2. 运行 Demo 软件

运行 Demo 软件的具体命令如下：

```
% cd Xfacc_demo
% source devel/setup.bash
% roslaunch xfacc_sim start.launch
```

3. Demo 软件操作

Demo 软件主界面如图 4.38 所示，系统启动后可以实时设定被跟随车辆速度模型和 ACC 车辆控制参数，具体体现为被跟随车辆最大速度符合高斯分布，最大速度即高斯函数顶点。为了实现不同性能车辆的 ACC 仿真实验，可调节 ACC 车辆跟车最大速度和跟车最大加速度。当 ACC 控制模块得到的速度大于本车最大速度时，不再加速。被跟随车辆最大速度可调节范围为 0～100km/h，ACC 车辆跟车最大速度可调节范围为 0～100km/h，ACC 车辆跟车最大加速度可调节范围为 0～3m/s^2。

Demo 软件主界面中曲线图模块可显示 ACC 仿真效果，如图 4.39 所示。用户可以观察到被跟随车辆速度与 ACC 车辆跟车速度的变化曲线及两车间距变化曲线。用户可修改控制参数来观察曲线的变化。

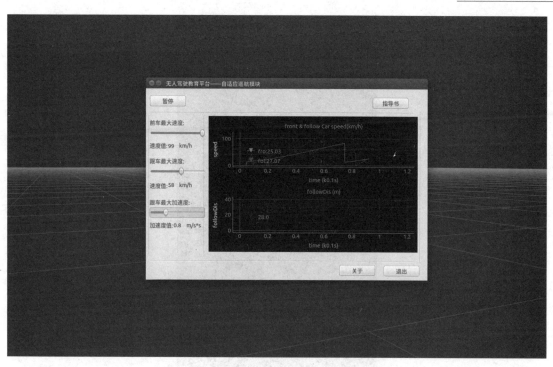

图 4.38　Demo 软件主界面

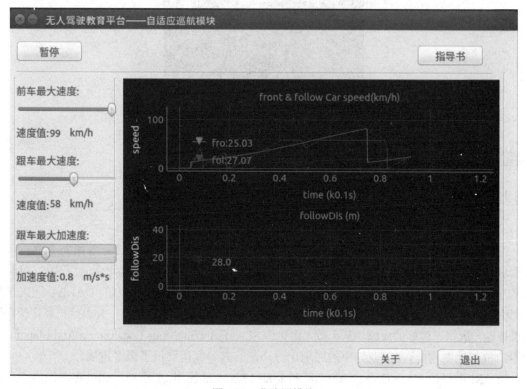

图 4.39　曲线图模块

仿真局部图如图 4.40 所示。

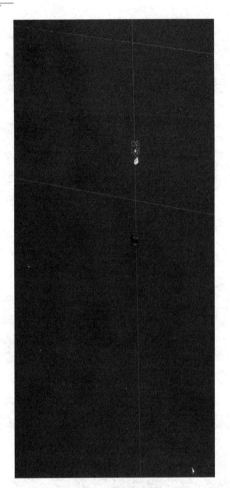

图 4.40　仿真局部图

 ## 4.6　激光雷达 SLAM 建图实验

4.6.1　实验背景与原理

　　车辆定位是无人车必须解决的关键问题，良好的定位系统不仅能够有效帮助车辆实现无人驾驶功能，而且能够有效提高车辆的安全性。在众多的定位方法中，利用激光雷达构建地图，并基于地图进行定位的方法被广泛运用在无人车开发中。在美国早期举办的 DARPA 无人车挑战赛中，包括斯坦福大学在内的多所高校利用激光雷达实现了建图及定位，并以此提高定位精度及鲁棒性，取得了较好的成绩。基于激光雷达的 SLAM(Simultaneous Localization And Mapping，同步定位与地图构建)在工业界中的应用十分广泛，其研究也取得了诸多进展。

　　SLAM 最早由 Hugh Durrant-Whyte 和 John J.Leonard 提出，主要用于解决移动机器人在未知环境中运行时的定位导航与地图构建问题。在实际应用中，SLAM 强调在没有先验知识的前提下实时确定位姿和建图，这是一个迭代往复且相互耦合的复杂过程。自 1986 年以来，SLAM 已有 30 多年的研究历史。

从 20 世纪 90 年代到 21 世纪初，统计估计方法被应用到 SLAM 研究中，主要包括卡尔曼滤波器(Kalman Filters，KF)和扩展卡尔曼滤波器(Extended Kalman Filters，EKF)等。研究者将 SLAM 问题当成线性高斯系统问题进行研究并取得了一定的成果，但也不可避免地产生了线性化误差和噪声高斯分布假设等问题。

21 世纪以来，随着半导体行业的兴起以及 GPU 技术的快速发展，设备的计算性能得到极大提升，以激光雷达为中心的激光 SLAM 和以视觉设备为中心的视觉 SLAM 在理论和实践上都取得了突破性进展，SLAM 的研究方向已经逐步转向非线性优化方法。以图优化为代表的非线性优化方法被认为明显优于经典滤波器方法。由于开源运动的兴起，许多开源 SLAM 实现方法被研究者公开，比较著名的有针对激光雷达的 Hector-SLAM、Gmapping、Catragrapher 和 KartoSLAM 等，以及针对视觉设备的 ORB-SLAM、LSD-SLAM、MonoSLAM 和 RGBD-SLAM 等。

通过激光扫描可以快速得到点云图像，激光雷达 SLAM 主要基于扫描匹配方法实现，能够提供精确的二维或三维环境信息，在室外场景中，相对于视觉 SLAM 具有更高的可靠性和扩展性。为了更好地学习激光 SLAM 系统原理，本实验用 NDT(Normal Distributions Transform)为点云配准算法进行建图。NDT 算法是一个配准算法，应用于三维点的统计模型，使用标准最优化技术来确定两个点云间的最优匹配方式。由于其在配准过程中不采用对应点的特征进行计算和匹配，因此计算效率优于其他配准方法。

1. 基于 NDT 算法的 SLAM 框架

本实验采用 NDT 算法进行点云配准，建立激光点云地图，为无人车的导航提供基本保障，实验整体框图如图 4.41 所示。

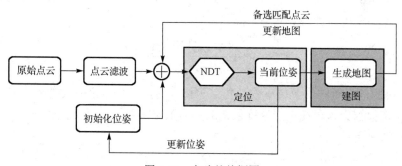

图 4.41　实验整体框图

具体流程包括：

(1)启动 16 线激光雷达，将雷达的原始点云数据作为输入。

(2)对输入的点云数据做点云滤波，进行降采样处理。

(3)将滤波后的点云数据、初始化位姿和备选匹配点云作为 NDT 算法的输入。

(4)使用 NDT 算法进行点云配准，利用配准结果解算当前位姿，并将当前位姿作为下个周期的初始化位姿。

(5)根据当前位姿转换实时点云数据，生成地图，并将地图更新到下个周期配准所需的备选匹配点云中。

(6)循环执行步骤(3)～(5)，更新并累积建图，直至建图完成。

2. 点云滤波

点云滤波主要是指对点云数据进行降采样处理，从而减少算法的计算量。本实验采用格点采样的方式对点云数据进行降采样。降采样的步骤如下：

(1)在点云所在的三维空间中建立三维坐标系。

(2)计算点云的 Bounding Box，然后将 Bounding Box 离散成格点。格点的长、宽、高可以由用户自行设定，也可以通过设定 Bounding Box 三个方向的格点数来求得。

(3)对于分布在格点内的点云，取离格点中心点最近的点作为采样点，且每个格点只取一个采样点。

3. NDT 算法原理

NDT 算法的基本思想是将一个立方体内大量离散点的数据集表示为一个分段连续可微的概率密度函数，NDT 算法的具体实现步骤如下。

首先，将点云空间分为若干个相同的立方体，并且每个立方体内至少有 5 个点云。分别求出每个立方体内点的均值矩阵 q 和协方差矩阵 Σ，如式 (4.4) 和式 (4.5) 所示。

$$q = \frac{1}{n}\sum_{i=1}^{n}X_i \tag{4.4}$$

$$\Sigma = \frac{1}{n}\sum_{i=1}^{n}(X_i - q)(X_i - q)^{\mathrm{T}} \tag{4.5}$$

其中，X_i 为点云集合矩阵，n 为点云个数。

然后，以概率密度的形式对离散的点云进行分段连续可微表示，通过 NDT 算法表示立方体内每个点的概率密度，如式 (4.6) 所示。

$$\rho \approx \exp\left(-\frac{(X - q)^{\mathrm{T}}\Sigma^{-1}(X - q)}{2}\right) \tag{4.6}$$

通过使用 Hessian 矩阵法解决车载激光雷达扫描的点云数据相邻帧之间的配准问题，点云配准的本质就是根据无人车在不同位置采集的点云数据来获取坐标变换的关系。NDT 点云配准具体实现算法如下：

(1)计算第一帧激光雷达扫描点云集的 NDT。

(2)初始化坐标变换参数 T，如式 (4.7) 所示：

$$T = \begin{bmatrix} R & t \\ 0 & 1 \end{bmatrix} \tag{4.7}$$

其中，R 是 3×3 的旋转矩阵，t 是 3×1 的平移矩阵。

(3)将第二帧激光雷达扫描点云集根据坐标转换参数映射到第一帧坐标系中，并得到映射后的点云集合矩阵 X_i'。

(4)求每个点映射变换后的正态分布，如式 (4.8) 所示：

$$\rho(X_i') \approx \exp\left(-\frac{(X_i' - q_i)^{\mathrm{T}}\Sigma^{-1}(X_i' - q_i)}{2}\right) \tag{4.8}$$

其中，q_i 是每一帧点云集在每个立方体内点的均值矩阵。

(5)将每个点的概率密度相加，用于评估坐标的变换参数，如式(4.9)所示：

$$s(\rho) \approx \sum_{i=1}^{n} \exp\left(-\frac{(X_i' - q_i)^{\mathrm{T}} \Sigma^{-1}(X_i' - q_i)}{2}\right) \tag{4.9}$$

(6)使用 Hessian 矩阵法优化 $s(\rho)$。

(7)跳转到第(3)步继续执行，直到满足收敛条件为止。

4.6.2　实验目的

通过本实验使学生理解 NDT 算法的基本原理，掌握基于 NDT 算法的激光雷达点云地图的构建方法，从而提高学生综合运用所学理论知识和方法进行独立分析和解决问题的能力。

4.6.3　实验环境

1．硬件设备

第 4 代旋风 4 座智能车 1 台：标配速腾 16 线激光雷达、ESR 毫米波雷达、超声波雷达、单目相机及联适 RTK 导航设备 R60S。

计算机 1 台：CPU 至少采用 Intel i7 芯片、16GB 内存。

2．软件环境

Ubuntu 16.04。

ROS Kinect。

C++。

Roboware。

PyCharm。

Python 2.7。

PyQt5。

4.6.4　实验内容

手动驾驶无人车到相应的实验场地，建立一段完整的激光点云 SLAM 地图，具体内容包括：

(1)手动驾驶无人车进行一次闭环行驶，利用激光雷达扫描沿途场景，得到相应点云数据。

(2)对采集的点云数据进行滤波处理。

(3)使用 NDT 算法进行点云地图构建。

4.6.5　实验步骤

本实验要求学生通过学习 NDT 算法的基本原理，利用 NDT 算法来实现高精度的点云地图构建。基于 NDT 算法的点云地图构建实验在代码实现上大致上可分为四部分：第一部分是激光雷达的点云数据接收；第二部分是通过使用 PCL 中的降采样函数对接收的点云数据进行点云滤波及降采样；第三部分是 NDT 点云配准，并转换配准结果，得到当前位姿；第四部分是根据当前位姿转换实时点云数据并生成地图。

1. 点云数据接收

当完成场景点云数据采集后，需要对采集的数据进行离线播放，而点云数据接收模块用于接收离线播放的数据，示例代码如代码 4.32 所示。

代码 4.32　点云数据接收

```
static void points_callback(const sensor_msgs::PointCloud2::ConstPtr
&input){
    pcl::PointCloud<pcl::PointXYZI> tmp;
    pcl::fromROSMsg(*input, tmp);//接收到的点云数据
}
```

2. 点云滤波及降采样

接收到的原始点云是激光雷达数据每帧所有的反射点，而在实际应用中，激光雷达对于远距离点的测距精度有所下降。因此，为了保证 SLAM 建图数据的精度，一般只选取一定范围内的点作为点云配准的输入。

接收的原始点云数据的数据量为每帧近 30,000 个点，因此需要使用点云滤波来对点云数据进行降采样处理，以提高建图的时效性。本实验采用的是体素降采样方法，首先将三维空间用格点离散化，然后在每个格点中采样一个点，如图 4.42 所示。

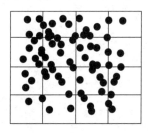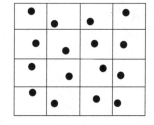

图 4.42　点云降采样示意图

在图 4.42 中，左边的图是原始的点云，中间的图表示在点云所在的空间中建立格点，通过在 PCL 中求取的降采样函数对点云进行降采样，右边的图是降采样后的点云分布情况，示例代码如代码 4.33 所示。

代码 4.33　点云降采样

```
for (pcl::PointCloud<pcl::PointXYZI>::const_iterator item = tmp.begin();
    item != tmp.end(); item++) {
    p.x = (double)item->x;
    p.y = (double)item->y;
    p.z = (double)item->z;
    p.intensity = (double)item->intensity;
    r = sqrt(pow(p.x, 2.0) + pow(p.y, 2.0));
    if (min_scan_range < r && r < max_scan_range)      //取规定范围内的点
```

```
        scan.push_back(p);
}

pcl::PointCloud<pcl::PointXYZI>::Ptr scan_ptr(
        new pcl::PointCloud<pcl::PointXYZI>(scan));

//Add initial point cloud to velodyne_map
if (initial_scan_loaded == 0) {
    pcl::transformPointCloud(*scan_ptr, *transformed_scan_ptr, tf_btol);
    map += *transformed_scan_ptr;
    initial_scan_loaded = 1;
}
t3_end = ros::Time::now();
//Apply voxelgrid filter
pcl::VoxelGrid<pcl::PointXYZI> voxel_grid_filter;
voxel_grid_filter.setLeafSize(voxel_leaf_size, voxel_leaf_size,
                            voxel_leaf_size);
voxel_grid_filter.setInputCloud(scan_ptr);
voxel_grid_filter.filter(*filtered_scan_ptr);
```

3. NDT 点云配准

本实验使用 NDT 算法进行点云配准,将当前获取的点云数据与之前已有的点云数据进行匹配,并结合初始化位姿推算出无人车当前的位姿信息,从而实现无人车的实时定位,示例代码如代码 4.34 所示。

代码 4.34　NDT 点云配准

```
//参数设置
ndt.setTransformationEpsilon(trans_eps); //收敛数,即停止迭代的阈值
ndt.setStepSize(step_size);              //每次迭代的步长
ndt.setResolution(ndt_res);             //栅点边长
ndt.setMaximumIterations(max_iter);     //本次迭代的最大次数
//定义预测矩阵,通过已有的点云信息推算出无人车的位姿
guess_pose.x = previous_pose.x + diff_x;
guess_pose.y = previous_pose.y + diff_y;
guess_pose.z = previous_pose.z + diff_z;
guess_pose.roll = previous_pose.roll;
guess_pose.pitch = previous_pose.pitch;
guess_pose.yaw = previous_pose.yaw + diff_yaw;
pose guess_pose_for_ndt;
guess_pose_for_ndt = guess_pose;
Eigen::AngleAxisf init_rotation_x(guess_pose_for_ndt.roll,
                                Eigen::Vector3f::UnitX());
Eigen::AngleAxisf init_rotation_y(guess_pose_for_ndt.pitch,
                                Eigen::Vector3f::UnitY());
Eigen::AngleAxisf init_rotation_z(guess_pose_for_ndt.yaw,
```

```
                                        Eigen::Vector3f::UnitZ());
Eigen::Translation3f init_translation(
    guess_pose_for_ndt.x, guess_pose_for_ndt.y, guess_pose_for_ndt.z);
Eigen::Matrix4f init_guess =
    (init_translation * init_rotation_z * init_rotation_y * init_
                            rotation_x).matrix() * tf_btol;
//使用 NDT 算法进行点云配准
pcl::PointCloud<pcl::PointXYZI>::Ptr output_cloud(
    new pcl::PointCloud<pcl::PointXYZI>);
ndt.align(*output_cloud, init_guess);
fitness_score = ndt.getFitnessScore();
t_localizer = ndt.getFinalTransformation();
has_converged = ndt.hasConverged();
final_num_iteration = ndt.getFinalNumIteration();
transformation_probability = ndt.getTransformationProbability();
t_base_link = t_localizer * tf_ltob;
//位姿转换
ndt_pose.x = t_base_link(0, 3);
ndt_pose.y = t_base_link(1, 3);
ndt_pose.z = t_base_link(2, 3);
mat_b.getRPY(ndt_pose.roll, ndt_pose.pitch, ndt_pose.yaw, 1);
//得到当前位姿
current_pose.x = ndt_pose.x;
current_pose.y = ndt_pose.y;
current_pose.z = ndt_pose.z;
current_pose.roll = ndt_pose.roll;
current_pose.pitch = ndt_pose.pitch;
current_pose.yaw = ndt_pose.yaw;
```

4. 生成地图

从上述步骤中可以得到无人车当前的位姿信息，再结合已有的点云数据则可以生成当前的点云地图，示例代码如代码 4.35 所示。

代码 4.35　生成地图

```
//生成地图
if (shift >= min_add_scan_shift) {
    map += *transformed_scan_ptr;     //累加地图
    ndt.setInputTarget(map_ptr);      //将地图作为下一周期配准的输入
}
```

4.6.6　实验结果与分析

本实验有 Demo 软件可供参考，软件环境安装与配置请参考本书 2.1.1 节 "ROS 环境安装及相关配置" 的相关内容。

本实验的代码是基于 C++和 Python 语言实现的,其中使用 C++语言和 ROS 机器人操作系统完成基于 NDT 算法的点云地图构建,使用 Python 语言和 PyQt5 界面开发工具来开发 Demo 软件,进行可视化实验。整体的软件开发主要分为四部分:第一部分是软件的编译、运行;第二部分是参数设置;第三部分是调用包并运行软件,实时构建点云地图并实现可视化;第四部分是点云地图的保存。

1. 软件的编译、运行

软件编译的具体命令如下:

```
$ cd Xlidar_slam_v1.0
$ sudo chmod -R 777*
$ catkin_make
```

运行 Demo 软件的具体命令如下:

```
$ cd Xlidar_slam_v1.0
$ source devel/setup.bash
$ roslaunch ndt_map ndt_mapping.launch
```

2. 参数设置

Demo 软件主界面如图 4.43 所示。

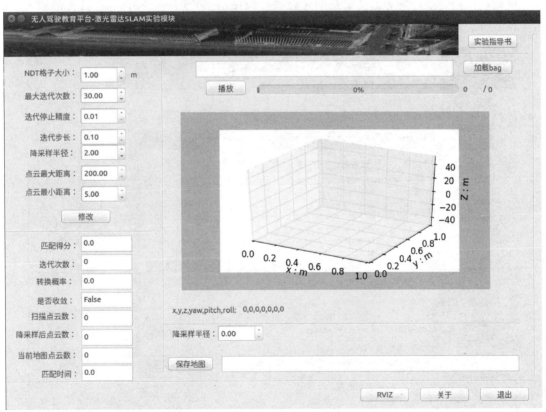

图 4.43　Demo 软件主界面

在 Demo 软件主界面中可对建图的核心参数进行设置，如图 4.44 所示，包括 NDT 格子大小(NDT 计算格点概率密度的最小单位)、最大迭代次数(NDT 配准算法的最大迭代次数)、迭代停止精度(NDT 配准算法收敛的精度)、迭代步长(NDT 配准算法每次迭代的步长)、降采样半径(点云体素降采样格点大小)和点云的最大/最小距离(选取点云的范围)，如图 4.44 所示。

图 4.44　设置核心参数

3. 调用包并运行软件

可将前面用 16 线激光雷达采集的实验路线的包(.bag)文件作为 Demo 软件的输入，如图 4.45 所示，单击"加载 bag"按钮，选择文件。

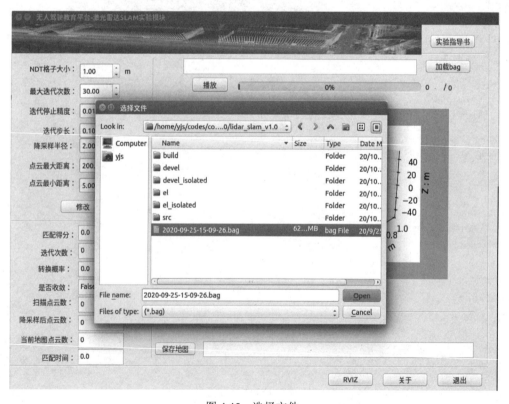

图 4.45　选择文件

选择好文件后，单击"播放"按钮，开始建图。如图 4.46 所示，图像左下角实时记录建图时的相关信息，如 NDT 算法的匹配得分和迭代次数等，图 4.46 右侧的中间区域显示的是激光雷达定位轨迹。

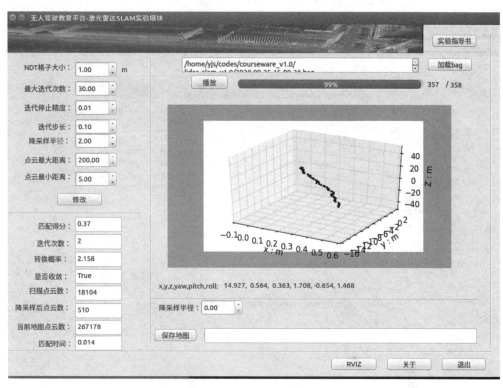

图 4.46　开始建图

单击 RVIZ 按钮，可以查看建图的可视化过程，如图 4.47 所示。

图 4.47　建图的可视化过程

4. 点云地图的保存

当软件完成建图后，单击"保存地图"按钮，选择保存路径，可以将建好的点云地图保存至本地，如图 4.48 所示。

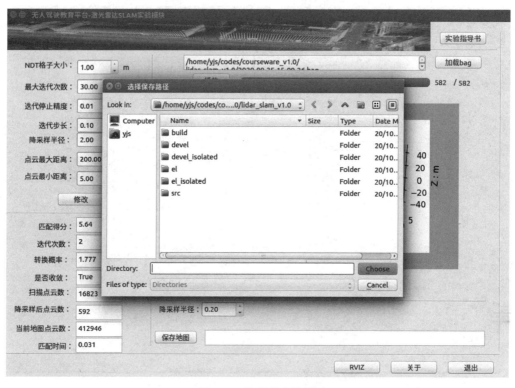

图 4.48　选择保存路径

选择好地图的保存路径后，软件会以建图完成的时间对地图进行命名，并将地图保存为.pcd 文件，如图 4.49 所示，图中高亮显示的文件就是建图完成后保存的地图文件。

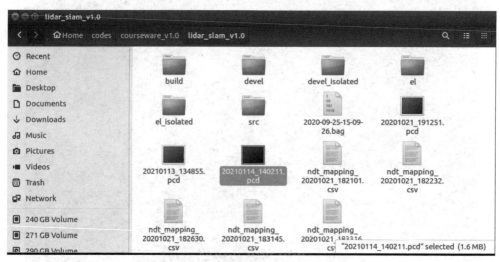

图 4.49　地图保存

第 5 章　基于深度学习的图像检测方法综合实验

深度学习（Deep Learning，DL）是机器学习（Machine Learning，ML）领域中一个新的研究方向，被引入机器学习中使其更接近于最初的目标——人工智能（Artificial Intelligence，AI）。深度学习主要用于学习样本数据的内在规律和表示层次，在学习过程中获得的信息对文字、图像和声音等数据的解释有很大的帮助。其最终目标是让机器能够像人一样具有分析、学习能力，能够识别文字、图像和声音等数据。深度学习是一个复杂的机器学习算法，在语音和图像识别方面的效果远远超过原有相关技术。深度学习在解决无人车的应用中也起了重要的作用。本实验是基于深度学习的图像检测方法综合实验，以 YOLOv3（Darknet 框架）方法为例，完成园区移动交通信号灯检测与识别的整体流程，从而使读者初步掌握应用深度学习的整体方法。本实验也可以扩展到基于图像的标识牌识别和人车等视觉障碍物的识别中。

5.1.1　基于图像的目标检测方法

无人驾驶技术中大量使用采集到的图像信息进行周边环境的检测与识别，识别内容包括人车障碍物、车道线、交通标识牌和交通信号灯等。目前基于图像的目标检测方法主要可以分为以下三类。

第一类是传统的目标检测算法，主要包括 Haar 特征+AdaBoost 算法、HOG（Histogram of Oriented Gradient）特征+SVM（Support Vector Machine）算法和 DPM（Deformable Part Model）算法。Haar 的思想是采用一部分像素值与另一部分像素值作差，通过差值来描述区域特征。AdaBoost 的思想是首先训练多个弱分类器，然后对这些训练后的弱分类器进行线性组合，形成一个强分类器。除此之外，AdaBoost 还能将不同的分类算法作为弱分类器进行组合。HOG 的思想是首先计算图像的局部区域，然后统计该区域的梯度方向直方图，将这些直方图作为图像的特征。SVM 是一种二分类器，通过核函数的使用，完成非线性的分类任务，通过训练多个 SVM 分类器即可完成多分类的任务。随着计算机科学与技术的进步，诞生了很多目标检测算法，但是其核心思想都是基于 HOG 特征+SVM 的。

第二类是以 R-CNN（Region-Convolutional Neural Network）为代表的深度学习算法。这类算法借鉴了滑动窗口的思想，具体流程是给定一张输入图片，从图片中提取 2000 个类别独立的候选区域，在每个区域中利用 R-CNN 抽取一个固定长度的特征向量，再对每个区域利用 SVM 进行目标分类。但是，由于 R-CNN 需要对每个建议框进行特征提取，因此在计算速度上有所欠缺。后来学者们提出的 Fast R-CNN、Faster R-CNN 在速度和精度上均有了一定提升，但仍然无法满足实时的视觉处理要求。

第三类是以 SSD（Single Shot MultiBox Detector）和 YOLO（You Only Look Once）为代表的

单阶段目标检测算法。从 R-CNN 到 Faster R-CNN 一直采用的思路是在候选区域中提取特征以及分类，但是处理速度达不到实时要求。YOLO 则提供了另一种更为直接的思路，直接在输出层回归边界框（Bounding Box）的位置和所属的类别。此类算法将整张图作为网络的输入，将目标检测的问题转化为回归问题。其最大的优势是，在同样的计算平台下，单阶段目标检测算法的检测速率远超上述的两阶段目标检测算法。

基于 YOLO 的思想，很快诞生出许多优秀的改良版算法，如 YOLOv2 和 YOLOv3，以及基于回归的 SSD 和众多的目标检测算法。其中，YOLOv3 既能满足检测实时性，又具有高精度和高准确率，是目前目标检测领域中的优秀算法。

5.1.2 交通信号灯检测与识别方法

交通信号灯是道路交通中的关键信息，在无人车智能化的技术方案中，图像识别是解决实时交通信号灯识别的最主要方法。交通信号灯检测技术经过数十年的发展，已经有了巨大的进步，目前已经有很多较为优秀的交通信号灯检测方法，这些方法主要分为两大类：一类是用基于传统的图像处理和机器学习的方法来检测相关区域；另一类是近年来常用的用基于深度学习的方法来进行交通信号灯的检测。

5.1.3 YOLOv3 算法介绍

1. YOLOv3 算法原理

YOLO 算法是由 Joseph Redmon 在 2015 年提出的单阶段代表算法。YOLO 的思想是将整张图片分成 $S \times S$ 个单元格（grid cell），当 ground truth（人为标定的参考标准）中某个待检测物体（object）中心落在某一单元格内时，就由该单元格负责检测该物体。每个单元格都会预测 B 个边界框 Bounding Box，每个 Bounding Box 都包含 5 个预测值（x、y、w、h 和 confidence）。其中 confidence（置信度）用来预测单元格中检测物体存在的可能性并作为此 Bounding Box 预测的准确度评分。在得到 Bounding Box 之后，首先去掉得分小于阈值的 Bounding Box，然后对每个 Bounding Box 的得分进行重新排序，并采用非极大值抑制算法（NMS）去掉重复率较大的 Bounding Box，最后每个 Bounding Box 获取得分最大值对应的类别，从而得到检测结果。置信度越高，Bounding Box 越可能检测出物体。置信度计算公式如式（5.1）所示。YOLO 目标检测算法工作流程如图 5.1 所示。

$$\text{confidence} = \text{pr(object)} \times \text{IOU}^{\text{pred}} \tag{5.1}$$

YOLO 目标检测算法检测速度快，但对小目标的检测效果不好，对目标位置的标定不准确。不过，之后出现的 YOLOv2、YOLOv3 和 YOLOv4 都针对小目标检测效果不好的问题做出了改进。YOLO 算法相比于 R-CNN 算法，不需要对候选区域进行提取和分类，从而大大减少了图像处理所需的时间，但同时准确率有所下降。在 2017 年的 CVPR 会议上，Joseph 和 Ali 发表的 YOLOv2 进一步提高了检测的精度和速度。后来提出的 YOLOv3 是 YOLOv2 算法的改进版，YOLOv3 的工作方法是特征提取。

式（5.1）中，pr（object）表示 Bounding Box 中有预测物体的概率，IOU^{pred} 的计算方式如式（5.2）所示，式中 S 表示面积，BB_{dt} 表示预测 Bounding Box，BB_{gt} 表示人为标定的参考框。在

YOLOv3 中，预测输出特征图有两个维度，分别是提取特征维度和预测维度。预测维度大小是 $B\times(5+D)$，B 代表每个网络单元格预测 Bounding Box 的数量，5 代表 4 个坐标信息（网络对 Bounding Box 的预测坐标值 t_x, t_y, t_w, t_h）和一个置信度，D 代表 Bounding Box 预测的类别数。

$$\text{IOU}^{\text{pred}} = \frac{S(\text{BB}_{\text{dt}} \cap \text{BB}_{\text{gt}})}{S(\text{BB}_{\text{dt}} \cup \text{BB}_{\text{gt}})} \tag{5.2}$$

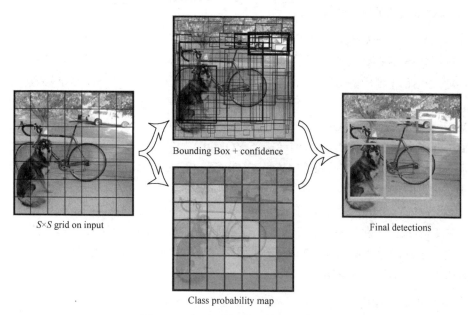

Bounding Box + confidence

$S\times S$ grid on input

Class probability map

Final detections

图 5.1　YOLO 目标检测算法工作流程

网络对每个 Bounding Box 预测 4 个坐标值 t_x, t_y, t_w, t_h。用 c_x, c_y 表示单元格的坐标，p_w, p_h 表示先验框的宽、高，预测框真实位置和大小的预测值的计算方式如式(5.3)～式(5.6)所示。

$$b_x = \sigma(t_x) + c_x \tag{5.3}$$

$$b_y = \sigma(t_y) + c_y \tag{5.4}$$

$$b_w = p_w e^{\text{tw}} \tag{5.5}$$

$$b_h = p_h e^{\text{th}} \tag{5.6}$$

其中，b_x、b_y、b_w、b_h 表示预测得到的 Bounding Box 的中心坐标和尺寸。在 YOLOv3 中，具有三种不同尺度的锚框（Anchor Box），在每种不同尺度的特征图上，每个网格有三个先验框。YOLO 设置每个真实框只对应一个正确的先验框，即 IOU（交并比）最大的那个先验框，但有些预测框与真实框的 IOU 可能也很大，这时候将其作为负样本并在损失函数中计算是不合适的，因此 YOLO 设定了一个阈值 iou_threshold=0.7，即预测框与真实框的 IOU 应大于这个阈值，但又不是最大的那个。将其 objectness 标签设置为−1，不参与后续损失函数的计算。

YOLOv3 由于具有诸多优点而被广大学者选择，主要体现在以下几方面：

（1）计算速度快。YOLOv3 在 GPU Titan X 上运行的计算速度是 45 帧/秒，所以可以将该系统应用在无人车上进行实时目标检测。

（2）误检率低。与基于滑动窗口以及区域提名等的检测算法不同，YOLOv3 并不是基于图像的局部信息进行预测的,而是基于全局信息进行预测的。YOLOv3 的误检率比 R-CNN 低 50%以上。

(3)泛化能力强,可以学到物体的一般化表示。

(4)小目标识别准确率更好。YOLOv3 采用多尺度预测的方式,对大、中、小目标有分别对应的检测分支。

2. YOLOv3 网络的输入图片特征

YOLO 从问世到今天,共迭代了 5 个版本。YOLO 在一个网络中完成特征提取、Bounding Box 的定位和分类等操作。YOLOv2 采用 Darknet-19 网络,引入其他目标检测的思想,从而提升检测精度。2016 年提出的 ResNet 网络在网络结构深度很大的情况下仍然能够收敛,使得深度学习成为可能。YOLO 作者基于 ResNet 思想,提出深层网络 Darknet-53 并应用在 YOLOv3 上。2020 年 4 月底发布的 YOLOv4 的主体网络采用 CSPDarknet53 网络,精度和速度都有所提升。2020 年 6 月发布的 YOLOv5 的结构与 YOLOv4 相似。官方代码给出的目标检测网络共有 4 个版本,分别是 YOLO5s、YOLO5m、YOLO5l 和 YOLO5x,它们在 COCO 数据集上的测试效果是很可观的。

本实验采用 YOLOv3 算法基于 Darknet-53 网络对无人车视觉目标进行识别和分类,YOLOv3 在 Darknet-53 网络中会有 5 次下采样,每次步幅为 2,步长为 32。因此,在 Darknet-53 网络下,输入图片的大小必须是 $32n \times 32n$(n 取整数),否则无法进行 32 倍的下采样。在本实验中,输入图片大小为 416×416。

3. YOLOv3 网络结构

YOLOv3 网络结构如图 5.2 所示。为了提高对小目标的检测精度,YOLOv3 采用多尺度融合的方式来进行预测。网络提取输入特征图大小以 26×26 为例,它将 13×13 的特征图进行上采样后与 26×26 的特征图进行拼接。YOLOv3 融合了三种尺度,对比前几代的 YOLO 算法,进行该处理后的检测效果明显提升。由于 YOLOv3 采用了特征层融合采样的办法,若输入图片大小为 416×416,则实际上每个网络单元格预测的 Bounding Box 数量为(13×13+26×26+52×52)×3=10647。

4. Darknet-53 网络性能与结构

YOLOv3 体现出的优秀检测性能和精度得益于优秀的目标检测网络,即 Darknet-53。Darknet-53 是 YOLOv3 作者提出并实际应用的一个目标检测网络,整合了 YOLOv2 和 Darknet-19 基础网络,采用大量的 3×3 和 1×1 的卷积层(共 53 个)。相比前几代 Darknet 网络,Darknet-53 采用了 ResNet 的思想,很好地解决了深层网络的梯度消失问题,在网络层数较深的情况下仍能保证网络收敛,使得深度学习训练成为可能。

除此以外,Darknet-53 所表现出的性能也很优越。表 5.1 展示了 4 种常用深度学习网络的性能对比,Darknet-53 比 ResNet-101 效果更好,且速度约是 ResNet-101 的 1.5 倍。Darknet-53 的识别精度与 ResNet-152 相差不大,但速度是其 2 倍以上,可达到每秒最高的浮点运算量,更便于在计算机的 GPU 上进行计算。

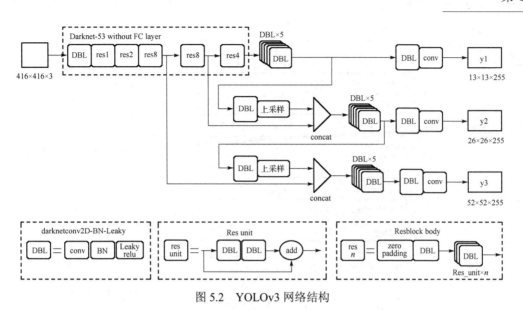

图 5.2 YOLOv3 网络结构

表 5.1 4 种常用深度学习网络的性能对比

神经网络模型	精度	每秒浮点运算量	速度(帧/秒)
Darknet-19	74.1	1246	171
ResNet-101	77.1	1039	53
ResNet-152	77.6	1090	37
Darknet-53	77.2	1457	78

图 5.3 是 Darknet-53 的网络结构，Darknet-53 网络采用了大量 3×3 和 1×1 的卷积层 （Convolutional），但只使用了前面的 52 层网络，全连接层（Connected）只用于分类。 Darknet-53 会输出三个尺度，分别为 52×52、26×26 和 13×13，分别对应小、中、大物体 的检测，从图 5.3 中可以清晰地看出三个预测层分别来自何处。

Darknet-53 网络凭借其低运算量和高精度的优点成为 YOLOv3 目标检测算法的基础特征 提取网络。从 YOLOv3 问世到今天，Darknet-53 依旧是优秀的目标检测网络。

5. YOLOv3 的网络输出

YOLOv3 的网络输出取决于网络输入。为了对小、中、大物体进行效果更好的检测和识 别，Darknet-53 将用于预测的三个特征层分为小尺度层、中尺度层和大尺度层。以输入尺寸 416×416 为例，用于预测的三个特征层大小分别是 13×13、26×26 和 52×52。其中小尺度层有 1024 个通道，在进行一系列卷积处理后通道数会减少到 75 个，输出大小为 13×13 的特征图。 中尺度层有 512 个通道，在进行一系列卷积处理后通道数会减少到 75 个，输出大小为 26×26 的特征图。大尺度层有 256 个通道，在进行一系列卷积处理后通道数同样减少到 75 个，输出 大小为 52×52 的特征图。YOLOv3 算法将利用输出的 Bounding Box 与先验框进行计算，在检 测时输出带有预测框的图片。每个特征层上会预设三个不同尺寸的 Bounding Box，预设 Bounding Box 的数量为 "3×特征层大小"，如表 5.2 所示。

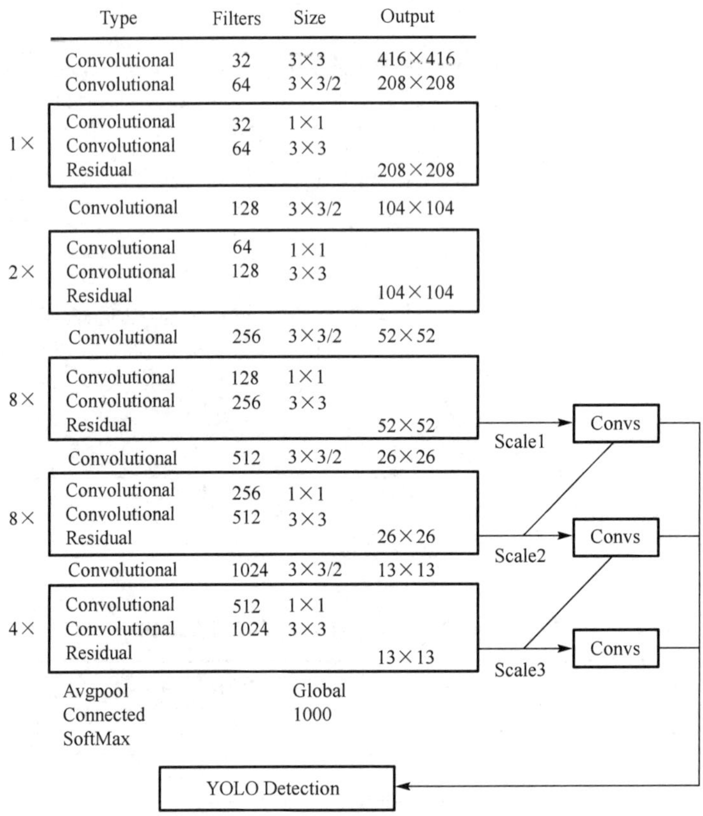

Type	Filters	Size	Output
Convolutional	32	3×3	416×416
Convolutional	64	3×3/2	208×208

1×
Convolutional	32	1×1	
Convolutional	64	3×3	
Residual			208×208

| Convolutional | 128 | 3×3/2 | 104×104 |

2×
Convolutional	64	1×1	
Convolutional	128	3×3	
Residual			104×104

| Convolutional | 256 | 3×3/2 | 52×52 |

8×
Convolutional	128	1×1	
Convolutional	256	3×3	
Residual			52×52

| Convolutional | 512 | 3×3/2 | 26×26 |

8×
Convolutional	256	1×1	
Convolutional	512	3×3	
Residual			26×26

| Convolutional | 1024 | 3×3/2 | 13×13 |

4×
Convolutional	512	1×1	
Convolutional	1024	3×3	
Residual			13×13

Scale1 — Convs
Scale2 — Convs
Scale3 — Convs

Avgpool		Global
Connected		1000
SoftMax		

YOLO Detection

图 5.3 Darknet-53 的网络结构

表 5.2 特征图输出

特征层	特征图大小	预设 Bounding Box 尺寸	预设 Bounding Box 数量
特征层 1	13×13	116×90、56×198、373×326	3×13×13
特征层 2	26×26	30×61、62×45、59×119	3×26×26
特征层 3	52×52	10×13、16×90、33×23	3×52×52

5.2 实验内容

5.2.1 基本流程

如图 5.4 所示，实验可分为实验 1 和实验 2 两部分，其中实验 1 完成数据样本采集（包括视频数据和图片数据）、数据样本预处理（包括视频分帧为图片、图片重命名并编号和图片像素修改）、数据样本标注（标注红灯、绿灯和黄灯）以及数据集划分（分为训练集和测试集），为下一步深度学习训练做准备。实验 2 是深度学习应用部分。首先，搭建深度学习环境。在 Ubuntu 16.04 系统下，安装英伟达显卡驱动，并安装英伟达公司推出的 CUDA（Compute Unified Device Architecture，统一计算设备架构），使 GPU 能够解决复杂的计算问题。接下来，安装

cuDNN（NVIDIA CUDA® Deep Neural Network Library，这是英伟达专门针对深度神经网络中的基础操作设计的基于 GPU 的加速库）。为了保证实验的进行，还需安装 OpenCV（基于 BSD 许可（开源）发行的跨平台计算机视觉和机器学习软件库）以及 PyTorch（开源的 Python 机器学习库）。在深度学习环境搭建好后，将开始最核心的数据训练过程，可以下载预训练权重文件作为基础。整个训练过程耗时较长，根据数据量和要求的不同将持续数十到数百小时不等。在成功完成数据训练后，提取权重和配置文件作为结果。在完成以上步骤后，可以采用离线和实时两种方式检测实验效果，并撰写实验报告。

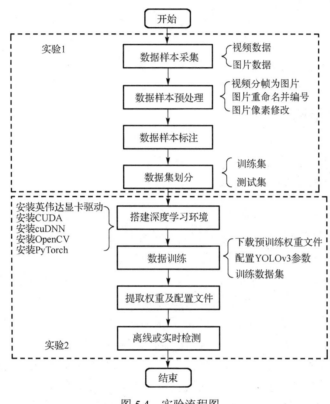

图 5.4　实验流程图

5.2.2　实验目的

通过本实验，使学生掌握基于深度学习方法的交通信号灯检测和识别方法的基本实验流程，并引导学生掌握将算法应用到其他图像目标检测问题上的能力。

5.2.3　实验环境

1. 硬件设备

计算机 1 台：CPU 至少采用 Intel i7 芯片、8GB 内存，配有 NIVIDIA GTX 2060。

摄像头 1 个：HDMI 摄像头。

移动交通信号灯：由电池供电，可以按交通规则实现红、黄、绿灯的顺序显示。

第 4 代旋风 4 座智能车。

2. 软件环境

Ubuntu 16.04。
英伟达显卡驱动。
CUDA 10.1。
CuDNN 7.6.1。
lableImg（数据标注工具）。
OpenCV 3.2.0。
Darknet。
Ffmpeg（视频分帧工具）。

5.3 实验步骤

5.3.1 数据样本采集与预处理

基于深度学习的目标检测流程主要分为三个步骤，分别是数据准备、模型学习和机器检测。在介绍数据样本采集与预处理之前，首先简单介绍深度学习目标检测的流程。结合一个通俗的例子进行说明——深度学习就像人们学习认字的过程。

人们学习认字的过程也主要分为三个步骤，分别是准备通用的规范字库供学习、学习读和写、学会认字。首先需要有一个通用的规范字库供人们学习，所有人只需要按照这个规范字库的标准执行就不会出错。其次根据规范字库学习读和写，在这个阶段，老师是很重要的角色，人们在老师的指导下学习字的形状、笔画和结构等特征信息。在一定次数的学习之后，人们对规范字库里的字的特征有了自己的认识，在自己的大脑中形成了记忆，能够根据所学到的特征信息来区别不同的字。最后，在现实场景中，经过规范字库学习的人学会认字，在遇到曾经学习过的字时，能够很快地认出这个字。这个过程就是一个数据准备—模型学习—机器检测的过程。

基于深度学习的交通信号灯识别过程也是这样，数据准备阶段就是一个标准化的过程。首先进行数据样本采集，人为选择具备相关特征的数据进行预处理，主要对图片进行标注，注明图片中包含目标的名字和种类等信息，这些被人工预处理过的数据便可提供给机器进行学习和识别。在图像识别算法经过大量学习之后，会获得一个权重模型，根据这个模型提供的权重即可对相关数据进行检测和分类。

深度学习的实现少不了对数据样本的学习，本实验所用数据样本通过自行采集获得。下面对数据集的收集与处理方法进行介绍，其中，数据标注使用 labelImg 工具进行，数据预处理使用脚本文件完成，将视频分帧成图片使用 Ffmpeg 工具完成。

1. 自行采集数据样本方法示例

可以使用网络上成熟的数据集，也可以自行采集数据集。下面以北京联合大学旋风智能车团队自行采集数据集为例讲述实验过程。读者也可以根据自身条件设计采集方法采集数据集。

北京联合大学旋风智能车团队的数据集采集地点是校区内部道路(共 12 个地点)和地下停车场,简称地库(共 2 个),如图 5.5 所示,使用第 4 代旋风 4 座智能车搭配车载单目相机进行数据采集。

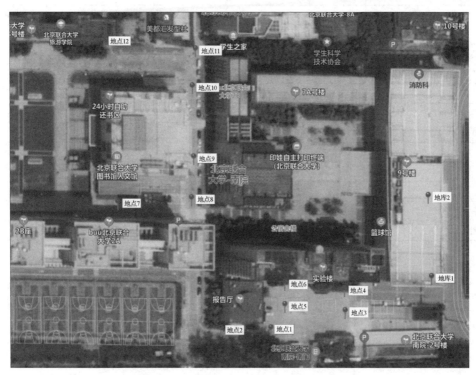

图 5.5　数据采集地点

采集计划的制定依据以下原则进行:

(1)在园区中按照不同时间进行采集。

(2)在园区中按照不同地点进行采集。

(3)在同一采集地点中,按照不同交通信号灯摆放位置进行采集。

(4)在同一采集地点中,按照不同车辆行驶位置进行采集。

(5)在同一采集地点中,按照不同交通信号灯显示顺序进行采集。

以北京联合大学北四环校区数据样本采集为例,在 10 点、13 点、16 点和 20 点 4 个不同时间的内部道路场景和 1 个地库场景中进行,在每个场景中按交通信号灯摆放位置、车辆行驶位置和交通信号灯显示顺序分别进行采集。每次采集都录制一个视频并保存,填写表格用于记录。数据样本采集时共录制 153 个视频,然后采用视频分帧工具 Ffmpeg 将视频分帧为约 3500 张图片。

数据样本采集开始时,车辆从距离交通信号灯 12m 处出发,到距离交通信号灯 3m 处停止。充分考虑路口、道路、阳光和交通信号灯变化等因素,将最具有代表性的图片挑选出来进行标注。此外,分别在地库场景和 20 点的内部道路场景中各采集了 18 个视频,数据记录表格模板如表 5.3 所示。数据样本采集示例如表 5.4 所示。图 5.6 是数据样本采集的现场照片。

表 5.3　数据记录表格模板

地点	采集视频数	标注绿灯图片个数	标注黄灯图片个数	标注红灯图片个数
地点 1				
地点 2				
地点 3				
地点 4				
地点 5				
地点 6				
地点 7				
地点 8				
地点 9				
地点 10				
地点 11				
地点 12				
地库 1				
地库 2				
总计				

表 5.4　数据样本采集示例（上午 10 点，正常光照，树荫直道）

时间	地点	光照	交通信号灯摆放位置	车辆行驶位置	交通信号灯显示顺序	保存视频名	采集图片数
上午 10 点	1(树荫直道)	正常	路中间	(示意图)	绿-黄-红	10 点-地点 1-1.mp4	23
			路中间	(示意图)	绿-黄-红	10 点-地点 1-2.mp4	19
			路中间	(示意图)	绿-黄-红	10 点-地点 1-3.mp4	20
			路左侧	(示意图)	绿-黄-红	10 点-地点 1-4.mp4	21
			路左侧	(示意图)	绿-黄-红	10 点-地点 1-5.mp4	36
			路左侧	(示意图)	绿-黄-红	10 点-地点 1-6.mp4	32

续表

时间	地点	光照	交通信号灯摆放位置	车辆行驶位置	交通信号灯显示顺序	保存视频名	采集图片数
上午10点	1(树荫直道)	正常	路右侧		绿-黄-红	10 点-地点1-7.mp4	34
			路右侧		绿-黄-红	10 点-地点1-8.mp4	28
			路右侧		绿-黄-红	10 点-地点1-9.mp4	27
上午10点	2(树荫直道)	正常	路中间	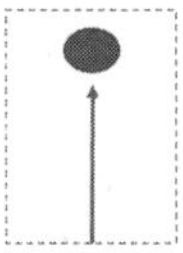	绿-黄-红	10 点-地点2-1.mp4	16
			路中间		绿-黄-红	10 点-地点2-2.mp4	26
			路中间		绿-黄-红	10 点-地点2-3.mp4	22
			路左侧	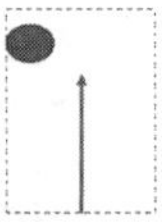	绿-黄-红	10 点-地点2-4.mp4	21
			路左侧		绿-黄-红	10 点-地点2-5.mp4	19
			路左侧	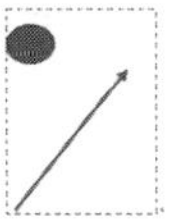	绿-黄-红	10 点-地点2-6.mp4	27
			路右侧	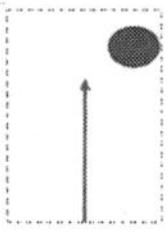	绿-黄-红	10 点-地点2-7.mp4	29

2．数据样本的预处理

（1）视频分帧为图片

对自行采集的视频数据需要进行视频分帧处理，将其转换成图片数据。在视频数据的路径下打开终端，执行以下命令：

图 5.6　数据样本采集的现场照片

```
ffmpeg -r 1 -i 1.mp4 -f image2 images/a_%06d.jpg
```

其中，–r 表示帧频，默认为 25FPS，本实验为防止产生大量的重复数据集，将帧频设置为 1FPS；–i 表示输入流；–f 表示输出格式（视频转码）。

（2）图片重命名并编号

在进行深度学习训练前，为了对图片进行预处理，需对图片进行统一重命名、编号并将图片大小修改为统一的像素大小。运行 SetImgName.py 脚本文件可对图片进行统一重命名、编号，脚本文件内容如代码 5.1 所示。

代码 5.1　SetImgName.py 脚本文件内容

```
import os
path = input('请输入文件路径(结尾加上/): ')
#获取该目录下所有文件，存入列表中
fileList = os.listdir(path)
n = 00000
for i in fileist:
    #设置旧文件名(路径+文件名)
    Oldname = path + os.sep + fileList[n]      #os.sep 添加系统分隔符
    #设置新文件名
    Newname = path + os.sep + 'a' + str(n + 1) +'.JPG'
    os.rename(oldname,newname)                    #用 os 模块中的 rename 方法对文件进行改名
    print(oldname,'======>',newname)
    n += 1
```

打开终端，执行以下命令运行脚本：

```
python SetImgName.py
```

（3）图片像素修改

需要将图片的像素大小统一修改为 1000×1000。运行 ChangeSize.py 脚本文件可批量修改图片的像素大小，脚本文件内容如代码 5.2 所示。

代码 5.2　ChangeSize.py 脚本文件内容

```
from glob import glob
from PIL import Image
import os
img_path = glob("imgpath/*.jpg")
path_save = "savepath"
a = range(0,len(img_path))
i = 0
for file in img_path:
    name = os.path.join(path_save, "%d.jpg"%a[i])
    im = Image.open(file)
    im.thumbnail((1000,1000))
    print(im.format, im.size, im.mode)
    im.save(name,'JPEG')
    i += 1
```

打开终端，执行以下命令运行脚本：

```
python ChangeSize.py
```

5.3.2　数据样本标注

在数据样本标注过程中，主要进行两项工作：一是标注检测目标，分为红灯、黄灯和绿灯三类；二是给标注的检测目标设置标签，红灯、黄灯和绿灯的标签分别为 red_light、yellow_light 和 green_light。具体操作如下：

(1)将待标注图片放在同一个文件夹下。

(2)打开终端，执行以下命令打开 labelImg 工具：

```
python labelImg.py
```

进入 labelImg 主界面，单击 Open Dir 按钮选择待标注图片文件夹，单击 Change Save Dir 按钮选择标注图片标签的保存路径，将保存格式设置为 Pascal VOC，如图 5.7 所示。

图 5.7　labelImg 主界面

（3）单击 Create\nRectBox 按钮，对图中的交通信号灯进行标注。若图中的灯为绿灯，则将标签命名为 green_light，如图 5.8 所示。

图 5.8　对交通信号灯进行标注

（4）重复步骤（3）的标注工作，完成对所有图片的标注，将标注完成的图片存放在同一个文件夹中。

（5）labelImg 对标注后的图片会自动生成.xml 格式的文件，记录被标注图片的类别和坐标等信息，文件保存在步骤（1）中选择的路径下，图 5.9 为完成标注工作后生成的文件。

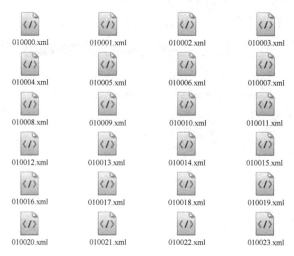

图 5.9　完成标注工作后生成的文件

至此，供深度学习训练的数据集已准备完毕，下一步需将标注好的数据集按照一定比例划分为训练集和测试集。

5.3.3　数据集划分

为了检测模型学习的效果，将已完成标注的数据集随机分成训练集和测试集。训练集用于模型的训练，测试集用于模型训练结果的测试。为了获得较好的训练结果，训练集的规模通常大于测试集。

（1）打开终端，执行以下命令下载 Darknet：

```
git clone https://github.com/pjreddie/darknet.git
```

在 Darknet 的根目录下创建 myData 文件夹，随后在 myData 文件夹中创建 Annotations、ImageSets 和 JPEGImages 文件夹，并在 ImageSets 路径下创建 Main 文件夹。将标注好的.xml 文件放入 Annotations 文件夹下，与.xml 文件对应的图片数据放入 JPEGImages 文件夹下。随后运行脚本文件 data_split.py 将数据集按比例 9:1 随机划分为训练集和测试集，脚本文件内容如代码 5.3 所示。生成存有训练集图片名的 train.txt 文件，如图 5.10 所示。

代码 5.3　data_split.py 脚本文件内容

```python
import os
import random
trainval_percent = 0.1
train_percent = 0.9
xmlfilepath = 'Annotations'
txtsavepath = 'ImageSets\Main'
total_xml = os.listdir(xmlfilepath)
num = len(total_xml)
list = range(num)
tv = int(num * trainval_percent)
tr = int(tv * train_percent)
trainval = random.sample(list, tv)
train = random.sample(trainval, tr)
ftrainval = open('ImageSets/Main/trainval.txt', 'w')
ftest = open('ImageSets/Main/test.txt', 'w')
ftrain = open('ImageSets/Main/train.txt', 'w')
fval = open('ImageSets/Main/val.txt', 'w')
for i in list:
    name = total_xml[i][:-4] + '\n'
    if i in trainval:
        ftrainval.write(name)
        if i in train:
            ftest.write(name)
        else:
            fval.write(name)
    else:
        ftrain.write(name)
ftrainval.close()
ftrain.close()
fval.close()
ftest.close()
```

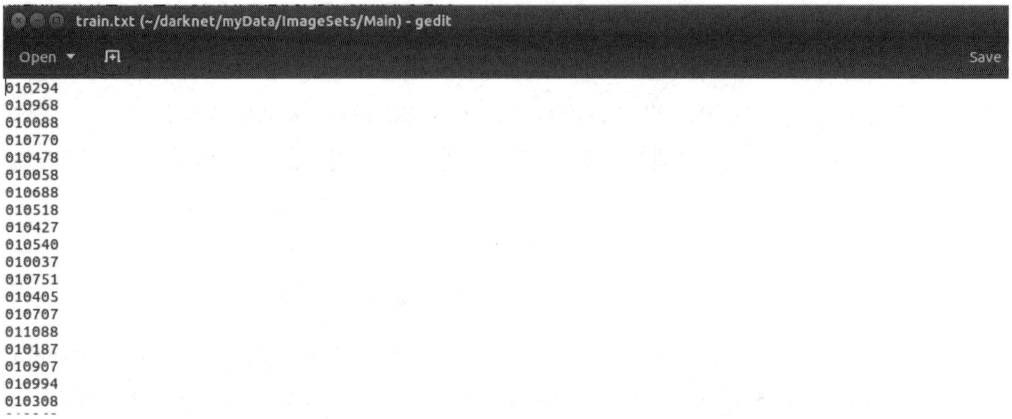

图 5.10　生成存有训练集图片名的 train.txt 文件

(2)生成存有测试集图片名的 test.txt 文件，如图 5.11 所示。

图 5.11　生成存有测试集图片名的 test.txt 文件

(3)运行 create_label.py 脚本文件，脚本文件内容如代码 5.4 所示。运行成功后会在./myData 目录下生成一个 labels 文件夹，并且会将测试集的图片路径写入 myData_test.txt 文件中，如图 5.12 所示，同时会将训练集的图片路径写入 myData_train.txt 文件中，如图 5.13 所示。

代码 5.4　create_label.py 脚本文件内容

```python
import xml.etree.ElementTree as ET
import pickle
import os
from os import listdir, getcwd
from os.path import join
sets = [('myData', 'train'), ('myData', 'val'),('myData','test')]
classes = ["green_light", "red_light", "yellow_light"]
def convert(size, box):
    dw = 1./(size[0])
    dh = 1./(size[1])
    x = (box[0] + box[1])/2.0 - 1
    y = (box[2] + box[3])/2.0 - 1
    w = box[1] - box[0]
    h = box[3] - box[2]
    x = x*dw
```

```
        w = w*dw
        y = y*dh
        h = h*dh
        return (x,y,w,h)
def convert_annotation(year, image_id):
    in_file = open('myData/Annotations/%s.xml'%(image_id))
    out_file = open('myData/labels/%s.txt'%(image_id), 'w')
    tree=ET.parse(in_file)
    root = tree.getroot()
    size = root.find('size')
    w = int(size.find('width').text)
    h = int(size.find('height').text)
    for obj in root.iter('object'):
        difficult = obj.find('difficult').text
        cls = obj.find('name').text
        if cls not in classes or int(difficult) == 1:
            continue
        cls_id = classes.index(cls)
        xmlbox = obj.find('bndbox')
        b = (float(xmlbox.find('xmin').text), float(xmlbox.find('xmax').
text), float(xmlbox.find('ymin').text), float(xmlbox.find('ymax').text))
        bb = convert((w,h), b)
        out_file.write(str(cls_id) + " " + " ".join([str(a) for a in bb]) + '\n')
wd = getcwd()
for year, image_set in sets:
    if not os.path.exists('myData/labels/'):        #改成自己建立的 myData
        os.makedirs('myData/labels/')
    image_ids = open('myData/ImageSets/Main/%s.txt'%(image_set)).read().
strip().split()
    list_file = open('myData/%s_%s.txt'%(year, image_set), 'w')
    for image_id in image_ids:
        list_file.write('%s/myData/JPEGImages/%s.jpg\n'%(wd, image_id))
        convert_annotation(year, image_id)
list_file.close()
```

279

图 5.12　myData_test.txt 文件中测试集的图片路径

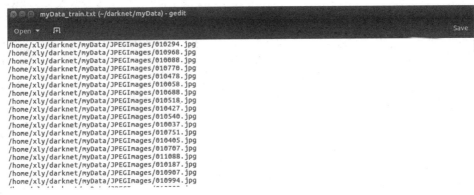

图 5.13　myData _train.txt 文件中训练集的图片路径

按照以上步骤完成数据样本的预处理以及训练集和测试集的划分后，接下来搭建深度学习环境。

5.3.4　搭建深度学习环境

针对 YOLOv3 算法和 Darknet-53 网络的实验要求，基于 Ubuntu 16.04 系统在计算机上搭建本实验所使用的深度学习环境。环境搭建需要安装英伟达显卡驱动、CUDA 10.1、CuDNN 7.6.1、OpenCV 3.2.0 和 PyTorch。下面简要介绍安装过程。

1. 安装英伟达显卡驱动

安装英伟达显卡驱动是安装 CUDA 前的必要步骤，针对不同的显卡类型，需要安装不同的驱动。下面以实验中所使用的 NIVIDIA GTX 2060 显卡为例介绍安装过程。

(1)根据读者的计算机配置选择合适的显卡驱动进行下载，如图 5.14 所示。

图 5.14　下载显卡驱动

(2)打开终端，执行以下命令禁用 Intel 的显卡：

```
sudo gedit /etc/modprobe.d/blacklist.conf
```

打开 blacklist.conf 文件，在其最底部加入以下两行代码并保存：

```
blacklist nouveau
option nouveau modeset=0
```

打开终端，执行以下命令更新系统：

```
sudo update-initramfs -u
```

打开终端，执行以下命令重启计算机，验证 nouveau 是否已禁用：

```
lsmod | grep nouveau
```

若无输出，则表示 nouveau 已禁用，如图 5.15 所示。

图 5.15　nouveau 已禁用

（3）将步骤（1）中下载的显卡驱动改名为 Nvidia.run，进行显卡驱动安装，打开终端，执行以下命令：

```
sudo service lightdm stop
sudo chmod a+x Nvidia.run
sudo ./Nvidia.run -no-opengl-files
```

（4）安装结束后，对安装的显卡驱动进行验证。执行以下命令，若出现驱动的版本号和适合本机的 CUDA 版本号（如图 5.16 所示，本例中显示的显卡驱动版本号为 430.09，CUDA 版本号为 10.1），则表示安装完成。

```
modprobe nvidia
nvidia-smi
```

2. 安装 CUDA 10.1

根据图 5.16 中的显卡驱动，下载、安装相应的 CUDA，本实验下载 CUDA 10.1，如图 5.17 所示。

（1）按照读者所用设备的软硬件配置，完成目标平台选择（本实验选择 Linux 操作系统 Ubuntu 16.04）。选择完成后，网站下方会出现 CUDA 下载方式，如图 5.18 所示。

（2）在读者的根目录下新建一个 CUDA 文件夹，在./CUDA 路径下打开终端，执行图 5.18 中矩形框内的两条命令，进行 CUDA 的下载和安装，执行过程如图 5.19 所示。

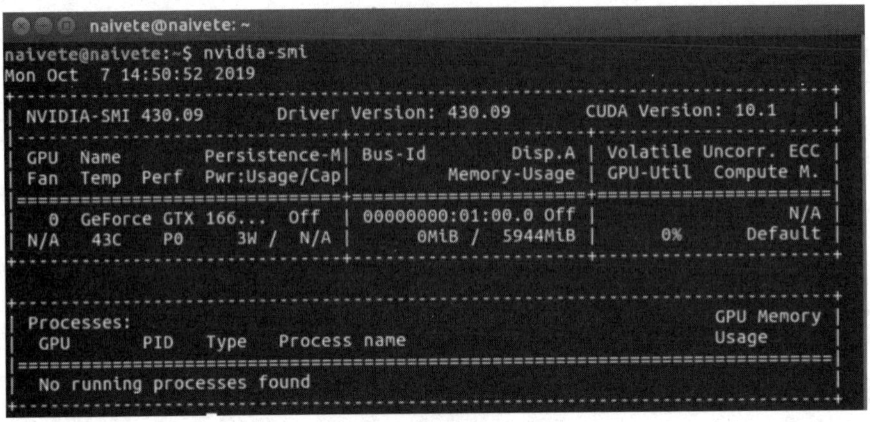

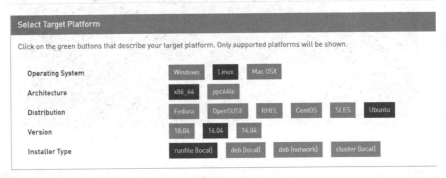

图 5.16　显卡驱动安装完成

CUDA Toolkit 10.1 update2 Archive

图 5.17　下载 CUDA 10.1

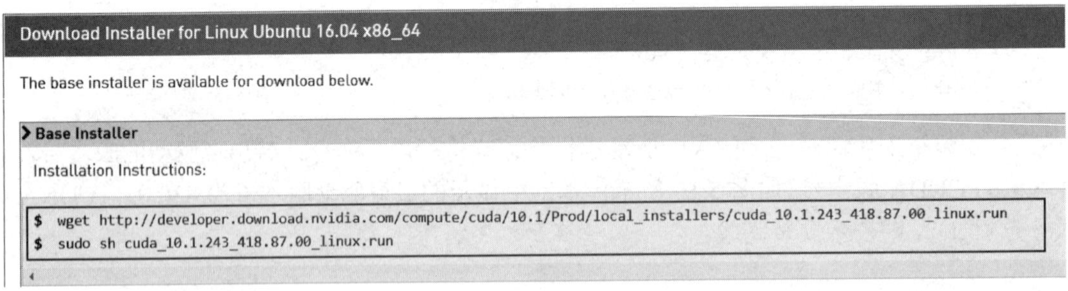

图 5.18　CUDA 下载方式

（3）添加环境变量使 CUDA 生效。打开终端，执行以下命令：

```
sudo gedit ~/.bashrc
```

在~/.bashrc 文件的底部加入以下代码。这里需要注意 CUDA 的版本号，此处的 CUDA
版本号写为 cuda-10.1。

```
export PATH=/usr/local/cuda-10.1/bin${PATH:+:${PATH}}
export LD_LIBRARY_PATH=/usr/local/cuda10.1/lib64${LD_LIBRARY_PATH
:+:${LD_LIBRARY_PATH}}
```

图 5.19　下载和安装 CUDA

保存并退出，在终端中执行以下命令更新~/.bashrc 文件：

```
source ~/.bashrc
```

(4)验证 CUDA 安装是否成功。

首先进入 CUDA 的安装目录，本实验的安装目录为/usr/local/cuda-10.1/samples，打开终端，执行 make 命令，并且运行一段时间(本实验中约为 10 分钟)。然后在 samples 目录中找到 bin/x86_64/linux/release/目录并切换到该目录中，执行./deviceQuery 命令，查看输出结果。重点关注结果中的最后一行，若为 PASS，则表示通过测试，如图 5.20 所示。

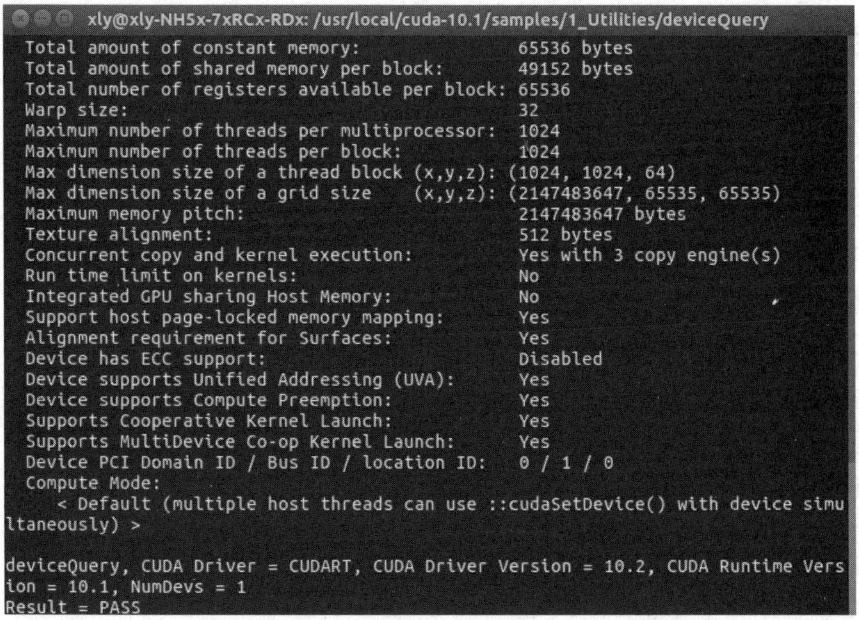

图 5.20　成功安装 CUDA

3．安装 CuDNN 7.6.1

CuDNN 是用于深度学习的 GPU 加速库，使用 CuDNN 能够实现 GPU 高性能计算。

（1）下载对应 CUDA 10.1 的 CuDNN 文件，如图 5.21 所示。

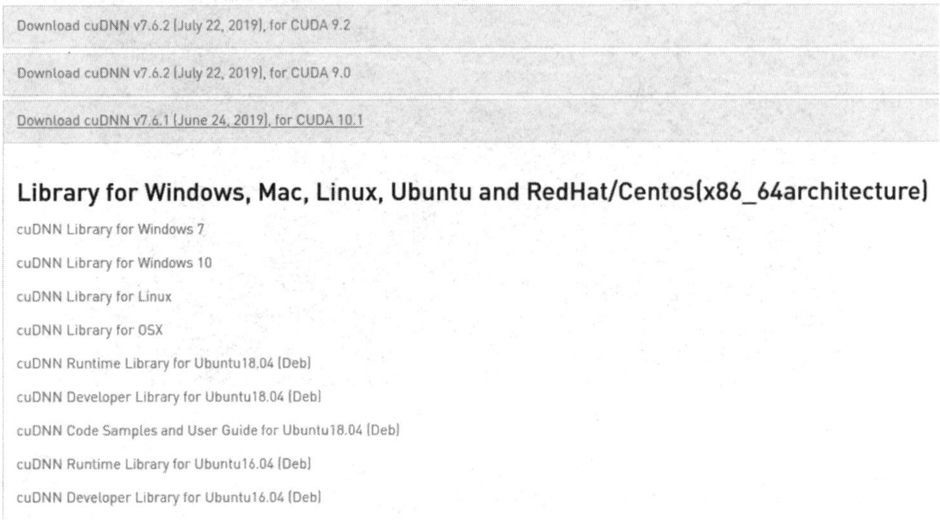

Download cuDNN v7.6.2 (July 22, 2019), for CUDA 9.2

Download cuDNN v7.6.2 (July 22, 2019), for CUDA 9.0

Download cuDNN v7.6.1 (June 24, 2019), for CUDA 10.1

Library for Windows, Mac, Linux, Ubuntu and RedHat/Centos(x86_64architecture)

cuDNN Library for Windows 7

cuDNN Library for Windows 10

cuDNN Library for Linux

cuDNN Library for OSX

cuDNN Runtime Library for Ubuntu18.04 (Deb)

cuDNN Developer Library for Ubuntu18.04 (Deb)

cuDNN Code Samples and User Guide for Ubuntu18.04 (Deb)

cuDNN Runtime Library for Ubuntu16.04 (Deb)

cuDNN Developer Library for Ubuntu16.04 (Deb)

图 5.21　CuDNN 文件下载

（2）对下载好的 CUDNN 文件进行解压，得到一个名为 CUDA 的文件夹。将解压后文件中的子文件复制到对应 CUDA 10.1 的子文件夹中，在./cuda 路径下打开终端，执行以下命令：

```
sudo cp cuda/include/cudnn.h /usr/local/cuda-10.1/include#
sudo cp -a cuda/lib64/libcudnn* /usr/local/cuda-10.1/lib64
```

4．安装 OpenCV

（1）下载 OpenCV 文件并解压。打开终端，执行以下命令：

```
wget -O opencv.zip https://github.com/Itseez/opencv/archive/3.2.0.zip
unzip opencv.zip
```

（2）对 OpenCV 进行编译安装。打开终端，执行以下命令：

```
mkdir build
cd build
cmake -D CMAKE_BUILD_TYPE=RELEASE -D CMAKE_INSTALL_
PREFIX =/usr/local ..
make -j4
make install
```

（3）添加相关路径。打开终端，执行以下命令：

```
sudo gedit /etc/bash.bashrc
```

在 bash.bashrc 的底部加入以下两行代码：

```
PKG_CONFIG_PATH=$PKG_CONFIG_PATH:/usr/local/lib/pkgconfig
export PKG_CONFIG_PATH
```

5．安装 PyTorch

（1）进入 PyTorch 官网，选择相应的 PyTorch 进行下载，如图 5.22 所示。

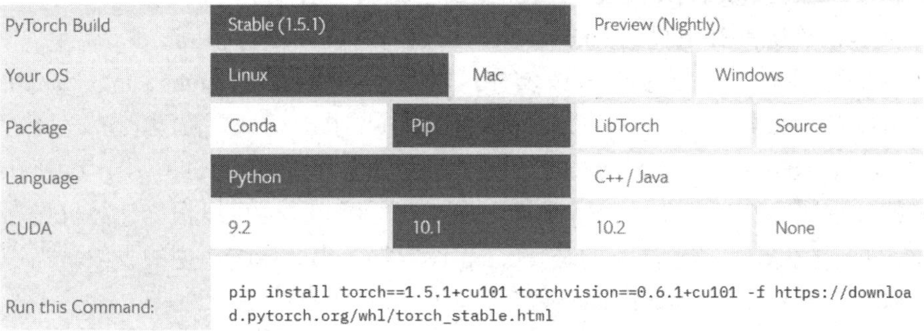

图 5.22　选择相应的 PyTorch 进行下载

（2）打开终端，执行以下命令安装 PyTorch：

```
Pip install torch==1.5.1+cu101 torchvision==0.6.1+cu101 -f https://download
.pytorch.org/whl/torch_stable.html
```

PyTorch 安装完成后，深度学习实验环境搭建工作就此完成。

5.3.5　深度学习模型的应用

1．编译 darknet 文件

打开 darknet 文件，编辑..\darknet 路径下的 Makefile 文件，将 GPU、CUDNN 和 OPENCV 变量的值设为 1，表示启用 GPU、CuDNN 和 OpenCV，如图 5.23 所示。

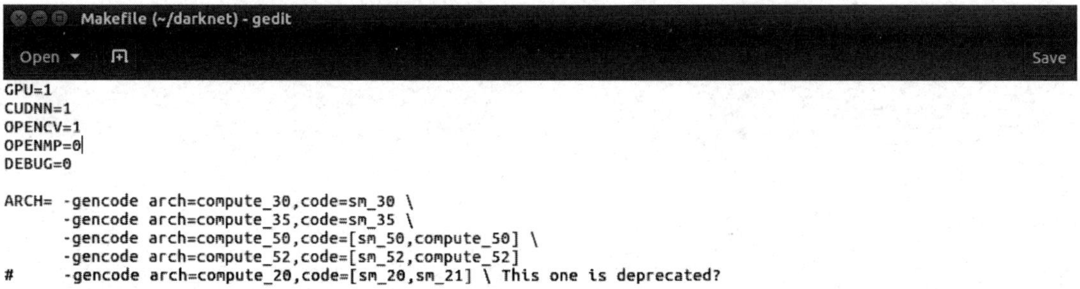

图 5.23　编辑 Makefile 文件

在./darknet 路径下打开终端，执行以下命令：

```
make
```

完成 darknet 的编译，编译会在./darknet 路径下生成一个 darknet 可执行文件，用于后续的模型训练。

2．模型训练

(1)配置网络参数

在完成 darknet 的编译后，YOLOv3 算法的实验环境已经准备就绪，可开始进行 YOLOv3 的参数配置工作。

- 下载预训练权重文件 yolov3-tiny.conv.15，并将该文件放在./darknet 路径下。
- 在./darknet/cfg 路径下找到 yolov3-tiny.cfg 文件，对其进行相应的修改。
- 用 gedit 工具打开 yolov3-tiny.cfg 文件，修改 batch、subdivisions、max_batches 和 steps 的值以及 yolo 层的 filters 和 classes 的值(文件中共有两处要修改，在文件中搜索 yolo，共有 2 个 yolo 层，其中过滤器的设置规则为 filters=3×(4+1+classes)，其中 classes 为检测的类别数)，修改后的配置文件如代码 5.5 所示。读者可以根据计算机显存的大小调整 batch 的大小。需要注意的是，batch 设置得太小会影响模型的收敛。当进行模型测试时，可将 batch 和 subdivisions 设置为 1。

代码 5.5　修改后的配置文件

```
[net]
#Testing
#batch = 1
#subdivisions = 1
#Training
Batch = 64
Subdivisions = 16
Width = 416
Height = 416
Channels = 3
Momentum = 0.9
Decay = 0.0005
Angle = 0
saturation = 1.5
exposure = 1.5
hue = .1
learning_rate = 0.001
burn_in = 1000
max_batches = 6000
policy = steps
steps = 4800,5400
scales = .1,.1
......
Size = 1
Stride = 1
Pad = 1
Filters = 24
Activation = linear
[yolo]
mask = 3,4,5
```

```
anchors = 10,14,  23,27,  37,58,  81,82,  135,169,  344,319
classes = 3
num = 6
jitter = .3
ignore_thresh = .7
truth_thresh = 1
random = 1
......
[convolutional]
Size = 1
Stride = 1
Pad = 1
Filters = 24
Activation = linear
[yolo]
mask = 0,1,2
anchors = 10,14,  23,27,  37,58,  81,82,  135,169,  344,319
classes = 3
num = 6
jitter = .3
ignore_thresh = .7
truth_thresh = 1
random = 1
```

● 在./darknet/data 路径下，新建.names 文件，命名为 myData.names。用 gedit 工具打开该文件，输入标注图片时的标签。本实验中三个类别的标签分别为 green_light、yellow_light 和 red_light（与 5.3 节标签一致），需分别占一行，如图 5.24 所示。

图 5.24　修改 myData.names 文件

● 在./darknet/data 路径下，新建.data 文件，命名为 voc.data。用 gedit 打开该文件，编辑类别数、训练数据集路径、验证数据集路径以及权重文件保存路径等信息。注意，这里的路径需要根据本地 train 和 valid 文件的实际路径进行填写，如图 5.25 所示。

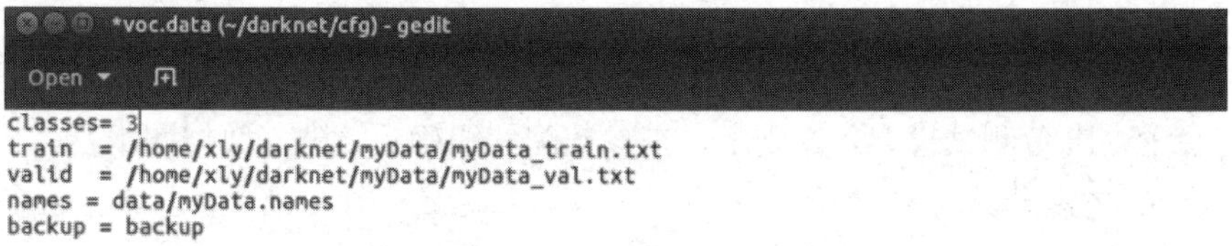

图 5.25　修改 voc.data 文件

（2）进行模型训练

进行模型训练，在./darknet 路径下，打开终端，执行以下命令：

```
./darknet detector train cfg/voc.data cfg/yolov3-tiny.cfg yolov3-tiny.
conv.15 -gups 0
```

说明：运行 darknet 文件，通过 yolov3-tiny.cfg 参数，采用 yolov3-tiny.conv.15 预训练权重文件来训练.data/路径下的 voc.data 训练路径数据集。

训练初始化结果如图 5.26 所示，训练过程如图 5.27 所示。

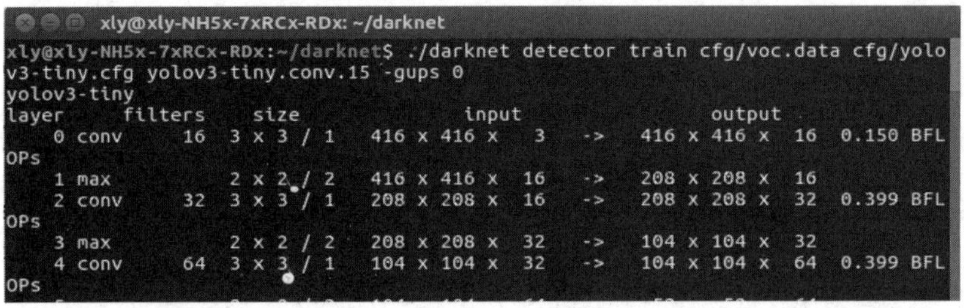

图 5.26　训练初始化结果

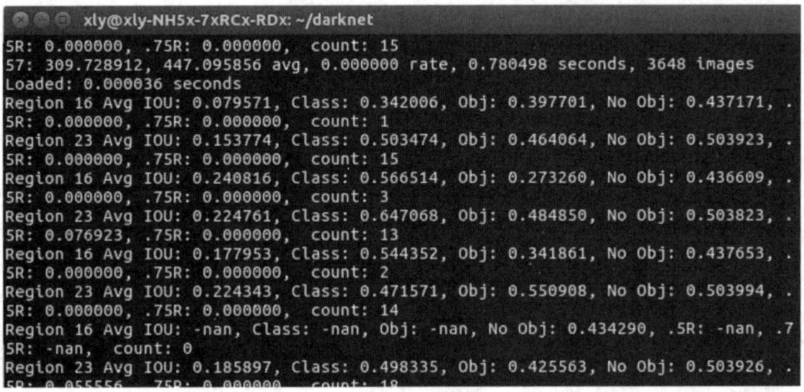

图 5.27　训练过程

图中，Region 为区域编号；IOU 为当前训练迭代次数下预测的 Bounding Box 与人工标注的标签框的平均 IOU 值，期望值为 1；Class 为类别；Obj 为置信度；No Obj 为没有物体的概率值；5R 为当 IOU 值为 0.5 时的 Recall（召回率）值；0.75R 为当 IOU 值为 0.75 时的 Recall 值；Count 为正项目数。

训练时需打开 GPU，在训练过程中可通过显卡驱动来查看 GPU 信息，如图 5.28 所示。打开终端，执行以下命令：

```
nvidia-smi
```

经过 6000 轮迭代训练后停止训练。将训练生成的 yolov3-tiny_last.weights 权重文件复制到./light 路径下，准备测试模型。原则上，在参数配置正确后，随着数据的丰富，检测模型的泛化能力也会随之提升。

（3）训练结果

在深度学习过程中，随着学习迭代次数的增加，模型会逐渐收敛，直至训练结束。在训练过程中，每迭代 100 次，YOLOv3 模型就会生成一个权重文件。训练结束后，在./backup 路径下会生成最终的权重文件 yolov3-tiny_final.weights，如图 5.29 所示。

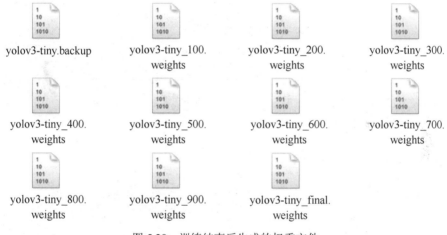

```
xly@xly-NH5x-7xRCx-RDx:~$ nvidia-smi
Wed Jul 29 09:11:59 2020

+-----------------------------------------------------------------------------+
| NVIDIA-SMI 440.82       Driver Version: 440.82       CUDA Version: 10.2      |
|-------------------------------+----------------------+----------------------+
| GPU  Name        Persistence-M| Bus-Id        Disp.A | Volatile Uncorr. ECC |
| Fan  Temp  Perf  Pwr:Usage/Cap|         Memory-Usage | GPU-Util  Compute M. |
|===============================+======================+======================|
|   0  GeForce RTX 2060     Off  | 00000000:01:00.0 Off |                  N/A |
| N/A   59C    P2    81W /  N/A |   2225MiB /  5934MiB |     38%      Default |
+-------------------------------+----------------------+----------------------+

+-----------------------------------------------------------------------------+
| Processes:                                                       GPU Memory |
|  GPU       PID   Type   Process name                             Usage      |
|=============================================================================|
|    0      4960      C   /usr/lib/libreoffice/program/soffice.bin      85MiB |
|    0     21272      C   ./darknet                                   2129MiB |
+-----------------------------------------------------------------------------+
```

图 5.28   查看 GPU 信息

yolov3-tiny.backup   yolov3-tiny_100.   yolov3-tiny_200.   yolov3-tiny_300.
                                  weights   weights   weights

yolov3-tiny_400.   yolov3-tiny_500.   yolov3-tiny_600.   yolov3-tiny_700.
     weights   weights   weights   weights

yolov3-tiny_800.   yolov3-tiny_900.   yolov3-tiny_final.
     weights   weights   weights

图 5.29   训练结束后生成的权重文件

5.3.6 深度学习实验结果检测

1. 离线数据检测

首先将 myData.names 文件放入./light/data 路径下，然后将 yolov3-tiny.cfg 文件放入./light/cfg 路径下，将训练生成的最后一个权重文件 yolov3-tiny_last.weghts 和测试视频放入./light 路径下，测试视频中应包含待检测目标，且文件应为视频格式文件。随后需要对 video_demo.py 进行相应的修改，修改内容包括替换 yolov3-tiny.cfg 配置文件、yolov3-tiny_final.weights 权重文件以及类别名称文件，对检测视频路径信息以及检测类别数进行修改。修改的部分代码如代码 5.6 所示。

代码 5.6   对 video_demo.py 的修改

```
def arg_parse():
```

```
......
    parser.add_argument("--cfg", dest = 'cfgfile', help = "Config file",
default = "cfg/yolov3-tiny.cfg", type = str)
    parser.add_argument("--weights", dest = 'weightsfile', help = "weightsfile",
default = "yolov3-tiny_final.weights", type = str)
    parser.add_argument("--reso", dest = 'reso', help =
            "Input resolution of the network. Increase to increase accuracy.
            Decrease to increase speed", default = "416", type = str)
    return parser.parse_args()
......
if __name__ == '__main__':
    args = arg_parse()
    confidence = float(args.confidence)
    nms_thesh = float(args.nms_thresh)
    start = 0
    CUDA = torch.cuda.is_available()
    num_classes = 3
    cap = cv2.VideoCapture(videofile)
    classes = load_classes('data/myData.names')
    colors = pkl.load(open("pallete", "rb"))
```

在./light 路径下打开终端, 执行以下命令对离线视频进行检测:

```
python video_demo.py
```

2. 实时数据检测

在./light 路径下打开终端, 执行以下命令调用摄像头进行视频实时检测:

```
python cam_demo.py
```

实时数据检测模式在文件替换以及类别修改上与离线视频检测操作一致, 不同之处在视频路径的选择上, 实时数据检测选择的是摄像头设备编号, 即修改代码为

```
cap = cv2.VideoCapture(0)
```

当摄像设备头编号为 0 时, 表示使用的是本地摄像头, 当摄像头设备编号为 1 时, 表示使用的是外接摄像头。

5.4 实验结果与分析

5.4.1 检测结果

本实验在北京联合大学北四环校区的内部道路和地库中完成。图 5.30 是在校区内部道路区域拍摄的检测视频截图, 带有标签的视频检测效果如图 5.31 所示。

图 5.30　检测视频截图

图 5.31　带有标签的视频检测效果

采用第 4 代旋风 4 座智能车搭配单目相机在地库区域对交通信号灯进行实时检测的效果如图 5.32 所示。

图 5.32　地库区域交通信号灯的实时检测效果

5.4.2 检测结果分析

在深度学习中，用 mAP（mean Average Precision，平均精度均值）来评定模型的好坏，可表示一个模型在多个数据集上表现出的平均结果，mAP 值的计算方法如式（5.7）所示。

$$mAP = \frac{\sum_{i=0}^{N} P_i}{N} \tag{5.7}$$

其中：

$$P = \frac{TP}{TP + FP} \tag{5.8}$$

P（Precision）表示某一类的检测精度，N 表示类别数。TP（True Positive）表示真正例（预测为真，实际为真），FP（False Positive）表示假正例（预测为真，实际为真）。

在实验中，每次检测都会在./light 路径下生成.txt 检测结果文件，如图 5.33 所示。.txt 文件中记录的是模型检测到的标签名，如图 5.34 所示。

图 5.33 .txt 检测结果文件

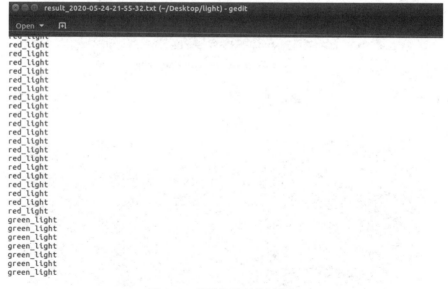

图 5.34 模型检测到的标签名

利用上述 mAP 的统计方法和检测模型对测试集的检测结果与标注文件的正确结果进行对比，结果统计如表 5.5 所示。本次测试所用的计算机采用 Inter 酷睿 i7-9750H 处理器，显卡为 NVIDIA GTX 2060 6GB GDDR6，其中 mAP 为 98%，FPS 为 38 帧/秒。

表 5.5　交通信号灯检测模型 mAP 统计

实验次数	AP(%)			mAP(%)	FPS(帧/秒)
	红灯	绿灯	黄灯		
第一次实验	97	99	98	98	38
第二次实验	98	98.5	97.6	98.03	39

实验中，北京联合大学北四环校区的内部道路交通信号灯实时检测结果统计如表 5.6 所示，其中平均 mAP 为 94.5%。

表 5.6　内部道路交通信号灯实时检测结果统计

内部道路场景	测试总帧数(帧)			mAP(%)
	红灯	绿灯	黄灯	
第一次实验	38	58	31	99.2
第二次实验	28	25	15	88.2
第三次实验	25	30	19	96
平均 mAP				94.5

实验中，北京联合大学北四环校区的地库交通信号灯实时检测结果统计如表 5.7 所示，其中平均 mAP 为 93.3%。

表 5.7　地库交通信号灯实时检测结果统计

地库场景	测试总帧数(帧)			mAP(%)
	红灯	绿灯	黄灯	
第一次实验	18	17	15	95
第二次实验	23	27	15	91
第三次实验	22	20	21	94
平均 mAP				93.3

5.5　实验内容扩展

本章以基于 YOLOv3 的深度学习方法为例，进行基于图像的交通信号灯检测实验，其实验方法可以扩展和应用到交通标识牌识别和人车障碍物识别等方面，读者也可以尝试应用其他深度学习网络进行实验，例如，读者可以尝试使用 YOLOv4 或 YOLOv3-Tiny 目标检测算法。下面对 YOLOv4 以及 YOLOv3-Tiny 进行简要介绍。

1. YOLOv4 简介

YOLOv4 目标检测算法的网络在网络结构上比 YOLOv3 更复杂，使用了很多训练技巧来提升神经网络的准确率。YOLOv4 通过引入 Mosaic 数据增强方法以及使用 GA（Genetic

Algorithm)算法来选择最优超参数,对现有方法进行了改进使其具有更低的训练门槛,能够在 GPU 资源有限的条件下得到更好的结果。其中,Mosaic 数据增强方法每次随机读取 4 张图片,并分别对这 4 张图片进行翻转和缩放等操作,将 4 张图片组合为 1 张图片,从而可以丰富检测物体的背景。

YOLOv4 的骨干网络是由 CSPDarkNet53 构成的。其在 CSPDarkNet53 的基础上添加了 SPP(Spatial Pyramid Pooling)模块,可以提升模型的感受野并分离更重要的上下文信息,同时还不会导致模型推理速度的下降。此外,其还采用 PANet(Path Aggregation Network)中不同 backbone 级的参数汇聚方法替代 FPN(Feature Pyramid Networks)。最终,YOLOv4 的结构为 CSPDarkNet53 + SPP + PANet + YOLOv3-head。YOLOv4 还将融合的方法由加法改为乘法,使该网络能够具有更加精确的目标检测能力。

2. YOLOv3-Tiny 简介

YOLOv3-Tiny 适用于对速度要求较高的项目,其原理与 YOLOv3 大致相同,只是在 YOLOv3 的基础上去掉了一些特征层,只保留了两个独立预测分支。其共有 24 个网络层,相比于 YOLOv3 的 107 个网络层大为减少。YOLOv3-Tiny 只有两个 YOLO 层,分别是 yolo16 和 yolo23,其大小分别为 13×13 和 26×26。此外,每个 YOLO 层也只对应有三个锚(anchors),即共有 6 个锚。